"十三五"规划应用型系列教材

上海市应用型本科试点专业系列教材

审计证据

——理论与实务

邹子霖○编著

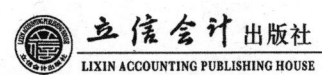

立信会计出版社

LIXIN ACCOUNTING PUBLISHING HOUSE

图书在版编目(CIP)数据

审计证据:理论与实务 / 邹子霖编著. —上海:立信会计出版社,2017.5

ISBN 978－7－5429－5352－0

Ⅰ.①审… Ⅱ.①邹… Ⅲ.①审计—证据—研究 Ⅳ.①F239.1

中国版本图书馆 CIP 数据核字(2017)第 130914 号

策划编辑	张巧玲
责任编辑	陈 旻
封面设计	南房间

审计证据——理论与实务

出版发行	立信会计出版社		
地 址	上海市中山西路 2230 号	邮政编码	200235
电 话	(021)64411389	传 真	(021)64411325
网 址	www.lixinaph.com	电子邮箱	lxaph@sh163.net
网上书店	www.shlx.net	电 话	(021)64411071
经 销	各地新华书店		
印 刷	常熟市梅李印刷有限公司		
开 本	787 毫米×1092 毫米	1/16	
印 张	16	插 页	1
字 数	293 千字		
版 次	2017 年 5 月第 1 版		
印 次	2017 年 5 月第 1 次		
印 数	1—2000		
书 号	ISBN 978-7-5429-5352-0/F		
定 价	36.00 元		

如有印订差错,请与本社联系调换

前　言

目前,我国改革开放进程不断加快、不断深入。政府改革自身管理模式,采用负面清单的方式对社会经济活动进行管理。首先,社会各界的创业、创新的热情被激发出来。其次,以工业 4.0 为代表的互联网技术与传统产业结合产生出许多新的企业组织形式、新的经营方式。再者,随着中国企业走向海外、深度参与世界经济活动,中国注册会计师的执业活动也将走出国门,走向世界。同时,资本市场日益扩大与金融创新活动日益增多。这既扩大了注册会计师的业务范围,也增加了注册会计师的审计风险。

审计工作的总体目标是对财务报表整体是否不存在由于舞弊或错误导致的重大错报获取合理保证;使得注册会计师能够对财务报表是否在所有重大方面按照适用的财务报告编制基础进行编制发表审计意见。审计准则要求注册会计师在评价根据审计证据得出结论的基础上,对财务报表形成审计意见,以书面报告的形式清楚地表达审计意见。注册会计师更应注重获取充分、适当的审计证据以支持得出的审计结论,降低审计风险。

注册会计师要及时获取充分、适当的审计证据,得出审计结论并出具审计报告,实现审计工作总体目标,就要看到和解决审计实务与审计目标之间的基本矛盾。简单地说,这一基本矛盾包括无限的审计风险与有限的审计成本之间的矛盾;政府负面清单管理模式与注册会计师以积极的方式提出审计意见两个方面。

无限的审计风险是指注册会计师受知识结构、职业技能、观念、从业经历与经验等因素的影响,对不同行业或企业,包括新的企业组织形式与新的经营业务方式下,管理层日益隐蔽的舞弊手法的识别难度不断加大,可能导致发表了不恰当的审计意见。有限的审计成本是指每一个审计项目能投入的审计时间与人力资源是有限的。审计时间有限是指财务报表审计业务必须在合同约定或某一监管机构的限制性规定的时间内结束(例如上市公司公布年度报告、企业所得税清算等)。人力资源有限是指项目组成员数量有限与其专业知识结构存在局限。这是两个基本矛盾中的主要矛盾。

政府负面清单管理模式与注册会计师以积极方式提出审计意见之间的矛盾，是指政府按照负面清单模式管理后不会像以前对企业经济活动发布许多行业准入、行政许可、经营规范要求等法规及规范性文件。注册会计师今后可能缺少政府这类文件用作职业判断时的适用标准。但注册会计师在得出财务报表是否存在重大错报的审计结论时，又必须将包括企业会计准则以外的其他法律法规作为职业判断标准。如此，就需要广泛获取与判断对象相关的各种间接证据以证明管理层作出的各项认定是否符合标准，才能以积极的方式提出审计意见。这既增加了审计成本，更重要的是加大了注册会计师对获取的证据是否充分和适当的判断难度。这是次要矛盾。

解决这两个基本矛盾的途径之一，是注册会计师必须深入了解各类审计证据特征、正确运用证据规则，掌握推理方法，作出恰当的职业判断结论。

目前，审计准则中的《中国注册会计师鉴证业务基本准则》和《中国注册会计师审计准则第 1301 号——审计证据》等对审计证据的含义和要求作出了相关规定。其他监管机构也对注册会计师获取审计证据提出了相关要求。这些要求散见于各种文件内，如审计准则问题解答、证监会的风险监管意见等。为帮助注册会计师掌握上述有关审计证据的各项规定与要求，在审计业务实施过程中及时获取、有效的审计证据，确定证据证明力，运用推理方法得出职业判断结论，完成审计业务，保护自身利益，我们尝试对审计证据的各项内容进行了研究。

目　录

第一章
审计证据概述

审计证据是注册会计师得出审计结论、确定审计意见类型的基础。整个审计过程就是一个获取审计证据的过程。注册会计师应当了解审计证据在审计过程中的作用，了解证据与审计证据的相互关系，审计证据制度等与审计证据相关的内容。

第一节 鉴证业务与审计业务

从一般含义看，"鉴"具有镜子、对照、仔细看的含义。鉴定则包含了鉴别和评定、辨别并确定事物的真伪、优劣的意思[①]。鉴证业务，早已有之。例如，喜欢收藏文物的人，收集到一件文物后自身不能确定真伪的，就请古玩行业内的进行鉴定一下，行话称之为"掌眼"。在这类文物鉴定活动中，行家依据某一年代器具特有的款式、饰纹、制造匠人名号等标准，对文物仔细辨认，得出文物的制作年代的结论。这种"掌眼"活动产生了专门从事鉴定的专业人员。

以财务报表审计为核心的现代经济鉴证业务从西方引进。《中国注册会计师执业准则》中的《鉴证业务基本准则》(2010)第五条对此作了定义：鉴证业务是指注册会计师对鉴证对象信息提出结论，以增强除责任方之外的预期使用者对鉴证对象信息的信任程度的业务。该定义说明了注册会计师的责任和工作目标。上述定义中以"提出结论"词语隐含地表述了注册会计师的审计过程，即注册会计师应当按照审计准则的规定，对财务报表(鉴证对象信息)实施一系列审计程序，获取审计证据，以评估财务报表是否符合标准。审计的目标是增强预期使用者对财务报表的信赖程度。同时，该定义建立了鉴证业务，包括审计业务的工作框架。图1-1列出了这一过程。

《鉴证业务基本准则》(2010)第五条第二款也规定了被审计单位的责任，即管理层按照会计准则和相关会计制度(标准)，对财务状况、经营成果和现金流量(鉴证对象)进行确认、计量和列报(包括披露)而形成的财务报表(鉴证对象信息)[②]。

[①] 中国社会科学院语言研究所词典编辑室：《现代汉语词典(修订本)》，商务印书馆 2000 年版。

[②] 《鉴证业务基本准则》(2010)第五条第二款。

注册会计师可从事的鉴证业务的业务范围较广,包括财务报表审计、纳税、司法、单项资产检查(如海关对某企业的某一时点保税存货数量的检查)、行为人行为结果(如股东大会议案投票表决结果)、企业内部控制制度的建立与实施情况、个人财产存量或价值等鉴证。鉴证业务包含了审计业务。所以,中国注册会计师执业准则体系包括了审计准则和其他鉴证准则两大部分,分别对注册会计师实施财务报表与历史财务信息以外的其他客体的鉴证活动进行了规范。

但本书以财务报表审计业务(含部分报表或报表的部分项目)为研究重点,不研究财务报表审计业务以外的其他鉴证业务的证据内容。

第二节 审计业务实质与审计证据的作用

一、审计业务实质

我们从审计定义入手分析审计业务实质。美国会计学会审计基本概念委员会于1973年发表的《基本审计概念说明》中给出了审计的定义:"审计是一个系统化过程,即通过客观地获取与评价有关经济活动与经济事项认定的证据,以证实这些认定与既定标准的符合程度,并将结果传达给有利害关系的使用者的系统过程。"[①]从该审计定义分析,审计活动是"客观地获取与评价有关经济活动与经济事项认定的证据……的过程",其中,"客观"是指注册会计师必须具备独立性基础;"获取"是指注册会计师实施审计程序去主动取得证据;"有关经济活动与经济事项认定的证据"是指与财务报表列报的数据相关的企业实际发生的交易或事项业务资料;"系统过程"是指从承接审计业务开始至"将结果传达给有利害关系的使用者"止的整体业务活动期间规范、有序的取证活动。因此,该定义实际说明了审计过程就是获取证据的过程这一审计业务的实质。并且,说明审计中获取的证据应是表明企业经济活动(交易)与经济事项的过程、结果等内容的资料。

我国对审计的定义是:审计是注册会计师对财务报表是否不存在重大错报提供合理保证,以积极的方式提出意见,增强除管理层之外的预期使用者对财务报表的信赖程度。[②]

我国审计定义的文字表述中,在涉及获取审计证据的表述上是以"提供"的措辞隐含地说明审计过程是获取审计证据的过程,以"合理保证"的措辞隐含地指明

---

① 中国注册会计师协会编:《审计》2013年度注册会计师全国统一考试辅导教材,第7页。
② 中国注册会计师协会编:《审计》,2014年度注册会计师全国统一考试辅导教材,第2页。

了注册会计师获取审计证据的数量要求(充分)和质量要求(适当)。"积极的方式"的措辞指明了注册会计师的责任。

基于我国审计准则与国际审计准则的等效考虑,我国的审计定义和前述的美国审计定义的差异实质是国际审计界前后两种不同的视角。美国的审计定义强调审计活动的系统性与实施过程,是对审计活动的动态表述。国际审计界现在提出的审计定义强调的是审计活动结果的重要性,是对审计活动的静态表述。美国审计定义强调审计活动过程的动态表述,可能是因美国有关审计业务涉及的诉讼活动较多而重点予以说明。国际审计定义可能正是从美国众多的诉讼活动中看到了只强调审计过程的重要性,不强调审计结果重要性的风险,所以改成强调审计活动结果——审计意见的可信赖程度为先去规范审计过程的系统性,即实施审计程序的规范性和审计证据的充分性、适当性。

二、审计证据的作用

无论是从鉴证业务定义中以"提出结论"和我国审计定义中以"提出意见"的措辞隐含表述获取证据的过程与要求,还是从美国审计定义中"获取与评价有关经济活动与经济事项认定的证据"的明示要求看,证据都是评价鉴证对象信息与标准符合程度的基石。这一点并无不同。没有证据都无法提出结论,或提出的结论都无法表明其正确性,都不能达到审计目的。进一步推论,则没有审计证据就没有审计意见,审计报告也就没有坚实的基础。

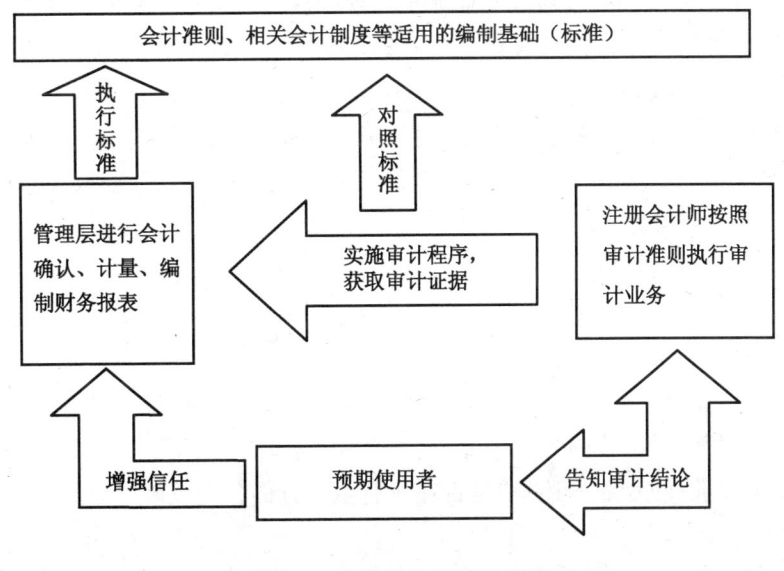

图1-1　审计业务框架示意图

第三节　证据与审计证据

从一般与特殊的关系看,审计证据是证据的一种,且与审计业务相关。从证据的一般意义来说,证据是能够证明某事物的真实性的有关事实和材料。[①] 由此,通俗地去理解,审计证据是指在审计过程中获得的,且与审计对象信息相关的事实和资料。

《中国注册会计师审计准则第 1301 号——审计证据》(2010)第四条对审计证据概念进行了专业解释:审计证据,是注册会计师为了得出审计结论和形成审计意见而使用的信息。审计证据包括构成财务报表基础的会计记录含有的信息和其他信息。

审计证据定义从内涵与外延两个部分清晰地界定了审计证据与一般证据的不同。审计证据定义的内涵是"为了得出审计结论和形成审计意见而使用的信息"。其以"为了得出结论"的措辞隐含说明了获取审计证据的性质,即审计证据是与得出的审计结论相关的资料。与得出审计结论无关的资料不属于审计证据。例如,单位领导人被授予某种荣誉称号,就不属于审计证据。审计证据定义的外延,从时间范围分析,是在实施审计过程中,包括从接受委托后了解被审计单位及其环境开始,进而识别与评估重大错报风险,实施进一步审计程序,直至出具审计报告(包括检查第一阶段的期后事项)的审计业务全过程中获取的资料。从空间范围分析,是"包括构成财务报表基础的会计记录含有的信息和其他信息"。只要能够证明历史财务信息的发生、权利与义务、计价与分摊等认定相关的所有资料,包括会计记录以及与经营、生产活动等相关的业务资料;影响企业经济活动的国家货币与信贷政策、进出口贸易与汇率政策、法律法规等都属于审计证据。只有获取了这些证据,才能实现"得出审计结论和形成审计意见"的目的。

形式逻辑学规定了概念必须包括内涵与外延,两者缺一不可。所以,注册会计师应当从内涵与外延两个方面去充分理解审计证据定义。特别需要重视理解审计证据概念的外延。

从证据功能分析,会计记录含有的信息和其他信息两者都有以材料自身所含信息起到证明某事物(或财务报表)是否符合相关标准的效用。在审计业务中,"是否符合相关标准"的专业表述是"是否在所有重大方面公允反映"。

[①]　中国社会科学院语言研究所词典编辑室:《现代汉语词典(2002 年增补本)》,"证据"条目

本书引入说明证据的一般概念,并确定审计证据是证据的一种的分析目的是为了利用一般证据概念,特别是司法鉴证学科、司法会计学科中关于证据的概念、类别与其他相关内容补充说明审计证据研究中所必须包含的内容。

从目前的审计实践看,因缺乏对审计证据的系统研究,所以,注册会计师对审计、审计证据概念的理解存在偏差。主要表现为,在审计证据时间范围方面,除个别审计业务(如 IPO 申报业务)外,没有去获取以前年度财务报表、纳税申报资料、第一阶段的期后资料等。在审计证据空间范围方面,将审计证据获取的范围局限在会计账簿记录、会计凭证及附件、财务报表数据等,没有获取经营业务、生产业务等方面的证据(如作业计划、工程预算),没有获取制约企业经营业绩的外部资料,如行业产品及技术变化、细分市场容量、主要客户及其业务量等资料。即使在内部控制审计时,尽管《内部控制审计指引》第十二条要求,重点对企业生产经营活动中的重要业务和事项的控制进行测试获取证据。但由于注册会计师对审计证据的认识出现偏差,未能对重要业务和事项进行测试与获取相关证据,在内部控制审计中获取的审计证据也是局限在会计确认、核算与列报。所以只有深刻理解审计与审计证据概念,才能主动获取充分、适当的审计证据去评价财务报表是否存在重大错报。为此,有必要深入研究审计证据的各个方面,为注册会计师实施审计程序、获取审计证据提供理论支撑。

第四节　审计证据制度

注册会计师只有透彻了解什么材料能构成审计证据,如何获取审计证据,如何确定获取的审计证据是否数量足够(充分),证据与对象之间如何关联(适当),如何判断已获取的审计证据能否支持审计意见等内容,才能规范而不随意地获取审计证据。对在审计过程中接触到的、可以说浩如烟海般的资料懂得如何取舍,这就需要掌握证据制度的相关知识。

从笔者接触到的资料来看,目前并没有完整的审计证据制度。审计准则体系中的《鉴证业务基本准则》和《中国注册会计师审计准则第 1301 号——审计证据》中的审计证据定义、获取审计证据要求(充分性与适当性)与获取审计证据的方法(审计程序)等的规定,构成了证据规则的内容,但不构成完整的审计证据制度。

因审计实务界对审计证据的理论研究较少,所以本书借助于民法学中对司法证据制度的研究成果来研究审计证据制度。借助民法学对民法证据制度研究成果的理由是,审计业务中三方之间的法律关系归属于民法调整的范畴。注册会计师的法律责任属于民事责任。

首先,民法调整的对象是不同法律主体之间的财产关系和人身关系。审计业务是向投资者提供管理层履行受托责任完备性证明的劳务活动。这种证明活动是告知投资者、债权人,他们投入企业的财产是否被管理层侵占、挪用,管理层经营活动是否使财产价值增加等涉及双方的财产关系的活动。因而构成了注册会计师与管理层、投资者和债权人三者的民事法律关系。其次,注册会计师如果因故意或重大过失导致审计失败,对投资者、债权人造成损失,需要向投资者、债权人赔偿的责任属于民事责任。所以,民事证据制度应当涵盖审计证据制度。也就是说,本书将审计证据制度列作民法证据制度的一个组成部分,借助民法证据制度的框架试图研究建立审计证据制度的框架。

从制度本意看,制度的一般含义为"共同遵守的办事规程和行动准则"①。审计证据制度就应当是注册会计师、除法院外的其他监管机构、投资者和债权人等共同遵守的办事规程和行动准则。前面已经说明了目前因注册会计师对审计证据概念的理解不足,导致所获取审计证据存在充分性和适当性不足的现实情况。并且,监管机构在发布的监管文件与实施监管检查时对审计证据的采集过程要求(如特殊存货的监盘、走访客户等),对审计证据充分性和适当性等方面的监管要求与注册会计师对上述监管要求在实务中实施可能性的理解有不同的判断。同时,注册会计师及会计师事务所质量控制部门与监管机构对所获取的审计证据是否足以支持审计结论的判断也存在不同意见。这几个方面更说明有必要研究审计证据制度。

在我国,法律证据方面的证据制度并不是一个具体的制度,而是由相关的法律规定组成的体系。不同的法系或地区、不同学派主张有不同的证据制度架构。例如,在英美法系国家有一般意义上的证据法典。我国台湾地区仿效英美法系对证据进行分类②。

本书采用司法部教育法规司主张的证据制度框架为研究框架。该证据制度架构中包括证据(证据概念、证据基本特征、证据种类、证据分类)、证明(概念、证明对象、证明责任与证明标准)、证据规则(最佳证据规则、交叉询问规则、自认规则、推定规则)等内容。为叙述方便,以下将该证据制度框架简称为证据法学。这些内容涵盖了本书第二章的第二节至第四节,第三章第一节至第七节。

本书试图以上述司法证据制度的框架为模板,以我国现有审计准则及其他相

---

① 中国社会科学院语言研究所词典编辑室:《现代汉语词典(修订本)》,商务印书馆 2000 年版。
② 《司法鉴定法律知识导读》司法部法规教育司法律出版社 2001 年版,第 227、196 页。

关规定、民事诉讼法中关于证据部分的内容为规范,以我国审计实践为基础进行研究。研究中的许多内容参考了司法鉴定、司法会计鉴定、司法会计学等学科的内容。

本书以注册会计师必将遭遇诉讼,必须以审计底稿中所获取的审计证据保护自身利益为研究视角。采用这一研究视角的原因有以下两个方面。一是考虑到注册会计师未来必将面临大量诉讼的局面。自我国建立注册会计师制度以来,我国注册会计师极少经历法律诉讼。但未来随着资本市场的进一步发展和开放,中国注册会计师审计业务类型的多元化(如特殊目的审计业务)和必将随着中国企业走向世界而参与国际企业并购等的审计业务。所以,中国注册会计师的审计业务必然会面临国内与国际投资者提起的诉讼事项,审计底稿中的审计证据必然成为注册会计师参与诉讼而向法庭提供的辩护证据。二是注册会计师应当调整审计观念。注册会计师应当理解,企业财务业绩主要是因企业与他人之间的交易形成,企业与其他主体,包括股东、员工、供应商等都是理性经济人,理性经济人之间一定是考虑各自的民事权利与义务达到平衡,包括成本与收益相抵结果达到合理水平才进行交易。所以,注册会计师必须从民事法律关系角度去识别和评价交易的真实性和可信程度,从而识别财务报表是否存在重大错报,如此才能识别某些"不平等"的交易现象。例如,控股股东为其控制的上市公司摘掉 ST 帽子,与上市公司发生形式合法的、但由上市单方获利以实现摘帽目的的重大交易时,上市公司可能存在的会计处理不符合会计准则规定的重大错报情况。因而,应当按民事法律关系的规定去获取与财务报表审计相关的充分、适当的审计证据。

"人无远虑,必有近忧",只有考虑未来,才能重视当下,才能正确应对未来面临的诉讼风险。

第二章
审 计 证 据

注册会计师在获取并运用审计证据作出职业判断是审计业务的主要内容。因此,注册会计师应当了解有关证据、证明对象、各种证据的不同特征、种类与类别等相关知识。

《鉴证业务基本准则》第三十一条规定,鉴证业务通常不涉及鉴定文件记录的真伪,注册会计师也不是鉴定文件真伪的专家。但应当以质疑的思维方式评价所获取证据的有效性。注册会计师只有了解上述审计证据的相关知识,才能去质疑证据是否证明了实际发生的交易或事项。

第一节 审计证据的意义、证明对象与法律关系要素

一、审计证据的意义

第一章中已经说明,审计过程是获取审计证据的过程,证据是审计结论的基石。审计证据对整个审计工作具有十分重要的意义。注册会计师在执行审计过程中,获取的证据不充分,或证据可靠性较差,或证据与审计对象信息关联性不够,由此得出的职业判断质量较差,或无法通过对审计证据进行逻辑推理得出审计结论。严重的会导致发表不恰当的审计意见类型,发生审计失败。因此,注册会计师应当了解审计证据有哪些种类及各自有哪些特点,审计证据有哪些类别,它们各自及相互之间是如何发挥证明作用的等,从而及时、有效地获取各项审计证据。

研究审计证据的相关内容,一是为了使注册会计师识别审计证据种类,依据不同种类审计证据各自的特点,对获取的审计证据的适当性和可靠性作出初步判断;二是增强注册会计师运用不同类别审计证据的内在关系(如本证与反证)识别管理层舞弊迹象的逻辑推理能力。

二、证明对象

司法鉴定业务是针对诉讼活动中的某一具体的待证事实进行鉴定。其获取的

证据是直接针对该具体待证事实的,是直接证明方式。在财务报表审计中,证明对象是企业财务状况、经营成果和现金流量,这也是发表审计意见指向的客体。但证明路径是从通过对形成财务报表(证明对象信息)的实际发生的具体交易与事项及形成的会计记录进行证明,进而对财务报表(证明对象信息)是否存在重大错报进行证明,最后企业财务状况、经营成果和现金流量(证明对象)才得证明的。所以,审计证据与证明对象之间不直接发生证实关系,是间接证明方式。二者的证明路径存在差异。

正是由于上述司法鉴证与审计的证明路径不同,在审计业务中,首先且主要的证明活动指向依据实际发生的交易与事项编制的个别会计记录。其次是证明个别会计记录按照企业会计准则及核算规定,通过计算、归并与拆分等过程编制财务报表。计算包括总账与明细、总账与财务报表项目之间的余额和发生额的加总与相抵;归并包括相关总账科目的合并列报(如存货);拆分包括同一总账科目借贷方余额的分别列报(如应收账款与预收账款)及按现金回收时间分别列报(如长期借款中1年到期的借款列为短期借款)。因此,审计证据主要是能证明实际发生的交易或事项的各项资料。

三、审计证据中的法律关系要素与注册会计师获取审计证据的责任边界

(一) 审计证据中的法律要素

民事法律关系有三要素,即主体、内容和客体。用民事法律关系的要素分析审计证据中的法律要素是确定注册会计师获取审计证据的责任边界的基础。

1. 主体要素

民事法律关系的主体简称为民事主体,是指参与民事法律关系享受民事权利和负担民事义务的人。审计证据民事法律关系中涉及的主体,也就是《鉴证业务基本准则》所说的"注册会计师""责任方"两方。显然只要会计师事务所(注册会计师)符合法律规定成立并具有执业资格,被审计单位合法成立、具有民事活动资格,就具备了主体资格。具备主体资格表明注册会计师具有获取审计证据的合法身份,行为必须遵守法律(含规范性文件,如审计准则)的规定,受到法律保护,执业行为不应受到其他主体的限制。

2. 内容要素

民事法律关系所说的内容,是民事主体在民事法律关系中享有的权利和负担的义务,亦即当事人之间的民事权利和义务。注册会计师和被审计单位两方因委托实施审计业务而形成不同的权利义务关系。这些权利和义务属于民事法律关

系。在注册会计师、被审计单位两方关系中,被审计单位是提供审计证据的主要义务方;注册会计师是取得被审计单位提供的审计证据的权利方。权利是指有权获取被审计单位内所有的会计记录、业务资料等(否则就是审计范围受限)。虽然注册会计师也必须从其他主体获取审计证据(包括从独立第三方获取的外部证据)。这并不改变注册会计师在与被审计单位的民事法律关系中的权利方的地位。

3. 客体要素

民事法律关系的客体,是指民事法律关系中的权利和义务共同指向的对象。就审计证据而言,该客体是指个别具体交易或事项。交易或事项应包括发生意图、发生过程与结果。任何描述交易或事项的发生意图、发生过程与结果的资料都属于客体要素的组成内容。例如,注册会计师就被审计单位的一笔重大的向 A 客户销售 B 产品的业务获取审计证据,则应包括被审计单位就该业务与 A 客户进行谈判、了解 A 客户的信息,建立的 A 客户档案,讨论确定的对 A 的信用期、确定产品价格、交付时间与地点、订立的销售合同、实际交货情况记录,出具的发票、A 客户的付款等与该项交易有关的全部资料。

(二)注册会计师获取审计证据义务的责任边界

在研究注册会计师获取审计证据义务的责任边界时,需要将审计证据中的法律关系扩展到审计业务三方关系。在审计业务三方关系中,就审计证据来说,相对于财务报表预期使用者,注册会计师是审计证据获取的义务方。研究这一关系要求注册会计师了解在获取审计业务实施过程中,无论是作为权利方还是义务方,均必须通过自身实施审计程序直接获取审计证据,对被审计单位提供的审计证据进行相互印证或与其他渠道获取的证据进行印证后确认证据可信是注册会计师的审计责任边界。这里所说的直接,既包括注册会计师通过实施检查、询问、观察、分析性程序等相关审计程序(包括支持肯定与否定的结论)获取审计证据,也包括注册会计师实施函证程序时保持对函证过程的控制、直接获取其他主体提供的资料两方面的责任边界。

《中国注册会计师审计准则第 1312 号——函证》(2010)第五条规定,函证(即外部函证),是指注册会计师直接从第三方(被询证者)获取书面答复作为审计证据的过程,书面答复可以采用纸质、电子或其他介质等形式。同时,在第十四条规定了当实施函证程序时,注册会计师应当对确定需要函证的信息、选择适当的被询证者和发出询证函并予以跟进等询证过程保持控制的四项要求。这两条规定的本质含义是"直接"和"保持控制"。直接是注册会计师履行审计证据义务的路径。保持控制是履行获取证据义务的行为要求。

在目前审计业务实践中,部分注册会计师并不了解审计证据与审计业务的内在的民事法律关系的不同。有的注册会计师提出,在实施函证取得回函时,为了及时出具审计报告,希望回函能寄到被审计单位,可被注册会计师及时获取,节省注册会计师从被审计单位往返会计师事务所的时间;有的注册会计师存在委托被审计单位人员寄发询证函邮件等情况,这违反了注册会计师应当执行审计准则的规定,也违反了三方关系中的义务方责任(责任边界)。注册会计师如未履行审计证据民事法律关系所要求的法律义务,应当承担法律责任。同时,未遵守审计业务合同中指明的需要遵守中国注册会计师审计准则以实施审计和出具审计报告的约定,则还需要承担"缔约过失"法律责任。例如:

证券时报 2006 年 5 月 11 日刊载,某上市公司今日发布公告称,就公司存放在国海证券上海圆明园路营业部 2 亿元保证金被挪用一事向中国国际经济贸易仲裁委员会上海分会提起仲裁,要求负责 2003 年至 2004 年公司年报审计事宜的会计师事务所承担相关责任。据悉,该会计师事务所在执行审计过程中,对该保证金账户资金余额实施函证时,未直接向国海证券上海圆明园路营业部发出询证函,而是交给上市公司的相关人员处理,回函同样是由外高桥的相关人员交还给会计师事务所,非国海证券上海圆明园路营业部直接向会计师事务所回函,此举显然是违反了《审计准则》的规定。上市公司有关人士表示,该会计师事务所的做法使得询证函的发出和收回均控制在上市公司相关人员手中,为相关人员弄虚作假掩盖挪用资金行为创造了机会,而且在收回的询证函不可靠的情况下,审计人员也没有实施其他适当的审计程序予以证实或消除疑虑就出具了无保留意见的审计报告。

显然,该会计师事务所在对该保证金账户资金余额实施函证的过程中没有尽责,从而导致上市公司未能及时发现相关资金被挪用并造成损失,对此,会计师事务所应承担相应责任。

分析审计证据中的民事法律关系要素,是为了说明注册会计师应当理解审计证据是一种法律证据。就诉讼来讲,审计证据是唯一证明注册会计师遵循"勤勉尽责"义务,免遭指控的依据。如果未理解审计证据中的法律关系要素,则不会深入理解和认真执行审计准则的各项规定,也就不能证明注册会计师在审计过程中勤勉尽责。

四、审计证据的空间范围

我们在第一章已经分析了概念的内涵与外延这一逻辑结构与审计证据的时间和空间范围。审计证据的时间范围是在审计全过程中获取的相关资料。时间范围较为清晰,不再进行分析。

审计证据概念界定的空间范围包括会计记录和其他信息。会计记录易于理解，不再赘述。"其他信息"是空间范围的一部分。其含义是只要和注册会计师得出审计结论和形成审计意见相关的资料，都属于审计证据，可以说是"无边无际"，并不局限在被审计单位内部。其他信息，从被审计单位内部讲，包括企业内部的经营管理信息，如生产技术管理、存货采购管理、商品与劳务销售管理等资料，还包括内部控制手册、会议记录等；从被审计单位外部讲，包括企业外部分析师对被审计单位财务业绩、经营业绩的分析报告，媒体发表的评论（特别是质疑类的评论），政府的相关文件，工商、环保等监管机构的处罚公文书，税务机关的税务检查结论公文书，客户投诉等。

注册会计师应当理解，企业作为一个组织，其经营业务不仅受到所处的国家或地区经营环境的外部制约，而且受到资金总量及运行状况的内部制约。企业财务业绩是受外部和内部因素共同制约的结果。注册会计师应当将被审计单位的经营活动放进其所处的国家或地区的经营环境中去考察，考察被审计单位既有资金总量及其运行过程对经营成果的制约情况，分析外部与内部制约条件是如何影响企业经营活动的范围、规模、效益的。这种考察所涉及的企业外部与内部的资料就构成审计证据的空间范围内的"其他信息"。注册会计师如仅获取会计记录信息，是不足以获取"充分"的审计证据作为对财务报表发表审计意见的基础①。所以，注册会计师应当改变以仅检查会计核算资料而不管其他证据的思维模式，要以"跳出会计去看审计"和"从经营业务运行看审计"的视角去实施审计，积极收集与被审计单位经营活动有关的各种外部和内部证据。

审计证据的空间范围是随着审计方法的改变而改变。在账项基础审计阶段，虽然我们无法查看当时的工作底稿，但可以推断其获取审计证据的空间范围是与企业资产相关的会计记录，是单一维度。这一维度与当时企业组织结构、经营业务均较为简单有关。在制度基础审计阶段，因企业组织架构变得较为复杂，资产数量增多与经营业务范围扩大，注册会计师需要考虑内部控制制度的作用，形成资产与人员行为两个维度。现代风险导向审计阶段，因内部控制体系引入控制环境要素后，注册会计师需要判断管理层和治理层及员工的主观意识对控制制度运行有效性的影响，所以形成资产、人员行为与意识三个维度。同时，考虑到企业经营业务就是被审计单位与外界交换物质、劳务的活动，且现代企业的这种交换活动的地域日益扩大，被审计单位与其他主体的交换活动受到交换活动发生地的政治、经济、法律环境影响的程度日益重要。某一年度的财务业绩还受到以前年度经营活动结

---

① 《中国注册会计师审计准则第 1301 号——审计证据》(2010)第九条。

果的制约(例如,房地产市场中以前年度的存量房较多则今年销售就难度加大),时间因素也必须考虑。所以就形成多个维度。借用数学(线性规划)的术语说,就是高纬度空间(对高纬度空间是无法用视觉观察到,只能按照数学公式去理解)。所以说审计证据的空间范围是"无边无际"的。

第二节　审计证据基本特征

审计证据既然属于民事证据的一种,则其必定要具备民事证据的基本特征。认识证据的特征就为判断审计证据的适当性打好基础。

一、客观性

我们这里引用司法鉴定学中关于证据客观性的定义来说明。需要说明的是,司法鉴定学中的证据含义属于证据法学的范畴①。本节中的其他概念均是证据法学专业名词。

证据法学认为②,证据的客观性是指证据本身所体现的形式、思想内容具有客观上的本质属性。例如,物体的形状、大小、数量、颜色、质量、重量、成分、材料和性能等客观本质体现了物体的存在、外部特征与构成属性。存在、外部特征与构成属性正是物体的客观性体现。诉讼证据法学认为,证据的客观性是证据自身存在的表现形式,能被人们感知,包括看见、听到和触摸等,同时,客观性是不以当事人的意志为转移的。③

对证据的客观性特征,也有学者存在不同看法。他们认为客观性是证据规则(之一)而不是特征。其理由是证据的客观性应当既包括对事实的客观复述(即客观性证据),也包括对事实的主观判断(即主观性证据)。因为对于某些比较复杂的客观存在,仅靠鉴定者对其外在映像进行客观复述,显然难以判断事实是否客观存在,而运用反映客观规律的知识对这种映像进行主观判断,才是保证证据反映客观存在的理想手段。司法鉴定结论就是最好的例证。④

客观地讲,上述两种观点都有道理。认为客观性属于证据特征的观点是很有

---

① 司法部法规教育司:《司法鉴定法律知识导读》,法律出版社 2001 年版,第 243 页。
② 司法部法规教育司:《司法鉴定法律知识导读》,法律出版社 2001 年版,第 178 页。
③ 叶青主编:《诉讼证据法学》(第二版),北京大学出版社 2013 年版,第 52 页。
④ 杨为忠.上海市人民检察院刑事科学技术研究所、上海司法会计中心、上海市杨浦区人民检察院联合课题组:《司法会计鉴定理论与实务研究》,上海社会科学院出版社 2003 年版,第 66 页。

道理的,优点是人们容易理解。某一物体的形状、大小等是物体的征象和标志,是区别该物体与其他物体的依据。且可通过感官触摸或阅读后易于人们作出判断。在审计业务中,注册会计师在实施监盘程序时,通过识别存货、固定资产的品种、规格、颜色等资产的外在征象识别资产的存在性;在检查文件与记录时,通过识别制作日期、制作者身份、交易时间等外在征象识别该交易是否实际发生或实际发生的时间、交易主体等。其缺点是不能解释一些经过专业人士加工的证据,如审计报告、资产评估报告等。认为证据的客观性是证据规则的观点,也有一定的道理。该观点实质是强调证据只有经采集人的主观判断后才能确定其客观性。这样就起到了删选功能。在审计中也会遇到类似情况。被审计单位就某一交易可能向注册会计师提供的两份不同的交易合同。造成这一情况可能是某一交易合同条款发生了变化,但因被审计单位内部控制不善而前一份合同或因保管人变动未能完全收回作废,或因签订后一份合同时,对签订日期未作修改等原因形成。此时,注册会计师就需要在是否采信该证据前进行主观判断。从审计实践来看,出现将客观性列为证据特征的情况非常常见,而将客观性列为证据规则的情况较为少见。所以,本书将客观性作为证据特征的观点予以运用。实际上,我国《民事诉讼法》(2012)第六十三条就规定,证据必须查证属实,才能作为认定事实的根据。这就表明了证据客观性的"特征"与"规则"可以成为一体。从对实务的指导意义角度说,我们不再纠缠概念之争了。

二、关联性

证据法学认为,关联性是指某一证据所决定的与案件事实之间产生的具有某种内心倾向性的确信状态。对某一证据与案件事实之间是否存在关联性的判断,体现了对其证明价值的评估[①]。这里所说的"倾向性的确信状态",是判断主体的内心活动,具有主观性。这种主观的内心活动会受到多重因素的影响。

在审计业务中,"对某一证据与案件事实之间是否存在关联性的判断",实际就是注册会计师在职业判断过程中对准备采信的证据与特定的交易或事项是否存在关联,即是否具备适当性所作的判断。例如,企业发展战略证据与营业收入之间、企业在建设厂房时向建设主管部门申请建造许可证与房屋产权之间是否存在关联。

应当说"证据无言",就是任何资料都不会记载它能证明什么。资料与特定交易或事项是否有关联,能否作为职业判断的证据,全靠注册会计师内心的确信。如

---

① 司法部法规教育司:《司法鉴定法律知识导读》,法律出版社 2001 年版,第 180 页。

果某一资料能描述特定交易或事项的发生、变化与结果等业务流程中的某一环节的实际情况,该资料就与特定交易或事项存在关联,就能作为审计证据。可以说,凡能描述某一特定交易或事项的发生、变化与结果的资料都与该交易或事项存在关联,都能作为审计证据。

要判断证据与待证实的交易或事项之间是否存在关联是一项复杂的工作。需要注册会计师具备专业能力,包括逻辑思维框架与推理能力。这种能力受到注册会计师的社会阅历、知识结构和专业能力的影响,也受到其价值观的影响。

在专业能力方面,中注协颁布的《注册会计师职业判断指南》[原以两岸三地注协名义发布,后中注协以"会协〔2015〕18 号"发布。本书中列示的条款是原两岸三地注协发布的文件(以下简称职业判断指南)中的条款编号]指出,职业判断能力是注册会计师专业胜任能力的核心(职业判断指南 2.8 条),知识、经验和专业技能与注册会计师的胜任能力有关。知识和经验较丰富的注册会计师,其职业判断质量通常高于知识和经验较贫乏的注册会计师。专业技能是一个综合性的概念,其决定因素包括注册会计师对专业知识的掌握以及解决实际问题的能力,如数据分析能力、逻辑推理能力、沟通协调能力等,这些能力在很大程度上是从解决问题的过程中培养出来的(职业判断指南 4.6 条)。《中国注册会计师专业胜任能力指南》(会协〔2007〕66 号)指出,注册会计师应当具备的职业技能包括:①智力技能;②技术和应用技能;③个人技能;④人际沟通能力;⑤组织和企业管理技能。在每一技能要求项下又细分出具体要求(共 46 项)。该指南还提出了实务经历要求,包括取得执业资格前的 2 年中必须从事与执业资格相关的实务经历。对项目负责人提出能独立作出判断的更高要求(共 7 项)。

在知识结构方面,中注协在 2007 年颁布的《中国注册会计师专业胜任能力指南》(会协〔2007〕66 号)第五条指明了注册会计师应当具备的专业知识包括:①会计、审计、财务、税务、相关法律及相关知识;②组织和企业知识;③信息技术知识。同时,分别对该三类知识提出了所涵盖的学科范围(共 22 个学科)与具体内容(共 32 项细分类知识内容)。

在价值观方面,要求注册会计师在作出职业判断时内心确定其遵循了职业道德规定。中注协颁布的《中国注册会计师职业道德守则第 1 号——职业道德基本原则》(会协〔2009〕57 号)第三条规定,注册会计师应当遵循诚信原则、客观和公正原则,在执行与审计和审阅业务以及其他鉴证业务时保持独立性。注册会计师的价值观对职业判断的影响是潜在的,很多情况下无法用特别的标准或客观事实予以证实,是一种内心状态[①]。例如,注册会计师就某一具体问题作出职业判断时,

---

① 《中国注册会计师执业道德守则第 4 号——审计和审阅业务对独立性的要求》第五条。

尽管注册会计师已经了解职业道德要求并通过培训考试,但如果其个人与被审计单位存在某种利益关系时,其在确定证据与交易或事项的关联性上,则一定不会出于对投资者与债权人等报表使用者负责的立场作出正确的判断,会尽量曲解其关联程度,或故意忽略某些间接证据以作出有利于被审计单位的判断结论。心理学对这一"欲望与内心道德"之间的冲突称为"内心剧场冲突"。在市场经济环境下,注册会计师执业过程中无时不处于"内心剧场冲突"之中。只有具备了正确的价值观才能让"内心道德"战胜"欲望",才能遵循职业道德,对证据关联性作出正确的判断。

另外,该文件还提出了需要具备的职业价值观、道德与态度要求与培养目标(四项)。

从判断过程说,在对证据关联性的判断中,注册会计师应当遵循《注册会计师职业判断指南》中职业判断决策过程的五个步骤,按照这一思维框架去实施证据是否关联的判断。这五个步骤是:①确定职业判断的问题和目标;②收集和评价相关信息;③识别可能采取的解决方案;④评价可供选择的方案;⑤得出职业判断结论并作出书面记录。这五个步骤的解释与具体要求请参见该文件,本书不再赘述。这一框架中的"①确定职业判断的问题和目标"是证据关联性判断的基础。只有"问正确的问题"后才能划定需要收集相关联的证据范围,以问的问题为核心判断关联性。"②收集和评价相关信息"要求在确定的证据范围内收集全部与所问问题相关的证据。如此才能往后实施其他步骤,得出恰当的质职业判断结论。

注册会计师如何确信自身对证据与待证实交易或事项之间存在关联性的判断正确与否呢?这就需要从职业判断质量的衡量标准去考察。《注册会计师职业判断指南》提出了三项标准,即准确性和意见一致性、决策一贯性和稳定性、可辩护性和书面记录。可以说,这三项标准同等重要。但就某一特定证据与待证实的具体、个别交易或事项是否存在关联的判断来说,意见一致性是主要的衡量标准。该指南对意见一致性的解释为"意见一致性是指不同判断主体针对同一职业判断问题所作判断彼此认同的态度"。"在很多情况下,可用于衡量职业判断质量的特定标准或客观事实并不存在,此时,职业判断的质量可以通过意见的一致性来衡量"。从意见一致性的要求分析,在具体证据的关联性判断中,判断结论可能不唯一,但一定存在一个最"恰当"的结论,这最"恰当"的结论一定得到绝大部分注册会计师的认同。这是注册会计师衡量自身,确信某一资料与具体交易或事项之间关联的判断结论是否正确的最好评价标准。

三、合法性

证据法学认为,证据的合法性是指证据在审判中可作为认定案件的事实根据的适格性或容许性。

证据法学认为,证据的合法性是由法院司法审判权的属性所决定的。法院只沿循审判过程中特有的规则而不考虑其他。合法性包含了成因性和结果性。成因性主要针对证据的收集和判断过程;结果性主要是法院依法定程序对证据进行审查、判断后作出的认定。由此分析,成因性是结果性的基础,如果收集证据的方法不合法,法院也不会采信。

从注册会计师的审计工作底稿将可能成为审计报告的预期使用者向注册会计师提起诉讼时,为使自身免遭因重大过失而损害投资者与债权人利益,需要赔偿的不利判决的辩护角度看,应当十分重视审计证据的合法性。

在审计业务中,像函证的发函与收回均由注册会计师控制状态下实施,取得函证的过程合法,在此情况下注册会计师将所获回函作为证据具有合法性,则法院也会采信。又如注册会计师实施询问程序,编制的询问记录中没有说明实施询问的时间、地点、被询问人员姓名及身份、询问事项,希望被询问人员回复的内容,被询问人员的确认等必要内容,就无法证明是注册会计师切实实施了询问程序并获得被询问人员的回复。注册会计师获取该项证据的过程不能清晰反映询问过程与询问结果,证据也就不具备合法性。审计业务实践中,要求被讯问人员在询问记录上签字确认有时较难实现。因为注册会计师不具有执法权,不能强迫被询问人员签字确认。此时,可以要求陪同人员签字确认注册会计师实施询问程序的真实性和被询问人员进行了回复的真实性,以此间接证明注册会计师获取该项证据的合法性。

第三节 证据种类

《中国注册会计师审计准则第 1301 号——审计证据》未有说明审计证据的种类。查阅现有资料发现,中国人民大学的《审计学》教材[①]有证据种类内容,其他审计学理研究中并无涉及审计证据种类内容。

本书按对审计责任归属于民事责任的推论,以《中华人民共和国民事诉讼法》中关于民事证据的分类为依据,将审计业务中需要获取的各种证据进行分类。

《中华人民共和国民事诉讼法》(2012 年主席令第 59 号)第六十三条列示的民事证据共八类:①当事人的陈述;②书证;③物证;④视听资料;⑤电子数据;⑥证人证言;⑦鉴定意见;⑧勘验笔录。该法中并未有对各种证据作出法理解释。

---

① 耿建新、宋常:《审计学》(第二版)中国人民大学会计系列教材,中国人民大学出版社 2002 年版。

本书介绍的证据法学中对各种证据的定义等学理解释采用司法部教育法规司的解释①。

一、当事人的陈述

证据法学所说的当事人的陈述,是指当事人就有关案件的事实情况向法院所作出的陈述。这一概念包括当事人自己说明的案件事实以及对案件事实的承认两个方面。这类证据的特点,一是因当事人是法律关系的参与人,他们对权利义务关系的发生、变更或消灭的事实情况比其他人都了解,所以真实性较强;二是往往只作利己性陈述。因此,英美法国家中一般都不把当事人陈述作为一项独立的证据形式。大陆法系国家把当事人陈述作为辅助性的证据来源。

在审计业务中,当事人陈述证据主要包括管理层声明书、向被审计单位人员、供应商或销售客户的询问所得询问过程与结果的书面记录证据。

二、书证

证据法学所说的书证,是以其所载内容来证明待证事实的有关情况的文字材料。凡是以文字来记载人的思想和行为以及采用各种符号、图案来表达人的思想,其内容对待证事实具有证明作用的物品都是书证。书证的特点从证据法上说有八个,包括广义性与狭义性;易于人们理解;有明确的思想内容;内容明确、形式固定,稳定性较强;具有以纸张等物质材料为载体;具有思想性(表达人的主观想法);能够反映案件事实的客观性和真实性;易于判断与案件事实有无关联。

在审计业务中,上述书证定义中的"人的思想"包括管理层对交易或事项的决策意图、计划的工作目标等;证据形式为董事会决议等;公司员工从事具体业务设想的方案,证据形式为投资预算书等。人的"行为"不仅包括业务执行过程记录,如会计凭证、会计账簿、财务报表、销售交货单和采购入库单等,还包括从债务人处获取的函证回函等。就上述书证的特点来说,董事会决议等证据具备了上述八个特点。所以,书证是审计业务中获取最多的审计证据。书证最易于固定(适宜编制工作底稿)。

三、物证

证据法学所说的物证,是指以物质材料的存在、外形、质量、规格和体积等证明案件事实情况的一切物品和痕迹。

---

① 司法部法规教育司:《司法鉴定法律知识导读》,法律出版社 2001 年版,第 183-200 页。

从物证得以发挥证明作用的途径为标准,可以把物证分为特征物证、属性物证和状况物证。特征物证是指通过其外部特征发挥证明作用的物证(例如犯罪工具等);属性物证是指以自身内部的结构特征来证明案件事实的物证(例如毒物、毒气等);状况物证是指以其本身存在状况来证明案件事实的物证(例如物品存放位置及移动痕迹等)。物证还有其他分类方法。

上述证据法学对物证的定义运用于审计证据分类时有较大的难度。例如,注册会计师在确认固定资产"存在"认定时,往往通过实施观察程序证实资产是否存在。实施观察程序后编制的观察记录是属于书证还是物证? 又如证明资产权属的证书(包括房产证、土地使用权证、专利登记证等)是证明物体的证据还是书证? 法学界的观点不同。证据法学认为是书证。因为依据书证的定义,权属证书是表明国家职能部门在其职权范围内制作的证明资料属于"公文书",是国家职能部门对资产权属确认的意思表示,且具有特定的形式要求,因而是一种书证。诉讼证据法学认为,在司法实践中,也存在遇到诉讼标的是一栋房屋、一船钢材等大型物体无法归入司法卷宗,往往以照片、实物模型或记录予以固定和提取证据[①]。诉讼证据法学提出区分物证和书证的标准是,一份书面材料不是以记载人的思想等内容,而是以其内在属性、外部形态、空间方位等客观存在的特征证明案件事实的,该书面材料是物证。[②]

在审计中,注册会计师要确认管理层作出对实物资产期末存在认定是否正确时,需要通过实施观察实物资产或检查实物资产(包括在监盘过程中的检查)程序,去印证管理层认定是否正确。实施程序后编制观察与监盘记录的目的包括:一是说明所观察或检查到的实物资产的外形、规格、数量、存放地点等信息;二是在注册会计师无法将具体物品归入工作底稿的情况下,为了向非在场人员(包括事务所内部的质量控制人员,法官、监管机构人员等外部人员)证明注册会计师切实观察或检查了实际存在的资产。资产所有权证既表明了资产权属,同时也有对物体的外部形态与空间方位(如房屋的位置与面积;车辆的座位数与外形尺寸)等的描述性信息,两者都对注册会计师判断管理层作出的资产"存在"和"权利义务"是否正确有重要意义。对于资产负债表来讲,没有资产所有权,不能记录在资产负债表中,就是不"存在"。因此,我们认为观察记录与房产所有权证归属于物证较为合适。监盘记录既包括观察实物资产过程,也包括确定实物资产物理状态的判断结论,应归属于勘验笔录。

---

① 叶青主编:《诉讼证据法学》(第二版),北京大学出版社 2013 年版,第 64 页。
② 同上,第 68 页。

四、视听资料

证据法学所说的视听资料,是指用电子计算机(电子介质)储存资料和数据,录影、录像的资料等来证明事实的依据。视听资料是介于书证与物证之间的一种独立的证据形式,它虽然与书证、物证有一些相似之处,但具有其独特的基本特征。一是视听资料是以声音、图像和电子计算机的"特殊语言"所反映的内容来证明案件事实状况的;二是视听资料记载的形象既可以是静态的,也可以是动态的;三是可直观再现案件事实的原始情况。视听资料证据的缺点是易于被人伪造、裁剪或涂改。当今世界各国将视听资料作为一种独立的证据形式或证据立法的尚属少见。我国将视听资料作为一个独立的证据形式在法律上加以规定是一种创举。在当今高科技飞速发展的情况下,将视听资料作为一种独立的证据形式或证据方法来专门研究和运用,具有重要意义。

在审计中,视听资料作为审计证据并不广泛,但也有不少成功运用的例子。如某房地产开发企业,其建造的房屋处于某一大型居住区内,该区域有不同的房地产开发商同时建造,因未建造完而无法用确切的地址来说明其所处位置。虽然工作底稿中可以以房屋的物理特征予以描述,如资产负债表日建造的层数、栋数、面积、檐高等。但质量复核人员仍难以判断其实际情况。此时,注册会计师除获取该小区面积及房屋位置图并标明公司所造房屋位置外,还要求开发商工作人员与注册会计师一起在其所建造的房屋前摄影留下证据。又如,注册会计师在实施存货监盘时,对存放在第三方的存货就要求被审计单位员工与注册会计师一起在公司存货前摄影留下证据。这些照片中都留有可识别的被审计单位标识,如开发商建设标牌或存货铭牌标签、摄影日期等。保存这些照片的电子介质,如移动硬盘、光碟片等就是视听资料。另外,打印出的照片也可归属于物证。

五、电子数据

电子技术发展较快,但审计中采集电子数据存在较大的难度而未发现有成功运用电子数据作为审计证据的案例。究其原因可能:一是被审计单位顾忌其原始经营资料被泄密;二是阅读不方便。

六、证人证言

证据法学所说的证人证言,证人是指了解案件情况并受法院传唤到庭作证的人;所谓证言,是指证人就其所了解的案件事实向法庭所作的陈述。证人是了解案件事实的任何组织和个人,但不是案件的当事人。当事人和鉴定人不属于证人范畴。

在审计中,并不存在严格意义上的证人证言类审计证据。因为一是审计并不是法律诉讼,没有法院参与。注册会计师不可能通过权力机关的司法行为获取审计证据。二是除被审计单位以外的其他人并无义务向注册会计师提供证言。除非其自愿提供证言,否则注册会计师是无法获取相关证据的。但在某些特殊情况下会存在类似的审计证据。例如,中国证监会发布的《会计监管风险提示第4号——首次公开发行股票公司审计》(证监办发〔2012〕89号)第七点规定,对主要客户和供应商中提出的监管要求中包括,"如果注册会计师直接从与发行人有业务往来的客户或供应商处获取审计证据有困难,在不违反《中国注册会计师职业道德守则》对注册会计师独立性相关规定的前提下,可以要求发行人以适当方式或聘请第三方调查机构进行背景调查以帮助注册会计师获取审计证据"。这种第三方提供的调查结论就类似于证人证言证据。又如,注册会计师在作出对被审计单位员工离职后福利设定受益计划的精算结果(计价与分摊认定)是否正确的判断时,按照《中国注册会计师审计准则第1421号——利用专家的工作》规定,需要聘请独立第三方专业机构(或专家个人)进行重新计算,其计算结果就类似于证人证言。因为第三方独立调查机构、专业机构(或专家个人)未参与被审计单位的经营活动、与财务业绩无关具有独立性,且他们的工作结果只是阐述事实,不是发表鉴定结论。因此,他们的调查报告、计算结果可以看成是对财务报表列报数据是否正确的一种证言。

七、鉴定意见

证据法学所说的鉴定意见,是指鉴定人运用自己的专门技术知识、技能、工艺以及各种科学仪器、设备等根据法庭或当事人、律师委托或聘请对在诉讼中出现的某些专门性问题进行分析,鉴别后所提供的结论性意见。其特征包括,一是鉴定人运用专门性业务知识,借助专门技术性手段进行研究、分析,对所要解决的专业性问题作出推理、判断,从而形成结论性意见。二是鉴定结论应当依据客观事实标准作出具有科学性的符合客观内在必然联系的专业或技术性定论。三是具有独立性。从鉴定对象的技术性方面讲,鉴定人的结论构成法官认定案件事实的基础部分,因此具有证人的作用。但鉴定意见与证人证言的最大区别是,证人证言是就在亲身感受下对案件事实所进行的陈述,而鉴定意见是运用专业知识对特殊案件事实问题作出的结论性意见。

在审计中,可能遇到的鉴定意见类证据有食品生产企业送交食品卫生监管机构检验的食品卫生检验报告,环保监管机构对企业排放物抽查的检验报告等。这些鉴定意见通常不涉及资产、费用的计量与财务报表列报的,但在特殊情况下也有可能涉及资产计量、财务报表列报金额的。例如,企业发生管理层侵占公司资产,在检察院对其提起公诉时需要确定其侵占资产的金额,司法会计师出具的司法鉴定审计报告就会涉及被侵占资产的金额,进而影响财务报表审计中采用这一司法鉴定审计报告结论调整损益类会计科目和财务报表损益项目的金额。

八、勘验笔录

证据法学中未有勘验笔录的定义。此处引用司法会计学中对勘验笔录的定义。司法会计学将此项证据称为"勘验检查笔录"。所谓勘验检查笔录,是指以勘验、检查现场所见的内容来证明案件事实的记录。勘验、检查结论,特指以专家所见和归纳的内容来证明案件事实的结论性意见[①]。

在审计中,注册会计师实施检查程序,对存货、固定资产或在建工程监盘结果编制的工作底稿就可归属于勘验笔录。这里以"可归属于"一词表述是因为就审计业务活动来说,注册会计师是专家;就检查存货等实物资产的设计、制造、质量评定等工程技术方面来说,不是专家。只是用一般常识对实物资产的存在、外观质量作出判断结论,也包括部分情况下依据其他专家的工作成果对资产的状况等进行判断并得出结论。例如,注册会计师在识别出企业固定资产发生损坏,需要确定固定资产的损坏程度并获取资产损坏程度的证据,用以测试企业管理层计提减值准备金额的合理性时,会聘请有关专家对该设备的损坏情况进行专业鉴定(如房屋完损等级鉴定)。又如,在船舶受损赔偿争议案件的审计业务中,注册会计师就需要聘请船级社进行鉴定,确定损坏程度,并结合船舶原值、已使用年限等数据,分析船东提出赔偿金额的估计所依据的信息(损坏程度和相应的金额)是否充分等,确定船东提出的赔偿金额是否正确。这些专家出具的鉴定报告就是勘验笔录。勘验笔录本身通常不涉及资产计量、财务报表列报的金额。

需要说明的是,注册会计师虽然不是法官,审计业务也不是民事审判过程,将审计业务中取得的证据按照法学理论对证据种类进行归集,似乎在理论上存在不足。但前面已经说明本书是按照法律诉讼的视角,即注册会计师在执行审计业务时就假定其工作底稿会遇到诉讼而需要向法庭举证,证明自身按照审计准则的规定通过实施相应的审计程序获取审计证据,已尽勤勉之责的角度进行研究的。所以,这种理论上的不足是由于审计理论与实务界的研究不充分形成。随着研究的深入,这种不足可以通过建立审计证据理论体系进行修正。

---

① 于朝、肖琼、庞建兵:《司法会计学概论》,中国人民公安大学出版社 2001 年版,第 88 页。

第四节 证 据 的 分 类

证据法学认为,证据的分类是指基于界定证据类别属性的需要,以及有利于确定属于相应属性类别的证据与案件事实之间的价值证明关系在学理上所作的划分。

一、原始证据与传来证据

这一分类是按照证据的来源或渠道的不同所作的划分。

(一) 原始证据

原始证据是指直接来源于案件事实或者第一来源的途径所直接获得的证据。直接来源于案件事实,是指证据在案件事实的形成过程中直接产生。第一来源是指没有经过任何环节,如传抄、复制和转述与案件有关的物品、痕迹或者人的感知等。原始证据的显著特点是,它与待证事实之间的距离最近,没有经过中间环节,往往能客观、真实地反映事实的原貌。

在审计中,注册会计师所说的"原件"就属于原始证据。例如,经营业务中签订的业务合同正本、入库单(包括复写而不是复印的多联)等就属于"直接来源于"交易或事项事实形成过程中的证据。但因该等文件的所有权属于被审计单位,注册会计师不可能要求被审计单位提供这些原件,所以注册会计师应当亲自依据原件制作的副本,包括复印、摘录,形成证据。如由被审计单位内管理层或其他单位或个人的传抄、复制和转述的,注册会计师必须将该等副本与原始文件核对,检查与原始文件是否一致。这些由注册会计师亲自制作或经亲自与原始文件核对检查的证据,应属于审计过程中获取的"原始证据"。为防止被审计单位管理层的舞弊行为,注册会计师必须获取此类原始证据。

(二) 传来证据

传来证据是指不直接来源于案件事实或者并非从第一来源渠道,而是经过一定的中间环节和辗转过程,如转述、传抄、复印而形成的第二手的证据。传来证据的主要特点是中间环节越多,可靠性越差。

在审计中,传来证据与原始证据的差异是依照注册会计师是否亲自核对原始资料而区分。前面已经说明审计中注册会计师因无法获取被审计单位交易或事项的原始证据,而以注册会计师亲自制作副本或虽由被审计单位提供但经核对检查后的副本定义为"原始证据"。那么,如果注册会计师未亲自制作或未将被审计单位提供的副本与原始文本进行核对、检查的证据就是传来证据。

注册会计师有时会遇到无法查看原件只能检查复印件的情况。例如,被审计单位的部分业务涉及国家机密,不符合涉密级别规定的人员无法看到董事会决议、作业计划等文件原件。经该单位保密机构审核后,注册会计师也只能了解到与涉密信息相关的一部分不涉密信息。如审计中确需获取涉及需要保密,但经按保密要求调整后的资料数据时,但无法核对原件的,注册会计师应当提请被单位保密部门在经他们确认不会泄密的资料上盖章,经盖章后的证据可以视其为原始证据。除此之外,如果管理层以各种理由推诿不能提供原件为借口,仅提供复印件的情况,注册会计师必须意识到这往往预示着管理层存在舞弊。例如,某被审计单位将未向银行抵押前的房产证复印多份。在注册会计师索取房产证原件以检查该资产的所有权归属,判断管理层作出的"权利与义务认定"时,其为隐瞒资产已经抵押的事实而仅提供复印件。但注册会计师未意识到检查原件的重要性而坚持要求查看原件即将复印件归入审计工作底稿。在质量控制人员复核底稿时,发现该房产证复印件非常模糊,要求重新复印取证时,该单位才予以披露实情。实情是上级主管单位已经将下级所有企业的房产证集中收缴,收缴目的是防止企业未经其批准擅自处分公司房产和由上级公司集中办理抵押事宜。经向上级主管单位了解,该被审计单位的房产证已经抵押给银行。

虽然审计准则规定,注册会计师不是鉴定文件记录真伪的专家。但注册会计师必须时刻保持职业怀疑态度,考虑所获取文件的可靠性(《鉴证业务基本准则》第三十一条)。注册会计师应当获取原始证据审核后才能复印取证。如果被审计单位提供复印件的,则必须检查原件,否则不能排除被审计单位舞弊情况。

在如何确定文件可靠性路径要求上,审计准则与职业判断指南存在不同的规定。《中国注册会计师审计准则第 1141 号——财务报表审计中与舞弊相关的责任》(2010)第十四条规定,除非有相反的理由,注册会计师可以将文件和记录作为真品。但如果在审计过程中识别出的情况使注册会计师认为文件可能是伪造的或文件中的某些条款已发生变动但未告知注册会计师,注册会计师应当作出进一步调查。而《注册会计师职业判断指南》4.11 条要求,职业怀疑固有地存在于注册会计师的职业判断中,当注册会计师取得一项审计证据时,不能无理由相信被审计单位的陈述或提供的证据是可靠的。比较这两项规定路径差异可以看出,审计准则规定的起点是首先信任,然后依据识别出的异常情况再进一步调查。职业判断指南规定的起点是首先不信任,然后依据获取的其他证据印证后才予以信任。职业判断指南的规定更适合识别被审计单位舞弊,控制审计风险,防止审计失败的实质性要求。

注册会计师依据一般生活经验也能大致理解上述原始证据与传来证据可靠性之间的差别。之所以要研究原始证据与传来证据不同的特点，是为了进一步强调注册会计师必须十分重视检查原始证据的重要性。不能错误理解为归入审计工作底稿的都是复印件，则自己劳心劳力地去获取和被审计单位复印好后提供并无区别。更不能借口为节省审计成本（时间成本和人员成本），及时出具审计报告，采用被审计单位提供的复印件也未尝不可，不将这些证据与原始文件核对，直接将被审计单位提供的文件副本作为审计证据归入工作底稿。

二、本证与反证

本证与反证的分类是从举证责任，即谁主张，谁举证的角度进行的分类。

（一）本证

本证是指当事人一方主张某种事实，提出能证明该事实主张存在的证据。本证并不是从原告或被告的角度划分，也不是从对原告有利，还是对被告有利的角度划分。涉及诉讼活动的原告、被告与第三人为主张自身权利提出的证据都是本证。

在审计中，被审计单位在财务报告中声明其是按照会计准则和相关规定编制了财务报表。这实质上是管理层向投资者、债权人声明其完成履约责任的本证。该单位编制的财务报表及相关的各种资料，包括会计记录、业务记录等都是被审计单位提供的本证。

（二）反证

反证是足以抵消或吞并本证的证据。

本证和反证一般不能并存，因为本证和反证是用来证明同一事实的。其证据力正好相反，当本证成立时，反证则应当被推翻；如反证成立，本证应当被推翻。民事诉讼中只有在如离婚案件的夫妻感情破裂和感情尚未破裂的证据同时存在且不能抵消的极其特殊的情况下，本证和反证可能同时存在。通常情况下，本证与反证不能并存。

从注册会计师获取证据角度分析，在审计业务三方关系中，就注册会计师而言，被审计单位（责任方）向注册会计师提供的证据应当是本证；就投资者和债权人（预期使用者）而言，注册会计师向其提供的审计报告是本证。

从合同关系分析，注册会计师与被审计单位之间签订了审计业务约定书，被审计单位提供证明其财务业绩的证据是本证。注册会计师未与被审计单位的供应商，销售客户之间签订审计业务约定书，他们没有义务向注册会计师提供本证（即证实交易真实性的证据），所以注册会计师往往在怀疑被审计单位财务业绩存在虚假的情况下向他们索取证据。如果他们提供的证据足以证实被审计单位会计记录虚假的,这些证据属于反证。中国证监会发布的《会计监管风险提示第4号——首次公开发行股票公司审计》(证监办发〔2012〕89号)第七点要求,根据重要性原则,注册会计师应当对主要客户和供应商进行实地走访或电话访谈,并记录于审计工作底稿。特别注意甄别客户和供应商的实际控制人及关键经办人员与发行人是否存在关联方关系。其实质是要求注册会计师获取反证,以识别被审计单位是否存在舞弊。例如,某些销售业务销售后较长时间内未收到货款。被审计单位向注册会计师提供了销售单位关于风险转移至采购单位的各种证据,包括销售合同、交付单据、出具的发票等(本证),以证明其销售收入的确认方法符合会计准则的规定。但为何不向采购单位收款的原因却无法说明。注册会计师应当实施询问管理层,了解该等销售中采购单位是否确认收货质量符合合同约定,有无业务纠纷的往来函电,或走访采购客户,了解销售业务是否存在争议,是否会对采购货物准备退货,并检查该供应商是否为关联客户等。此时,如果获取的证据表明采购单位不认可商品质量且要求退货的,或采购单位为关联方且为增加销售单位的盈利而采购其本身并不需要的物资(包括可能存在售后回购)等,足以证明该销售业务风险并未转移,销售收入确认不符合会计准则规定。这些证据就是反证。因为,注册会计师在判断被审计单位销售收入金额是否存在重大错报时提出的问题是被审计单位列报的销售收入是否符合企业会计准则规定,如果获取的证据表明被审计单位列报的销售收入不符合企业会计准则的规定,则这些证据是反证。如果注册会计师判断的问题是采购单位是否应当退货或应当采购,则要求退货等证据是本证。如果双方诉至法院,法院取证时,采购客户提供其不认可采购商品质量的证据也是本证。所以从合同关系看,审计业务约定书约定的被审计单位责任中应当提供各种与审计有关的资料的责任、审计报告中因审计范围受限出具保留意见的规定等都界定了注册会计师从被审计单位获取的审计证据是本证。

从本证与反证的角度分析,管理层提供的财务报表是表明企业遵守会计准则及其他法规定,合法经营活动所形成的财务业绩的文件(这里的其他法规应当包括经济合同法等所有与企业经营活动、对财务报表有直接或间接影响的实体法律法规)。所以,注册会计师获取的财务报表是管理层声明其合法经营的本证。但实际中企业也会发生违法经营的情况,甚至是严重的违法经营行为。这种违法行为的证据对注册会计师确定管理层作出的按照会计准则和其他法规编制财务报表声明的合法性而言是反证。这类反证可能是判断企业持续经营假设合理性的十分重要的证据。因为《中国注册会计师审计准则第1142号——财务报表审计中对法律法规的考虑》第三条指出,企业违反法律法规可能导致面临罚款、诉讼或其他对财务报表产生重大影响的后果。

三、言词证据和实物证据

（一）言词证据

言词证据是指以人的陈述形式来证明案件事实的证据，主要包括当事人陈述、证人证言等。言词证据具有能反映事实的前因后果、来龙去脉、细节等，但也存在受到陈述人的主观意志、利害关系、感知与记忆、表达能力等差异产生的失真情况。

（二）实物证据

实物证据与物证概念不同，物证是证据种类，实物证据是证据类别。实物证据主要包括物证、书证、勘验检查笔录、视听资料等。

因实物证据本身是客观存在的，所以可以通过人的触觉、视觉等直观感受和观察。但也存在可能被伪造的缺陷，如销售合同、盘点记录等都有可能被管理层篡改、伪造。

四、直接证据和间接证据

直接证据和间接证据是根据证据与具体案件事实中的主要事实之间的证明程度或价值来划分的证据类别之一。

（一）直接证据

直接证据是指能够直接证明某一案件事实中作为事实争执点的待证事实的证据。直接证据能单独、直接地证明有关待证事实，通常不必采用推理的过程，就可以直接证明待证事实是否存在。直接证据数量少、取得难度较大，也可能失真（如言词证据）。

在财务报表审计中，能证明财务报表某一项目金额全部认定的直接证据极为稀少。例如货币资金项目，只有在期末现金实物清点结果与账面金额一致，无银行存款和其他货币资金，也不是外币的情况下，就属于直接证据。直接证据之所以少，是因为财务报表某一项目金额来源于总账，总账来源于明细账，明细账来源于记账凭证等多层核算关系；其本身有多笔交易或事项组成，个别交易或事项又存在多个业务环节（单一证据只能证明某一环节）；还要从存在、权利和义务、完整性以及计价和分摊这四个认定去判断。所以一项证据要同时证明这么多情况难度极大，极为稀少。

就单一认定的证据而言，直接证据也较少（如房屋所有权证书仅可以证明"权利与义务"认定）。对大多数证据来说，注册会计师需要对获取的证据进行分析与推理后才能判断证据能否证明待证的认定。这些证据就不属于直接证据。例如，财务报表项目期末金额的"计价和分摊"认定，注册会计师通常需要对获取的证进行计算后才能判断证据能否证明,包括注册会计师需要对银行存款科目余额中按调节表中的调节项目与调节金额调整后才能判断银行存款余额是否正确、应收账款期末余额需要将坏账准备进行抵消后确定列报金额是否正确、外币金额需要折算成本位币等需要计算推理。

实施一项程序就能同时获取证实某一资产、负债等全部认定的直接证据是没有的。即使银行存款对账单或函证回函、应收账款函证回函等证据,对于资产期末"存在"认定来说,通常不需要推理过程能够证实,但难以证明资产的完整、截止等认定。

(二)间接证据

间接证据是指不能直接证明某一案件事实中作为事实争执点的待证事实,而只有和其他相关证据结合起来才能证明和确定待证事实的证据。

直接证据与间接证据是一个相对概念与相对范畴。就某一具体待证事实的争执点而言,某一证据能直接证明该待证争执点相关权利义务等的,就是直接证据,如这一待证事实争执点与另一待证事实争执点存在联系,该证据结合其他证据也能对另一待证事实争执点有证明作用,则该证据就属于间接证据。

在审计中,直接证据与间接证据的划分及转换是常见的。例如,对资产负债表列示的期末存货金额审计测试来说,审计测试范围要从原料采购为起点直到产品销售交付、风险转移为止。原料采购测试的起点是采购意图、年度销售、生产计划。采购资金预算计划是采购交易意图的直接证据;采购合同是执行采购意图的直接证据;原料入库单据是采购货物风险转移至采购单位的直接证据。采购方出具的收货单、验收手续等是采购完成的直接证据,产品成本计量是生产成本的直接证据。发出产品成本计量测试结果是存货减少、结转至销售成本金额的直接证据。对于存货项目余额审计来测试说,上述证据都是间接证据。这些间接证据相互印证,证据之间能衔接、不存在矛盾之处,才能证明资产负债表列示的存货金额不存在重大错报。如果注册会计师未理解间接证据的重要性,未获取上述从交易意图开始起的各项间接证据,就可能出现审计失败情况。

例如,中国证监会2013年5月对新大地公司造假上市进行了处罚。2012年6月28日,《每日经济新闻》对新大地造假上市进行了深度报道。报道中指出:

记者实地调查和咨询资深业内专家获得的数据显示,油茶籽压榨、茶粕浸出的出油率分别为20%、5%;照此推算,经过压榨、浸出两道工序后,理论上的油茶籽出油率为24%。

上述数据得到赣州市林业科学研究所经济林研究室主任、高级工程师吴延旭和江西仰山园油茶开发有限公司董事长谢波的证实。

那么,以 2011 年度为例,新大地公司的油茶籽采购价格为 8 573 元/吨,按照油茶籽的两道工序 24% 的出油率保守估算,当年油茶籽提取毛油的直接材料成本高达 35 721 元/吨;如采用茶饼浸出毛油的方法,当年的茶饼采购价格为 2 044 元/吨,按照茶饼浸出 5% 的出油率测算,当年茶饼提取毛油的直接材料成本也高达 40 883 元/吨。将毛油提纯为精炼油,还要经过脱水、脱酸、去除杂质等工艺,还有损耗,所以精炼油的直接材料成本将超过 35 721 元/吨。

根据新大地公司的招股说明书,其精炼茶油去年的销售单价为 52 684 元/吨,按照去年 36.19% 的毛利率计算,营业成本为 33 618 元/吨,这其中包含了三大部分:直接材料、直接人工和制造费用,但离奇的是,即便是这三项之和(33 618 元/吨),也大幅低于直接材料(35 721 元/吨)一个单项的数值。财务报表显示的生产成本,竟然不够买材料的钱。这样的产品是如何生产出来的?这让人疑惑。

进一步核算,记者还发现更离奇的结果。既然新大地去年的直接成本为 35 721 元/吨(油茶籽压榨)和 40 883 元/吨(茶饼浸出),按照茶油 0.915 g/ml 的密度折算,1 吨精炼油约 1 093 L,那么用油茶籽、茶饼生产精炼油的原料成本就分别高达 16.34 元/500 ml 和 18.70 元/500 ml。

但是,根据记者实地调查的结果,新大地公司的经销商提货价格低至 16.40 元/500 ml。疑问产生了:经销商的提货价竟低于生产 1 桶油的直接原料成本。那么,人工成本、包装成本、房租、设备折旧、销售费用、管理费用、财务费用、各种税费又到哪里去了呢?新大地公司的这份招股说明书揭示的财报奇迹,令人叹为观止。

新大地公司的茶粕用量数据打架有机肥涉嫌虚增巨额利润——118 吨茶粕造出 9 254 吨有机肥?从 2010 年建成一条年产 9 000 吨有机肥生产线并于当年投产和销售开始,目前新大地公司的有机肥业务主要是普通型有机肥。新大地用茶粕生产高效杀螺型有机肥,其制备方法为用茶籽粕 45%~60%、鸡粪 25%~45%、磷肥 0.5%~3%、有机添加剂 5%~20%、微生物腐熟剂 0.5%~3%、杀螺增效剂 1%~4%。

《每日经济新闻》记者注意到,从招股说明书所披露的年产有机肥 6 万吨的募投项目情况来看,新大地公司所生产的有机肥中,仅茶粕一项原料的需求比例就高达 45%。从主要原材料供应情况来看,主要原材料是茶粕、茶壳和配料,所需的茶粕、茶壳以及配料分别为 2.7 万吨、2.7 万吨和 6 000 吨,三者之间占比分别为 45%:45%:10%。

新大地公司 2010 年度、2011 年度分别实现有机肥 2 440.90 吨、9 312.49 吨的销量,按照茶粕含量 45% 的最低标准推算,对应所需的茶粕原料分别为 1 098.41 吨、4 190.62 吨。

然而,按照当年的茶粕用途来看,实际用于生产有机肥的茶粕,远远低于上述理论需求量。

招股说明书第 304 页"公司用于生产洗涤品、茶皂素和有机肥的茶粕数量及占比情况"部分显示,在 2010 年度和 2011 年度,有机肥耗用的茶粕分别只有 64.82 吨和 118.14 吨。

同样来自招股说明书的信息显示,2010 年度和 2011 年度有机肥产量分别高达 2 555.34 吨、9 254.16 吨。可见,同期用于生产有机肥的茶粕,占比分别仅为 2.54%、1.28%,远远低于 45% 的技术工艺最低标准。如此巨大的差距,透露出什么问题?

财经记者运用的全是间接证据,通过相互印证分析从而解开了造假情况。上述记者的分析告诉我们确定无疑的一点是,注册会计师在审计观念上未立足于风险识别而仍秉持"账项审计"思维模式,仅测试财务数据,没有获取上述对财务业绩而言是间接证据的生产经营资料,并进行相互印证,所以未识别出造假情况。也可以推论未识别出新大地造假的原因之一是其不了解审计证据种类、分类等证据理论,未理解审计证据绝大多数是间接证据,需要获取并将间接证据相互印证而出现审计失败。

由于审计中获取的审计证据主要是间接证据(理由见直接证据段说明)。正因为如此,所以审计准则强调的是对获取的不同审计证据之间要相互印证。

五、基础证据和参考证据[①]

基础证据和参考证据是司法会计学对证据的分类。司法会计学认为,基础证据是指能够对证据内容进行检验分析,并作为鉴定结论的基本依据的证据。参考证据是指虽不具备基本证据的特点,但能据以考察基本证据的完备性,补充基本证据的不足的证据。

该一分类在审计实践中,对注册运用该分类理论在作出审计结论前,进行的证据之间相互印证,很有指导意义。

注册会计师在对不同证据进行相互印证时,有的是基本证据之间的印证。例如,注册会计师在检查企业向供应商付款时,就需要检查采购业务中该供应商的存货入库证据。付款的银行票据和入库单就是交易的基础证据,相互印证就是基础证据之间的印证。在风险导向审计模式下,注册会计师不应当仅局限于基础证据

---

① 于朝、肖琼、庞建兵:《司法会计学概论》,中国人民公安大学出版社 2001 年版,第 259 页。

之间的印证,需要更多地进行基础证据与参考证据之间的印证。例如,注册会计师在检查货物销售时,采购方签字确认的收货单据是表明销售单位货物的占有、使用、收益与处分四项物权的权能已经转移至采购方,是判断收入确认时是否符合会计准则中主要风险和报酬已经转移规定的基础证据。销售发票虽需与所销售的货物相联系,因实际存在发票出具时间与销售货物交付时点分离的情况而其应归类为参考证据。销售单位的出库单和开票通知书(发货部门通知销售部门开具发票的通知单),销售单位的出库单与开票通知单因只能反映销售单位自身内部管理与控制过程,不能反映风险转移过程,也是参考证据。注册会计师必须将某一交易或事项的全部证据进行相互印证,才能得出恰当的判断结论。审计实践中发生过这样的案例。注册会计师对某一上市公司审计中,在测试其他业务收入时,发现产品等外品与原料包装物的出售业务中存在仓库实际出库货物与数量记录与编制的出库单、销售部门出具的发票列明的货物与数量不符的异常情况。经深入追查,发现购买方贿赂仓库出具出库单的人员,采用多出货少记出库单的手法侵占公司资产。

有时,基础证据也会转换为参考证据。例如,在检查应付账款余额时,函证回函是余额确认的基础证据,付款的银行票据就成为补充函证中不能反映的付款过程证据,是注册会计师判断余额正确性提供补充信息的参考证据。

此处采纳司法会计学中基础证据和参考证据的分类是因为证据法学与审计业务的目标、范围存在差异。从目标分析,证据法学研究的是个别案件中的个别争执点,本书研究的是财务报表的合法性和公允列报。从范围分析,证据法学是研究证据对个别当事人的个别案件中的个别争执点的证明作用,而本书是研究审计证据对形成财务报表的众多交易与事项的证明作用。司法会计学的这一分类对本书所研究的对象和范围是很好的补充。因此将这一分类列入。

六、外部证据与内部证据

这一分类是审计准则的规定,是按照证据来源作为分类标准。通常情况下,由外单位制作的证据为外部证据,如函证。被审计单位制作的证据为内部证据,如入库单。

有些审计证据的来源既包括被审计单位,又包括外部单位。例如交易合同,这一证据的来源既可以从被审计单位处获得,也可能从其他单位获得。例如,审计项目小组审计两家企业,这两家企业之间发生的交易。对其中任何一家单位来说,项目小组可以从对方单位获取合同。

从审计业务分析,合同通常是从被审计单位处获得,一般情况下难以通过获取对方的合同文本予以核对。当然,注册会计师走访客户或供应商,也有可能从他们获取合同,但这仅是辅助方式。如果交易已经结束,即使注册会计师发送函证给对方,对方也不存在必然的义务予以回复或提供合同。所以,这类证据应当属于内部证据。

有些审计证据是注册会计师自行制作的,例如,监盘小结、分析程序结论等。不适用此分类方法进行分类。这将在第八章分析。

第三章

证　明

证据法学认为,证明是基于特定目的,为实现这种目的而体现其价值内涵的能动性方式,是人们为实现认识客观世界及其内在规律的必要逻辑思维方式。从工作方式讲,证明是获取证据的一种特殊的表现形式。其特殊性在于,证明是通过对已有证据的比对、衔接、计算等方式,挖掘证据与对待证事实争执点的关联,从而证明待证事实的争执点;同时,证明结论也可能形成一项新的直接证据。

第一节　自由心证制度

第一章第四节介绍了证据制度的概念,本节主要介绍与审计相关的证据法学关于证据制度的相关理论。

有关证据制度的理论研究认为,历史上出现过神示证据制度、法定证据制度、自由心证证据制度等各种证据制度。不同的证据制度确定的证明力是不同的。[①]

与审计业务相关的主要是自由心证制度。西方法学理论认为,所为自由心证制度是指证据的取舍、证据的证明力和证据对案件事实的认定规则,是由法官按照自己的良心、理性形成内心确信,对案件自由评判的一种证据制度。自由是指法官凭借"良心"和"理性"判断证据,不事先设定任何限制和束缚。法官通过对证据的审查判断所形成的那种内心信念为"心证"。当这种"心证"达到深信不疑或者排除任何合理怀疑的程度,便成为"确信"。其特征为:一是,证据的证明力强弱及取舍、斟酌,全凭法官自我理性的启迪和良心感受,在无拘无束的情况下自由判断。二是,法官对案件事实的认定,必须建立在内心深处对自己的主观判断是真实无疑的基础之上。我国部分法学学者认为,"实事求是"原则就是我国的证据制度。"实事"是要求从具体案情出发,深入调查研究,具体分析,以充分且符合实际的证据作

---

① 叶青主编:《诉讼证据法学》(第二版)北京大学出版社,2013年版。

为认定案件事实的根据。"求是"就是要求作出的结论必须符合案件的本来面貌。

审计业务所涉及的形成财务报表列报基础的各项交易或事项均为发生在资产负债表日前,在时间和空间上不具有回溯性。注册会计师不可能要求被审计单位对需要测试的交易或事项重新发生一次(内部控制测试中的重新执行程序除外),同时,注册会计师也不是被审计单位的交易或事项发生过程中的直接经历者和感受者。审计证据是注册会计师在主观上认识交易或事项发生、演变与结果的主要依据。对证据的审查、核实和判断是注册会计师认识交易或事项本来面貌的唯一方法。从西方证据法学理论看,是"自由心证"的过程,从实事求是原则看,就是"求是"的过程。以审计理论来看,就是职业判断。从职业判断的定义分析,职业判断是注册会计师以所获取的审计证据为基础而进行的一种"决策",是注册会计师的心理活动。也就是注册会计师对获取的审计证据能否证明相关交易或事项的发生、变化等的"心证"。《注册会计师职业判断指南》指出,职业判断是注册会计师行业的精髓。从本质上讲,会计和审计实务是由一系列判断行为构成的(2.3条)。注册会计师的职业判断贯穿于整个审计过程,因此,注册会计师的"心证"活动也贯穿于审计过程。

第二节 证 明 对 象

一、概念

证据法学认为,证明对象分为广义和狭义两类。广义的证明对象包括诉讼活动和调解、仲裁等非讼活动中需要证明的待证事实;狭义的证明对象仅包括诉讼活动中需要证明的待证事实。

参照上述狭义的证明对象定义,结合第二章对财务报表审计中证明对象的理解,本节所说的证明对象就是个别具体交易或事项,及交易或事项的发生、变化与处置结果。

本书将交易或事项作为证明对象的理由之一是,虽然审计准则演绎的审计路径是从最终对象,即评估企业财务状况、经营成果与现金流量的风险,往下推进到财务报表的错报风险评估,再推进到检查形成财务报表基础的原始的交易或事项,是一种"从总体看局部"的路径。但要确认财务报表是否存在重大错报事实的证据是原始的交易或事项发生、变化的证据。所以,证明对象确定为个别具体交易或事项,及交易或事项的发生、变化与处置结果。确定以个别交易或事项为证明对象的另一个理由是,会计核算是以交易或事项的发生、变化和处置结果为基础,以货币为计量手段,按规定的核算规则进行书面记录的过程。财务报表是将会计记录归集后按一定的规则要求列报的结果。因此,注册会计师必须从对形成财务报表基础的交易或事项实施检查并获取审计证据开始,去证明财务报表是否存在重大错报。

注册会计师应当转换"审计就是查账"的观念,要以"跳出会计,从业务(即交易或事项)看审计"和"从证据看报表"的观念去实施审计程序,获取充分、适当的审计证据,避免出现审计失败。

二、特征

证明对象应当具备以下特征。

1. 在审计中,证明对象应当表明交易或事项的发生、变化与处置等事实

对于交易,审计证据应当能证明与交易相关的民事法律关系的发生、变更、消灭的事实。这里需要理解的是,交易或事项的发生、变化与处置必须是"实际发生"而不是"有账面记录"的交易或事项。《企业会计准则——基本准则》(2010)第十二条规定,企业应当对实际发生的交易或事项进行会计确认、计量和报告。《企业会计准则讲解》(2010)对"实际发生"列为会计信息质量的可靠性标准,并从"反证"的视角解释"实际发生"为不是虚构、没有发生或尚未发生的交易或事项。

这里,首先需要明确"交易""事项"与"实际发生"的概念。笔者查阅了多个会计准则,并未发现有会计准则对"交易"或"事项"给出明确的定义。明确与分析交易与事项的不同性质是为了研究在获取审计证据的范围、记录审计证据信息时有哪些不同。以对《企业会计准则》的学习理解,就交易、事项、实际发生等概念含义作出如下分析。

"交易",交易应当具备对手、标的、对价、损益四个要素。对手是某一项资产或劳务交换行为的交付方与接受方;标的就是交换资产或劳务的载体;对价就是资产或劳务方接受方对交付方耗费的经济资源的资金或劳务补偿;损益就是资产或劳务交付方获取的所交换资产或劳务的增值部分。标的与对价中的主体一致,资产与资金或劳务的流动方向相反。标的有历史成本记录,可以计算损益。交易的结果将使资产总额(包括净资产金额)产生变化。上述四个要素中的"对手"是区别交易或事项的主要要素。注册会计师对交易测试所获取的审计证据中一定要能证明对手、标的、对价的发生等民事法律关系的发生、变更和消灭等客观过程。

"事项",事项与交易最主要的区别是事项发生时不具有对手。"事项"发生及结果所涉及的资产(类似于交易中标的)的物理状态(包括外观形态)、化学结构、功

能应当发生实质性变化,或实际发生位置移动。例如原料经过加工(物理状态、化学结构、功能、都发生实质性变化,位置发生移动),成为可供购买者使用的产成品(新的功能);在建工程完工后成为固定资产,可用于生产作业(新的功能)等。注册会计师对事项测试中获取的审计证据虽不是独立法律主体之间的民事法律关系的发生、变更和消灭的客观过程的资料,但一定要能证明其物理状态、化学结构、功能变化、位置移动等客观过程。通常来讲,发生事项可能影响资产负债表项目列报的重分类调整,但不会产生实际损益,因而,不会影响资产总额发生实际变化。此处所说的实际损益,是指不会导致影响当期企业现金流发生变化,仅是账面记录的损益。如存货入库、在建工程完工结转固定资产,因持有金融工具的意图或能力改变对金融工具进行重分类等。资产总额发生实质性变化的意思与实际损益相同,即不会影响当期现金流规模发生变化从而导致资产总额有实质性变化。仅仅是账面记录的损益。

事项可以分为广义、狭义两种。狭义的事项仅指在财务报表中确认、计量和报告的非交易的经营活动的过程和结果。广义的事项还包括需要在财务报表附注中报告的,已经确定交易意愿但尚未实际发生的经营活动过程。

"实际发生"应当包括企业与其他法律主体,如债权债务人、投资者、员工等(对手)之间实际存在的资产(即标的)和资金(及对价)转移。如企业向采购方交付货物或劳务(标的)并设定应收账款,债务人归还应收账款(对价);员工向企业提供劳务(标的),企业支付工资(对价);投资者投入资本金,并形成股东身份等。非货币资产交换中,如存货与固定资产,因交换而改变了资产未来现金流量的风险、时间和金额,所以也是交易。在特殊情况下,如部分债务重组中未实际发生资产流动,但形成了新的债权债务关系,也改变了双方企业的未来现金流量的风险、时间和金额,因而也是实际发生的交易。事项的发生、变化因没有对手,不需要交换,因而也不存在"对价"与"损益"(实际损益)。

按上述理解,《企业会计准则第 24 号——套期保值》第三条(一)款中"尚未确认的确定承诺"不是"交易",是"事项"就易于理解了,这种确定承诺仅是签订了交易合同,尚未发生与对手之间的资产流动,所以没有进行会计确认。确定承诺仅是交易双方已经过邀约与承诺,达成交易合意而已。尚未确认的确定承诺的具体案例就是《企业会计准则讲解》(2010)版列举的例子:"某航空公司签订了一项 3 个月后一固定外币金额购买飞机的合同(未确认的确定承诺)"。

2. 证明对象应当具有物质载体

审计中该物质载体是企业交易涉及的实物资产、资金、劳务(人员为载体)及相互交换,事项涉及企业内部的生产、经营业务过程及成果。

3. 证明对象通常是一种未经证明、处于注册会计师"心证"的起始阶段,尚未确定其真实性的待证事实

就财务报表审计而言,被审计单位编制的财务报表在未经注册会计师审计测试,获取充分、适当的审计证据,经注册会计师的职业判断后形成恰当的审计结论前的待证报表。

这一特征实际是指明了注册会计师应当具备的一种专业思维方式,即任何事实在未被证明是对的之前,不能确定其是对的(即保持职业怀疑态度),而不是未被证明是错的之前就可以确认为对的。

对于审计业务,前一种与注册会计师应当"提供合理保证,以积极的方式提出意见"的要求一致。按积极保证的要求就可以理解为何《中国注册会计师审计准则第 1141 号——财务报表审计中与舞弊相关的责任》第十六条要规定,项目组在讨论过程中,项目组成员不应假定管理层和治理层是正直和诚信。《注册会计师职业判断指南》4.11 条也规定,不能无理由地相信被审计单位的陈述或提供的证据是可信的。这两条规定与证明对象的本项特征相符。

对于审阅业务,因审阅业务所提供的保证程度是有限保证,注册会计师是以消极方式提出结论。审阅意见的措辞中含有"基于本报告所述的工作,我们没有注意到任何事情是我们相信……"该一措辞是否说明注册会计师可以按照"未被证明是错的之前就可以确认为对的"思维方式去获取反证,以证明财务报表存在重大错报;如果没有发现能确定重大错报的审计证据(反证),就可以发表无保留类型审阅意见呢? 这样理解是不对的。审阅准则同样要求保持职业怀疑态度,计划和实施审阅工作等内容,这与审计业务要求相同且并无二样。只是审阅业务实施的程序类型主要是分析程序和询问程序。获得审计证据相对较少。审阅业务同样需要以"未被证明是对的之前,不能认为是对的"的思维方式评价所获取的审计证据是否充分、适当,以评价财务报表是否存在重大错报。

第三节　证明对象与认定的关系

《中国注册会计师审计准则第 1211 号——通过了解被审计单位及其环境识别和评估重大错报风险》第三条给出了认定的定义。认定,是指管理层在财务报表中作出的明确或隐含的表达,注册会计师将其用于考虑可能发生的不同类型的错报。该准则应用指南中列示了认定的种类。交易和事项的认定包括发生、完整性、准确性、截止和分类;期末账户余额的认定包括存在、权利和义务、完整性、计价和分摊;

列报与披露的认定包括发生以及权利和义务、完整性、分类和可理解性、准确性和计价。

前第二章中分析了财务报表审计,对财务报表是否存在重大错报的证明方式或路径,是通过从对形成财务报表基础的具体交易与事项的证明,进而对财务报表(对象信息)进行证明的。认定是注册会计师判断管理层将某一类交易或事项的原始状态按会计准则规定归集后列报的项目与金额是否正确时的分析要素。证明认定正确与否是对证明财务报表某项金额正确与否的前提。两者是前后衔接、不同阶段的证明过程。判断认定正确与否的证据主要是会计记录证据,而会计记录的基础又是实际发生的交易或事项。所以,如果交易或事项的原始状态没有得到证实,则认定的证明也无从谈起。

第四节 证 明 责 任

证据法学认为,证明责任是指证明主体依据法定职权或举证负担在诉讼证明上所应承担的相应责任。证明责任的主体不仅包括法院,也包括诉讼当事人。法院的举证责任仅在特殊案件,如婚姻、家庭案件及追索劳动报酬等体现。

在审计业务的三方关系中,被审计单位管理层承担其财务报表按照企业会计准则及其他相关规定编制的举证责任;注册会计师承担对其审计的被审计单位财务报表是否存在重大错报的举证责任。二者不能互相替代。审计报告正文非常清楚地说明了管理层与注册会计师各自的责任。

在注册会计师和投资者、债权人的诉讼中,举证责任就转移到注册会计师一方,产生举证责任倒置。

所谓举证责任倒置[①],是指基于法律规定,将提出主张的一方当事人(一般是原告)就某种事由不负担举证责任,而由他方当事人(一般是被告)就某种事实存在或不存在承担举证责任,如果该方当事人不能就此举证证明,则推定原告的事实主张成立的一种举证责任分配制度。"谁主张谁举证"是举证责任分配的一般原则,而举证责任的倒置则是这一原则的例外。

举证责任倒置理论产生于19世纪末20世纪初工业革命时期的德国,在这一时期出现了大规模的环境污染问题,医疗事故引起的伤害赔偿问题等案件,对此如果沿用旧的举证责任分配原则,对受害者显失公平。但又缺乏新的原则,因此,法

---

① 搜狗百科"举证责任倒置"词条。

官们在法律没有规定的情况下,根据司法实践中的新情况,借助法律赋予自己的司法自由裁量权,将举证责任转移给加害人承担。①

因此,如注册会计师就其出具的审计报告面临法律诉讼的情况下,注册会计师就需要承担以审计中获取的各项证据证明自身不存在过错或重大过失的举证责任。

第五节 注册会计师举证责任的法律规定

我国于 2002 年 4 月 1 日试行的《最高人民法院关于民事诉讼证据的若干规定》第二条规定,当事人对自己提出的诉讼请求所依据的事实或者反驳对方诉讼请求所依据的事实有责任提供证据加以证明。没有证据或者证据不足以证明当事人的事实主张的,由负有举证责任的当事人承担不利后果。

2003 年 1 月 9 日颁布的《最高人民法院关于审理证券市场因虚假陈述引发的民事赔偿案件的若干规定》中"二、受理与管辖"中列明投资者或债权人等提起诉讼时仅须提交的证据为:①自然人、法人或者其他组织的身份证明文件,不能提供原件的,应当提交经公证证明的复印件;②进行交易的凭证等投资损失证据材料。这些证据只包括主体资格与交易过程与损失结果的证据,不包括原告需要证明财务报表存在重大错报导致其决策失误的具体事项的证据。且该文件第二十四条规定,专业中介服务机构及其直接责任人违反证券法第一百六十一条和第二百零二条的规定虚假陈述,给投资人造成损失的,就其负有责任的部分承担赔偿责任。但有证据证明无过错的,应予免责。

2007 年 6 月 11 日颁布的《最高人民法院关于审理涉及会计师事务所在审计活动中民事侵权赔偿案件的若干规定》(法释〔2007〕12 号)第四条(一)款规定,会计师事务所因在审计业务活动中对外出具不实报告给利害关系人造成损失的,应当承担侵权赔偿责任,但其能够证明自己没有过错的除外。会计师事务所在证明自己没有过错时,可以向人民法院提交与该案件相关的执业准则、规则以及审计工作底稿等。

上述这些规定实质上确定了处于被告地位的注册会计师在诉讼活动中负有证明自身审计业务无过错的举证责任。

---

① 搜狗百科"举证责任倒置"词条。

第六节 证 明 标 准

我国也有学者称证明标准为"证明任务"或"证明要求"①。在证据法学理论上，采用成文法体系的国家，证明标准是由法官通过对证据的审查判断后形成内心对证据是否符合标准的"心证"，当"心证"达到深信不疑或排除任何合理怀疑的程度，就形成了对证据达到证明标准的确信。英美法系国家存在一般意义上的证据法典，对证据标准的适用有直接的影响。

在审计中，审计证据的证明标准就是注册会计师对证据的充分性与适当性的判断结论。

《中国注册会计师审计准则第 1301 号——审计证据》(2010) 给出了充分性和适当性的定义：第六条规定，充分性是指对审计证据数量的衡量，主要与注册会计师确定的样本量有关。第七条规定，适当性是指对审计证据质量的衡量，即审计证据在支持各类交易、账户余额、列报（包括披露的相关认定，或发现其中存在错报方面具有相关性和可靠性）。

审计证据是否符合充分性、适当性的证明标准，要靠注册会计师的职业判断来确定，也就是由注册会计师的"心证"来确定。审计准则并没有给出衡量充分性的度量标准、衡量适当性的可对照的具体要求。

第七节 证 明 内 容

证据对交易或事项的描述性信息称为证据证明的内容，简称证明内容。具体包括以下几方面。

一、经营活动类型与事实

经营活动的事实类型一般按照商品、劳务交易，股权投资与金融资产投资、债权债务的形成与清算，利润分配，生产过程、人员招聘与解聘、借款与增减股本等进行分类。

经营活动的事实类型主要是通过文字记载的方式表明其证明的内容。同时，

---

① 司法部法规教育司：《司法鉴定法律知识导读》，法律出版社 2001 年版，第 227 页。

部分资料的形式要件也表明其经营活动的事实类型。例如,发票就以其规范的格式证明是发生了商品或劳务交易有权收取款项的事实,银行票据就证明发生了债权债务清偿的事实等。

经营活动事实类型决定了会计核算所适用的会计科目。例如,商品交易适用"应收账款""主营业务收入""应交税费——应交增值税——销项税""库存商品""主营业务成本"等科目。

二、经营活动主体

经营活动的主体既包括交易发生过程中民事权利义务关系成立、变更和消灭的双方当事人,也包括经营活动发生过程中的其他参与人。从交易活动分析,交易产生的民事权利义务关系成立、变更和消灭的双方当事人包括对交易结果承担责任的法人企业、机构和自然人;其他参与人是受承担交易结果的法人企业和机构指派而参与交易过程的人员。例如,销售或采购人员,运输工具的驾驶员、装卸人员,劳务提供人员等。从事项分析,当事人是企业内部生产经营活动的参与者,包括产品生产过程中的生产人员、车间管理人员、自制固定资产的建造人员、企业管理人员等。这些当事人也是责任人。

经营活动主体通过资料上记载的名称(包括公章)、单位组织机构代码、执行人员的姓名或身份证号等进行证明。例如,发票上的开票单位和受票单位名称,企业自制原始凭证中的企业或部门名称,自制原始凭证和记账凭证中记载的实施人员和核准人员姓名等。

经营活动主体决定了交易活动适用会计科目与涉及债权债务人的明细科目名称。例如,注册会计师检查银行付款证据时,应当将付款凭证记载的收款人与应付账款中该供应商(债权人)名称核对,检查该笔款项是否向实际债权人支付。反之,在检查应收账款时,也应当核对银行付款凭证记载的付款人。

审计实践中会遇到被审计单位支付货款的记账凭证上记载收款人,在支票存根联上却没有记录收款人。注册会计师在检查支票存根联时难以确认此笔款项是否向实际存在的债权人支付。注册会计师对此类现象应当保持警觉。应当实施其他程序,追查确定债权人,并确认其是否收到款项。

三、经营活动发生时间

经营活动的发生时间包括交易中的起因日、交(受)货日、验收日、债权债务的设定日、付款日等;事项中的起因日、发生日和完成日等。

经营活动发生时间是通过资料中记载的上述各个日期进行证明的。经营活动时间是确认会计核算归属的期间是否正确的重要证据。《企业会计准则——基本准则》(2014)第七条规定,企业应当划分会计期间,分期结算账目和编制财务会计报告。发生在某一会计期间的经营活动都必须记录在该会计期间。在审计时注册会计师就需要对管理层作出的"完整""截止"认定是否符合会计期间规定的正确性作出判断。

四、经营活动地点

经营活动地点是指交易活动中实际发生民事权利义务产生、变更和消灭的地理位置;事项中资产的发生、变化与完成的地理位置。交易活动的地点和企业注册地可能不完全相同。例如,企业注册地在上海,而因运送货物到新疆交货的,其民事权利义务关系的实际产生地就是新疆而不是上海。事项中的发生、变化和完成的地点与企业注册地也可能不相同。例如,注册地在上海的企业生产的产成品,运送至企业设在天津的仓库,方便企业从该仓库发货给天津的客户。运送产成品是企业经营活动中的事项,不是交易,所以运送的出发地和到达地就是事项发生和完成的地点。

经营活动地点可能涉及费用的发生。反之,从费用金额大小也能证明经营活动地点的不同。例如,销售费用中的运输费是企业独立设置的销售部门为销售商品而支付给其他单位或本企业发生的运输费用。如果被审计单位本年销售费用中的运输费比上一年度增加较多,则可能表示本年产品销售市场距生产场所与上年相比较远。采购主要原材料所发生的运输费用计入原材料成本。如果采购企业以前采购的原材料由客户送货上门,本年却发生了较多的运输费,可能表示其更换了供应商。因此,供应商的地点发生了变化。

五、数量和金额

企业的生产销售商品和提供劳务构成企业主要经营活动,数量和金额是该等经营活动的主要计量要素。借款、股利分配、缴纳税收、债权债务等来源于经营活动但与商品劳务经营分离的活动相比,只有金额一个计量要素。数量和金额也是通过文字与数字相结合的方式进行证明。所谓相结合,是指在数量记录中一定结合计量单位列示金额,金额记录中一定结合币种列示。

商品和劳务证据中的数量和金额的比值就是单价。单价是注册会计师判断被审计单位管理层对交易价格公允程度、账面价值等"计价与分摊"认定是否正确的重要证据。

六、业务过程/结果

业务过程/结果的证据是指能反映个别经营活动完成,或某一时期的阶段性成果信息的资料。例如,产品入库,编制的入库单和入库记账凭证就是生产活动完成的证据;又如支付股利、收到被投资单位分配的投资收益等就是投资活动结果的证据,工程施工活动中的监理报告等是反映施工中某一阶段的工程量或施工质量的证据。

第四章

证 据 规 则

证据法理论认为,证据规则是指在诉讼中基于证明某种案件事实的成立与否为目的,用来指导就相关证据材料加以举证、质证和采证的原则和规定。

目前,我国没有单独的证据规则,原因是我国对证据规则并未形成完整的理论体系。据《法制日报》2012 年 7 月 4 日报道,在 2012 年 6 月 30 日最高人民法院研究室、中国应用法学研究所和中国政法大学证据科学研究院联合举行的《诉讼证据规定研究》开题报告会上,中国政法大学副校长张保生介绍,课题的主要任务是构建中国证据规则理论体系。我国现行的证据规则比较散乱,分散在三大诉讼法、最高法院两个证据规定、两院三部两个证据规定,还有实体法中的一些证据规定中,由于不成体系,不便于法官理解、掌握和运用。因此,课题的主要任务就是构建中国证据规则理论体系。这首先要加强证据法学基本原理的研究,同时,又要将具有普适性的证据法学理论与中国司法实践相结合,形成中国特色的诉讼证据规定理论体系。

第一节 我国民事诉讼活动中的证据规则

2002 年 4 月 1 日起施行的《最高人民法院关于民事诉讼证据的若干规定》已经制定了民事诉讼活动的证据规则。其中第七十七条规定,人民法院就数个证据对同一事实的证明力,可以依照下列原则认定:

(1)国家机关、社会团体依职权制作的公文书证的证明力一般大于其他书证。

(2)物证、档案、鉴定结论、勘验笔录或者经过公证、登记的书证,其证明力一般大于其他书证,视听资料和证人证言。

(3)原始证据的证明力一般大于传来证据。

(4)直接证据的证明力一般大于间接证据。

(5)证人提供的对与其有亲属或者其他密切关系的当事人有利的证言,其证明力一般小于其他证人证言。

按照证据法理论,该条文措辞"就数个证据对同一事实的证明力"实际是隐含地表达了"关联性"规则(即该证据与待证事实之间有关联)、合法性规则(即符合法律规定)。五条具体规定则表明了确定证据的证明力原则是遵循"最佳证据规则"。

《最高人民法院关于民事诉讼证据的若干规定》又对不能单独作为证据的情况作出了规定。第六十九条规定,下列证据不能单独作为认定案件事实的依据:

(1) 未成年人所作的与其年龄和智力状况不相当的证言。

(2) 与一方当事人或者其代理人有利害关系的证人出具的证言。

(3) 存有疑点的视听资料。

(4) 无法与原件、原物核对的复印件、复制品。

(5) 无正当理由未出庭作证的证人证言。

该条规定中第(2)款、第(3)款和第(4)款与审计业务相关。有学者认为这是与"最佳证据规则"密切相关的"补强证据规则"的体现[①]。

这里特别需要关注的是第七十七条第(五)款,第六十九条第(二)款的规定。这两条规定提出了注册会计师对获取的关联方提供的证据运用于职业判断的原则。关联方提供的证据在无法得到通过其他来源获得的证据的印证时不能单独运用,或谨慎使用。

第六十九条第(三)与第(四)款也是十分重要的条款,它说明在司法诉讼中,法院对这种存疑和无法核实的证据是不会采信的,那么,注册会计师使用了这种证据,在为自身辩护时也就不会被法院采信。

第二节　审计准则的证据规则

《中国注册会计师审计准则第 1301 号——审计证据》(2010)规定了审计证据可靠性判断的相关规则。第三条指出,审计证据的可靠性受其来源和性质的影响,并取决于获取审计证据的具体环境。判断审计证据可靠性的一般原则包括:

(1) 从被审计单位外部独立来源获取的审计证据比从其他来源获取的审计证据更可靠。

(2) 相关控制有效时,内部生成的审计证据比控制薄弱时内部生成的审计证

---

① 杨为忠:《司法会计鉴定理论与实务研究》,上海社会科学院出版社 2003 年版,第 70 页。诉讼证据法学认为,补强证据规则,是指某一证据由于其存在证据资格上或证据形式上的某些瑕疵或弱点,不能单独作为认定案件事实的依据,必须依靠其他证据的佐证,借以保证其真实性或补强其证据价值,才能作为定案的依据。见叶青主编:《诉讼证据法学》(第二版),北京大学出版社 2013 年版,第 177 页。

据更可靠。

（3）直接获取的审计证据比间接获取或推论得出的审计证据更可靠。

（4）以文件记录形式（包括纸质、电子或其他介质）存在的审计证据比口头形式的审计证据更可靠。

（5）从原件获取的审计证据比从复印、传真或通过拍摄、数字化或其他方式转化成电子形式的文件获取的审计证据更可靠。通常情况下，注册会计师以函证方式直接从被询证者获取的审计证据，比被审计单位内部生成的审计证据更可靠。通过函证等方式从独立来源获取的相互印证的信息，可以提高注册会计师从会计记录或管理层书面声明中获取的审计证据的保证水平。

可靠性并不是证据法学的规则，而是审计准则制定的规则。"可靠"，在中文语境下是"可以信赖依靠"和"真实可信"的意思①。确定某一证据是否可靠，依赖于注册会计师主观判断，即"心证"。注册会计师除应按照审计准则的规定分析、判断与取舍证据，并以此提出审计结论外，还需要了解这一过程必须要符合法律规定的证据规则。最高人民法院 2007 年 6 月 11 日颁布的《关于审理涉及会计师事务所审计活动中民事侵权赔偿案件的若干规定》（法释〔2007〕12 号）中第四条（二）款、第六条、第七条的规定，将审计准则纳入了法律取证程序范围，将事务所是否遵循了审计准则的要求作为判断其有无故意和过失的重要依据。审计准则与民法通则等实体法仍有所不同。审计准则要求是专业要求，法律是普遍适用的规则，法院审理侵权案件时是按照法律的规定进行审理，以确定注册会计师是否需要承担法律赔偿责任。注册会计师在执行审计准则有关审计证据的规则时，还应当学习法律中证据规则的相关内容，便于在获取证据时就确定该证据是否符合法律的相关规定、获取的证据能否在应对法律诉讼时保护自身。

比较《最高人民法院关于民事诉讼证据的若干规定》与《中国注册会计师审计准则第 1301 号——审计证据》中关于证据规则，可以看出：

（1）审计准则中的外部证据证明力高于内部证据的规定与司法解释中的（二）款规定的物证、档案、鉴定结论、勘验笔录或者经过公证、登记的书证的证明力高于其他书证、视听资料和证人证言的规定相符。但审计准则的范围大于司法解释。

（2）审计准则与司法解释对原始证据的证明力大于转来证据；直接证据的证明力大于间接证据的证明力的规则相同。

（3）证人证言的证据规则有所不同。审计准则规定书证的证明力高于口头证据，是强调证人所描述的客观事实的稳定性。司法解释强调的是即使将证言转换

---

① 中国社会科学院语言研究所词典编辑室：《现代汉语词典》（续订本），第 713 页。

为书面记录,其未经公正,证明力仍较弱。这两者都体现了证据法理论中的最佳证据规则,但司法解释更为严格。

（4）审计准则与司法解释对有利害关系的证明人提供的证据小于没有利害关系的证明人提供的证据的证明力的规则是一致的。

（5）司法解释第六十九条对不能单独使用的四种(第一款除外)证据的规定是审计准则未规定的,是注册会计师在评价审计证据时需要特别了解的规定。因为如获取的审计证据虽符合审计准则的证据规则,但不符合司法解释时,法院仍不会采信,属于无效证据,因此也不能起到保护自身的作用。

注册会计师在运用上述规则采信证据时,要十分重视企业内部控制环境对证据可靠性的影响。企业内部控制环境好,则其提供的证据可靠性就高。实务中,曾发生过两个案例可以说明这一问题:一个案例是,某外商投资企业委托会计师事务所办理该企业的增资工商登记手续并实施验资。会计师事务所审计助理人员拿着工商登记必备的文件去工商管理部门办理变更登记手续。工商管理部门办事人员审核后退回登记资料,指明董事会决议文本中一名董事的签字不是亲笔签署,不予办理。审计助理人员对工商管理部门办事人员如何识别出一名董事未亲笔签名的,百思不得其解。经向该名办事人员学习后得知,如果在文件上亲笔签字,则文件在斜向较强的光线照射下,仔细辨认会观察到签字处呈现微凹现象,且用水涂抹会有化溢细纹。复印的签字则无上述情况。事后经了解,该公司制作了格式化的董事会决议文件备用(模板)。格式化的董事会决议文本中需要记录的届、次、事由内容、日期等由手工填写。格式化的董事会决议上已有身处国外的董事的签名。本次增资时,公司并未召开董事会。办理增资事务的人员也为图方便,就用董事会决议格式文件进行复印后手工填写会议日期、地点等内容,再由国内的董事签字(格式文件中已有复印的身处国外董事的签名)。这种情况表明该企业内部控制环境较差。与之相反的另一个案例是,在改革开放初期,注册会计师为一家著名的外商投资化工企业实施验资。其提供的验资资料中除母公司董事会同意向中国投资的决议外,还有一份该企业母公司为在中国投资设立企业,向其所在地政府提出投资申请并获核准的文件复印件。在当地州政府的核准文件上,州长签字声明"该企业董事长是当着本人面前,在申请文件上亲笔签字,本人确认该董事长的签字是真实的"。该国外交部部长在文件上又签署"该州州长是当着本人面前,在申请文件上亲笔签字,本人确认该州长的签字是真实的"。这种签字方式是否为当地法律所要求不得而知,但如此一环套一环的证明签字真实性的做法表明了该国有关政府出具证明的整体控制环境较好。

这两个案例值得注册会计师在理解被审计单位内部控制环境对其提供的审计证据可靠性的影响时参考。

第三节 其他证据规则

我国证据法学中引用国外的证据规则较多。因英美法系与大陆法系的不同，且证据法学理论研究中不同学者观点的差异等原因而主张不同的规则体系。就审计业务来说，本文选择介绍与审计业务密切关联的两个规则供注册会计师参考。

（一）交叉询问规则

交叉询问规则是英美法系中最具特色的规则。证人在作证后还需要接受对方当事人或律师的询问，这就是交叉询问规则。设立交叉询问规则的主要目的是两个：一是旨在暴露证言中的矛盾之处，考察证言是否可信。二是旨在使对方证人承认对己方有利的相关事实。

注册会计师可以参照这一规则，在对被审计单位管理层实施询问、阅读管理层声明书、向关联方了解情况（如某项交易的交易意图）时，内心假设自身为对方律师角色或假设自身为受到损害的投资者、债权人角度，以找出证言的矛盾与识破其谎言为出发点去阅读、分析证据，不轻信管理层和关联方是诚实的且所述事实是真实的。这样就可避免因轻信误用虚假证据。有学者研究过谎言问题，认为人之所以说谎是想达到三个目的，一是讨别人喜欢，二是夸耀自身；三是自我保护。三个目的互为因果。在说谎的第三个目的中，自我保护往往是为了逃避某些真相。心理学家 Cortney Warren 指出，因为心灵不够强大，无法承受事情真相，和揭发事实所带来的后果而说谎。谎言就是他们的生存法则。有数据统计，人们平均每 10 分钟内会撒 3 个大小不同的谎言。[①] 这是对管理层舞弊心理的理性分析。心理学家对谎言的研究成果，可能是影响到审计界会作出"当注册会计师取得一项审计证据时，不能无理由地相信被审计单位的陈述或提供的证据是可信的"（职业判断指南4.11 条）的原因之一。

（二）推定规则

推定规则是指借助于现存事实，并据以推断出另一事实存在。现存事实为基础事实，推断得出的另一事实为推定事实。

推定规则在审计中的典型表现为审计抽样的运用。抽样是统计学研究的内容。统计学定义[②]告诉我们，统计学是收集、处理、分析、解释数据并从数据中得出

[①] 王逸诗：《恐于面对的真相》，中国经营报 2015 年 7 月 27 日。

[②] 贾俊平、何晓群、金进勇：《统计学》（第五版），中国人民大学出版社 2012 年版，第 2 页。

结论的科学。统计推断是研究如何利用样本数据来推断总体特征的统计方法。例如,要了解某一地区的人口特征,不可能对每一个人的特征——进行测量,[1]只能通过抽样检查,得出总体的数量。审计方法的发展历史也告诉我们,19世纪之前的审计方法是账项基础审计,是详细审计阶段。该阶段中,可能也部分应用抽样,但可能样本量非常多。以后进入制度基础审计阶段。制度基础审计是建立在内部控制测试并确定其可靠性的基础上,结合抽样方法实施的审计方法。在确定企业内部控制制度可以信赖后只抽取少量样本进行测试。随着统计学的发展,人们对样本与总体之间的客观规律有了深刻的了解,可以用统计学方法从样本特征了解总体的特征。这种了解的方法就是推定。其中,样本特征就是基础事实,总体特征就是推定事实。现代风险导向审计中运用审计风险模型为基础进行审计,从理论上解决了以内部控制制度为基础采用抽样审计的合理性[2]。所以,审计方法的发展是借助了数学和统计学的发展成果。例如,注册会计师对应收账款余额实施函证程序时,样本总体可能非常大,注册会计师不可能对每一明细账户实施函证并获取回函。这时,就需要采用统计抽样的方法,对确定的样本明细账户实施函证。从回函结果推断应收账款总账余额的"存在""权利与义务"认定。

审计实践中存在的问题不是抽样方法运用的理论问题,而是注册会计师的观念问题和专业胜任能力问题。从观念问题来说,注册会计师往往认为,抽样不如自己的经验管用。自以为其审计经验足以使自己能"高效"地确定需要实施函证的明细账户,是最实用的方法。从专业胜任能力方面分析,可能因在大学学习阶段未接受数学或统计学方面的专业训练,致使其运用统计抽样方法有较大难度而存在专业能力不足。《中国注册会计师专业胜任能力指南》规定的注册会计师应当具备的"职业技能"就包括了数理统计技能的要求。注册会计师这种以自身经验确定测试样本的方法,我们姑且称为"经验抽样法"。这种方法因注册会计师个人经验不同,不存在客观规律可言,实质是"随意抽样"(2006版审计抽样准则也是如此称谓)。在这种抽样方法中,注册会计师难以避免个人偏好对选取样本的影响(例如,偏好"快"速完成审计业务的,就会故意回避难以获得审计证据项目,或选择最易观察到的项目,如排序第一或最后的项目)。这种方法无法从已获回函(样本特征)推断应收账款总账余额的存在、权利义务认定(总体特征)。没有证据证明其遵循了审计准则规范,所以也不能证明其勤勉尽责,不会得到法律的认可。

---

[1] 王逸诗:《恐于面对的真相》,中国经营报2015年7月27日。
[2] 中国注册会计师协会编:《审计》,2013年度注册会计师全国统一考试辅导教材,第9页。

第五章
审计证据收集

收集审计证据就是获取审计证据。收集审计证据是通俗的理解,获取审计证据是审计专业用语。

第一节 获取审计证据的方法与途径

自 1980 年 12 月 23 日财政部颁布《关于成立会计顾问处的暂行规定》开始,中国注册会计师职业开始复苏。1995 年 12 月 25 日,财政部批准颁布了《独立审计基本准则》,标志着我国审计准则体系已经建立。同日发布的《独立具体审计准则第 5 号——审计证据》第二条中对审计证据的定义是:本准则所称审计证据,是指注册会计师在执行审计业务过程中,为形成审计意见所获取的证据。该定义与《中国注册会计师审计准则第 1301 号——审计证据》(2010)中给出的审计定义(见本文相关内容)相比,独立审计准则定义在获取审计证据的时间方面是明示为"在执行审计业务过程中",而目前审计准则定义则是隐含在"得出审计结论、形成审计意见中"的文字表述内;在获取审计证据范围界定方面,独立审计准则定义对证据范围的界定不够清晰,而目前审计准则定义是清晰的。

比较独立审计准则与现行审计准则对审计证据定义差异可以看出,自中国注册会计师审计准则体系建立开始,前后审计准则对获取审计证据的时间与空间要求实质上并无不同,是一贯的。

审计证据的获取方法在审计准则中有明确的规定。《中国注册会计师审计准则第 1301 号——审计证据》(2006)第二十四条规定,注册会计师通过实施不同性质的审计程序,包括检查文件和记录、检查有形资产、观察、询问、函证、重新计算、重新执行和分析程序共八项。而《中国注册会计师审计准则第 1301 号——审计证据》(2010)的正文部分并未说明程序类型,在应用指南中说明了获取审计证据的审计程序,包括检查、观察、函证、重新计算、重新执行、分析程序和询问。两者的区别:一是 2010 版的应用指南将 2006 版审计准则规定的"检查文件和记录"与"检查有形资产"合并为"检查",实质内容并无变化;二是"询问"程序从 2006 版的第四位调整为最后一位。

通过实施审计程序以获取审计证据的方法,也是注册会计师获取审计证据的途径,且是唯一途径。

在个别情况下,注册会计师可能得到被审计单位管理层以外人员或其他单位提供的资料。注册会计师得到此类资料是否等同于注册会计师获取审计证据呢?显然不能等同。因为注册会计师得到的此类资料没有经过注册会计师实施审计程序,对会计记录和被审计单位其他经营业务资料的核实、与该资料相关的其他审计证据相互印证,不能作为注册会计师获取的审计证据。此类资料不具有审计证据所必须具备的"合法性"特征,法院将不会采信该证据。

例如,2014 年年末獐子岛股份公司(002069.SZ)发布公告,称 2011 年年底播海域 119.1 万亩、2012 年年底播海域为 29.56 万亩的虾夷扇贝,因受冷水团异动导致的自然灾害影响,虾夷扇贝近乎绝收。年末需要计提大额跌价准备。消息一出,遭到媒体对其的广泛质疑。《财经》杂志 2014 年 12 月 1 日刊登记者调查,质疑该公司造假。据记者调查,冷水团异动背后确有人为因素导致的重大失误,獐子岛股份公司并未如实全面披露。包括 2012 年 3 月 28 日,獐子岛股份公司有员工因为在底播苗种收购过程中收受贿赂被举报,随后被长海县公安局立案。该事件的后果是种苗质量无法保证。一位参与了 2011 年底播扇贝苗的獐子岛员工私下告诉《财经》记者,在他参与底播的那次,发现装扇贝苗的箱子里有大量的杂质,真正的扇贝苗目测达不到50%等。注册会计师得到《财经》记者报道的资料后能否作为获取的审计证据并以此为依据作出期初存货余额也须计提跌价准备金额,期初存货账面价值存在重大错报的职业判断呢?显然不能。注册会计师如果没有实施询问管理层与员工程序,获取行贿者的行贿过程与对象的陈述、与公司受贿人的供述、公司种苗施播员工的陈述资料,没有实施检查程序,检查行贿供应商供应种苗数量等证据,对这些证据进行相互印证,不能作为审计证据。《财经》杂志报道文章中列举的事实,对实施审计的注册会计师而言,只是提供了可能存在舞弊的迹象,并不能作为注册会计师得出审计结论和形成审计意见的证据。只能在经注册会计师通过实施审计程序时获取的资料,才可作为审计证据。

第二节　审计程序获取审计证据的能力

既然实施审计程序是注册会计师获取审计证据的唯一途径,就有必要研究审计程序获取审计证据的能力。

现按审计准则应用指南(2010)对审计程序表述的前后位置为框架进行分析。分析目的是为了让注册会计师了解不同性质的审计程序其获取审计证据的能力是不同的,从而重视设计适合应对被审计单位财务报表错报风险评估结果的审计程序,获取充分、适当的审计证据,以将审计风险降到可接受的低水平。

审计程序获取证据的能力不是证据法学中所说的证据能力概念。而是指审计程序对获取审计证据的能力。分析指标为审计证据获取方便程度(简称便捷度)、证据是否易于固定(简称易否固定)和证明力三个。便捷度是指该程序在审计业务中的实施频率与是否易于证实错报金额并形成工作底稿;易否固定是指实施该程序后是否易于将获取的具体错报金额固定并据以形成工作底稿;证明力是指实施该程序时获得的证据对注册会计师断定个别错报金额的影响程度。

表 5-1   审计证据/证据能力分析表

程序名称	对　　象	便捷度	易否固定	证明力
检查	文件与记录、资产物理状态	便捷	易于固定	较强
观察	相关人员的业务活动过程或实施的程序	便捷	不易固定	较弱
函证	会计、文件记录	不便捷	易于固定	较强
重新计算	会计、文件记录	便捷	易于固定	较强
重新执行	内部控制程序执行过程信息	不便捷	不易确定错报金额,但易于编制底稿	较弱
分析程序	财务数据之间及与非财务数据之间关系	不便捷		较弱
询问	企业各级人员的口头陈述	便捷	不易固定	较弱

需要说明的是:①本段内容中的"对象"与"证明对象"的含义不同,仅为本项分析而设置的分析指标名称。其含义是表述审计程序所指向的信息或信息载体。②本段内容所列示证明力是证据法学中的法律概念。诉讼证据法学认为,证明力是指证据对于案件事实认定的证明意义或影响力[①]。

从以上分析可以看出,检查是注册会计师使用最多的审计程序,且获取审计证据的便捷度最快,证据易于固定;观察是注册会计师"眼见为实",获取审计证据的便捷度也最快,但难以证明错报金额,证据也不容易固定;函证是被动获取证据,如交易对手不予以回复,则该项证据无法获取,且便捷度较差;重新计算是对会计计

---

① 叶青主编:《诉讼证据法学》(第二版),北京大学出版社 2013 年版,第 58 页。

量,即"计价与分摊"认定正确性获取证据,证据易于固定,可确定具体错报金额;重新执行是在针对内部控制有效性运行过程信息进行测试,不针对任何会计记录金额,无法确定错报金额;分析程序的结果在很多时候与个别错报金额之间并无直接关系,不易确定个别错报金额;询问结果则并不足以提供充分、适当的审计证据(《内部控制审计指引》第十六条)。通过被询问者的口头语言对需要证明的交易或事项提供的证据,可能因被询问者个人理解的加工而曲解反映交易或事项本来面貌,证明力较弱。

审计准则对审计程序表述的前后位置安排,也体现了审计准则制定者对审计程序获取审计证据能力、证据证明能力的研究结果。

研究审计程序获取审计证据的能力,是提请注册会计师注意在实施程序时,必须重视研究对不易固定的对象去采用何种有效方法去固定证据。同时,对证明力较弱的证据应当加强证据间的相互印证,而不是单独使用这一证据就匆忙作出职业判断结论,避免审计风险。

第三节　审计证据固定

审计证据固定是指将注册会计师了解到的被审计单位具体的交易或事项的客观事实的信息转换成工作底稿。将信息转换成工作底稿的途径称为固定方法,其过程称为证据固化。

一、应当固定的审计证据范围

证据固化受注册会计师观念的影响,即将某文件资料或观察到的客观现象是否需要固定为审计证据由注册会计师主观决定;固定方法是证据固化中的技术手段。固定方法的实施受固化观念的支配。只要注册会计师观念上认识到审计证据对保护其自身利益的重要性,一定会想尽各种方法,采用各种技术手段去固定审计证据。如果没有很强的自我保护意识,则会以各种借口,如审计时间限制、获取审计证据成本太高、降低业务性价比、管理层不在当地等各种借口予以解释而不固定证据。也有部分注册会计师只重视会计记录证据和与会计记录相关的合同、入库单等证据。对于影响交易或事项发生、规模等表明管理层主管意图、交易背景的资料固定为审计证据不够重视。例如,在对注册会计师提交讨论的某些重大交易或事项拟提出的审计结论在会计师事务所内部讨论、质量复核过程中,经常发现注册会计师在其介绍于审计外勤工作时了解到的管理层对此交易的交易意图、交易背景、事项的现时状况等,没有提供相关证据。这就为深入讨论该问题,判断该交易或事项的会计确认、计量和列报是否存在重大错报造成障碍。注册会计师讲述的内容往往是其按照自身分析、理解后的情况,并不是管理层提供的原始情况(尽管管理层的说明也可能是按照其理解后的结果,但对于注册会计师获取审计证据来讲,仍可视为"原始状态")可能过滤掉许多需要查证的疑点。随着讨论的深入,或会发现真实的交易意图或客观事实与管理层原先的说明有巨大出入而需要重新评估对问题所反映出的风险,或需要注册会计师重新设计进一步审计程序获取其他证据后才能确定判断结论。

从法律界定的注册会计师的举证责任看,注册会计师必须固定审计中所获得的、与得出审计结论和形成审计意见相关的全部证据(包括言辞证据),否则无法证明其遵循勤勉尽责要求、实施了相关审计程序。

二、审计证据固定方法

司法会计学认为,证据固定的主要方法包括记录、复制(拷贝)、摄影与扣押。[①]在审计中除扣押外也采用记录、复制(拷贝)、摄影这三种固定方法。

固定审计证据在审计业务的主要工作。《中国注册会计师审计准则第 1131号——审计工作底稿》第五条规定,审计工作底稿包括记录的审计计划、实施的审计程序、获取的审计证据和得出的审计结论几个部分。实施审计程序是为了获取审计证据,以审计证据为基础进行判断才能得出审计结论,所以,最核心的要求是收集的审计证据。因本书立足于审计实务,所以主要说明审计证据的固定方法。

(1)注册会计师在实施检查实物资产、观察和询问程序时,都应当将对象的客观情况固化为审计证据。包括:①实施检查资产存在的程序,包括存货、固定资产监盘、检查在建工程期末施工状况等。都应当将实物资产的数量、外观、堆放等客观情况固定为审计证据,固定方式为编制检查或监盘记录。②实施观察程序,包括观察实物资产存放情况,生产作业现场等。审计证据的固定方式包括编制观察记录、摄影、编制观察记录。③实施询问程序,包括向企业治理层、管理层及员工的询问、向供应商、销售客户的询问、向监管机构的询问等。审计证据固化的方式为编制询问记录。

(2)注册会计师在实施检查文件和记录程序(包括会计记录和其他记录)时,审计证据的固化方法包括复制(摄影)和编制检查记录。

(3)注册会计师在实施函证、重新计算、重新执行和分析程序时,主要是用记

[①] 于朝、肖琼、庞建兵:《司法会计学概论》,中国人民公安大学出版社 2001 年版,第 86 页。

录方法固定审计证据。

三、抽样

因现代审计方法是抽样审计,注册会计师不可能对被审计单位发生的所有交易或事项进行测试,所以需要研究如何确定应当固定的交易或事项范围(即样本总体)和如何选择需要测试的样本,形成审计工作底稿。

抽样是固定审计证据的前提。某一样本总体界定了某类审计证据的范围,样本中被选中的样本就是应当固定的个别审计证据。因此,需要研究如何通过抽样测试方法确定应当固定的审计证据。

运用审计抽样进行测试的范围包括识别和评估财务报表阶段时了解被审计单位内部控制中的运行有效性测试控制与实施进一步审计程序阶段的实质性细节测试两个主要范围。

（一）用统计抽样方法获取审计证据是法规规定

2006 年颁布的《审计抽样准则》(1314 号)第十四条规定了选取全部项目、选取特定项目和审计抽样等三种确定样本的方法。审计抽样包括统计抽样与非统计抽样。实施审计抽样的技术手段有使用随机数表或计算机辅助审计抽样技术、系统选样或随意选样。2010 年颁布的《审计抽样准则》(1314 号)中不再规定 2006 版准则中列明的三种方法,而是规定了统计抽样与非统计抽样两种方法。从抽样概念内涵分析,非统计抽样因其不能运用概率论评价总体,所以,非统计抽样方法应当包括 2006 年版准则中列明的选取特定项目的基本方法与随意抽样的抽样方法。

需要注意的是,2006 版审计抽样列明的"选取特定项目"是指针对大额或关键项目、超过某一金额的项目、被用于获取某些信息的项目与被用于测试控制活动的项目等四种情形的确定样本方法。其选取样本时考虑覆盖率(即测试金额总计占总体金额的比重)和风险因素。同时,该准则指出采用此方法容易产生非抽样风险。从抽样的技术手段来说,随意抽样不存在全部样本均有被选中的可能。所以,对运用非统计抽样方法确定的样本的测试结果仅表示样本自身有无错报,而无法通过样本结果评价总体并得出合乎科学规律的结论。2010 版的《审计抽样准则》(1314 号)第二十四条(二)款规定,在评价审计抽样结果时,要评价使用审计抽样是否已为注册会计师针对所测试的总体得出结论提供合理基础。这一要求中的重点是"提供合理基础"。所谓合理基础,是指评价结论需要有其他学科(如数学理论与统计技术)的支持。注册会计师如采用非统计抽样测试的,在缺乏准则依据和其他学科理论与技术支持的情况下,对非统计抽样方法可以总体评价结论具有"合理基础"的自我解释(即"心证"),是不会被法院采纳的。注册会计师也不能证明自身在遵循审计准则的基础上获取证据和得出结论,不存在过错。

然而,选取特定样本方法与随意选样的技术手段在当下审计实践中仍广泛使用。一种原因可能是注册会计师仍基于 2006 版《审计抽样准则》的规定在使用。2006 版《审计抽样准则》中"得到证实"仅说明结果,缺少量的要求。2010 版《审计抽样准则》中"合理基础"中提出了量的要求。按照审计证据的充分性要求理解,就是样本足够多且在总体中的分布均衡,都有被选取的机会。这两点已有数学理论予以证明和统计技术予以支持。另一种原因可能是注册会计师不会运用统计抽样技术。再者,可能是注册会计师没掌握在得出风险评估结论后设计有针对性的进一步审计程序时,对如何确定样本总体、采用何种标识选取样本的方法。

注册会计师对仍旧采用选取特定样本方法与随意选样的技术手段确定测试样本的借口往往是统计抽样方法选取的样本数量较多、审计成本太大等。但审计抽样准则已经规定,注册会计师应当确定足够的样本,以将审计风险降低到可接受的低水平。

上述对审计抽样方法运用的讨论是讨论注册会计师审计观念,而不是讨论抽样技术。前面已说明审计证据固化受注册会计师观念的影响,固定是固化手段。采用何种手段去实现目的是受观念支配的。在审计抽样的方法选用上同样如此。注册会计师如果没有树立审计业务质量需接受法律诉讼检验的观念,则一定会有种种借口不按照审计准则和其他法律法规规定选择恰当的方法获取审计证据。

关于在实施抽样测试中需要考虑的程序目的、样本设计、测试评价等问题在《中国注册会计师审计准则第 1314 号——审计抽样》及该准则的《应用指南》(2006版及 2010 版)中均有详细介绍。此处不再说明。

(二)审计抽样方法的法理基础

按证据推定规则分析,审计抽样测试总被抽取测试样本的特征是基础事实,从样本特征推断的总体特征是推定事实。固定的对象是被抽中的样本。所以,抽样方法对推断总体特征的有效性具有法理基础。这一讨论是表示注册会计师按照审计准则规定,实施统计抽样所获取的审计证据,并以此按概率论等科学方法推断总体与得出的结论是符合证据法中推定规则,具有法律效力。这与推定规则讨论中举例说明审计抽样的含义不同。这里是再次强调注册会计师应当按照能证明自身遵循审计准则的规定,主观上无过错的观念去实施审计抽样。从严格意义上讲,任何非统计抽样技术均不能推断总体,注册会计师依据非统计抽样推断出的总体结果是无科学依据的,均不能得出审计结论也不能形成审计意见的基础,均属无效。因此法院可以推论,注册会计师运用非统计抽样测试获取样本,以此评价总体特征和得出的结论是不符合审计准则要求的,存在过错。所以,注册会计师应当按照审计准则要求,尽量采用统计抽样方法抽取样本。仅对不列为存在重大错报风险的财务报表项目或会计科目才可以采用非统计抽样获取的样本实施审计测试。

选取全部项目和特定项目的选样方法在审计中也实际运用。但不是审计的主要方法,所以不再讨论。

四、审计证据标识

审计证据标识是指用于识别选取、固定测试对象(样本)的一种符号。注册会计师记录审计证据标识是为了向会计师事务所内部质量复核人员、监管机构、法院等证明所测试的具体对象是"哪一个",从而让他们了解注册会计师实际测试的样本及样本所反映的具体交易或事项的实际情况,并为他们作出自身专业判断提供基础。

审计证据标识分为抽样标识、样本标识、资产证据标识和其他证据标识。

(一)抽样标识

抽样标识是指在确定的样本总体中识别个别样本的符号,其主要用于抽样阶段选取样本工作。

在采用抽样审计方法时,要实现审计准则规定的"总体中的每个抽样单元都有被选取的机会"的选样目的,在总体确定后就需要按某一标识,随机抽取样本。

抽样标识是指表明总体内某一个体不同于其他个体的区分标志。例如,确定以被审计单位全年的收款或付款支票为总体,则因该单位的银行收或付款业务多笔而有多张支票;以全年的采购或销售合同为总体,则该单位全年内也有多笔销售或采购业务而签订多份采购或销售合同等。注册会计师要实现"总体中的每个抽样单元都有被选取的机会"的选样目的,就要研究哪一个标识能使上述总体中每个抽样单元(单张支票或单个合同)都有被选取的机会。

例如,在实施对某一科目发生额实施细节测试时,按记账凭证编号作为识别标志就不合适,因为就某一科目而言,记账凭证编号虽是各不相同但不连续。将记账凭证号作为抽样标识,在按随机数选样时,就可能存在某一随机数值无对应样本的情况。如将记账凭证编号用于银行存款发生额的抽样测试,则是合适的。因为银行存款的记账凭证编号是按发生时间顺序连续编号且唯一的,每笔收或付业务都编制一张记账凭证(企业通常按现金、银行存款、转账等三大类业务的记账凭证进行编号,且现金和银行凭证号又再按收款或付款分开编制)。在按随机数选样时,不会发生某一随机数值无对应样本的情况。

所以在抽样时要实现"总体中的每个抽样单元都有被选取的机会"的选样目的,确定的抽样标识就必须具有在该总体范围内具备唯一性、连续性的特征。

如果确定的总体中没有合适的抽样标识,注册会计师应当对样本自行编制抽样标识。例如,确定将银行存款全年支付业务记账凭证为样本总体(企业可能是按月份连续编号,每月都有一个起始号)的,可将全年付款业务记账凭证按自然数连续编号,具备唯一且连续的特征。选样时,某一随机数值就一定有与之对应的样本。

(二)样本标识

样本标识是指识别实施审计测试的具体样本的符号,其主要用于编制审计测试记录工作。

注册会计师在对样本测试后编制测试记录时,应当记录测试的样本标识来说明其测试了哪些样本。这样就能区分测试的是"这一个"而不是"那一个"样本。

编制检查会计记录底稿时,记账凭证编号是最常用的样本标识。编制检查固定资产底稿时,固定资产编号是常用的样本标识。实施其他程序编制工作底稿时,要视样本具体特征选用样本标识。例如,对选定的债务人函证时,债务人名称是样本标识,但对该债务人某一笔余额函证时,销售发票号或合同号是样本标识等。

(三)资产证据标识

资产证据标识是指识别实施审计测试的具体资产的符号,其用于记录测试结果工作。

资产证据标识是注册会计师记录实际测试的具体资产的记录要素之一。例如,银行账号是银行存款的资产证据标识;债务人名称是债权的资产证据标识;存货的名称与规格、型号共同组成存货证据标识;固定资产编号是固定资产证据标识;房产证号是房屋资产证据标识;专利号是专利权的资产证据标识等。资产证据标识的详细说明见第四节,"二、一般信息与特有信息"中"(二)特有信息项说明"。

(四)其他证据标识

其他证据标识是指上述三种标识以外的,涉及交易、企业内部管理等证据的识别标识。这类标识在企业内部普遍适用,但标识方法各异。其他证据标识也适用于记录测试样本时用的识别标识。下面介绍主要的几种标识。

1. 业务合同

按照《企业内部控制应用指引第 7 号——采购业务》第十二条和《企业内部控制应用指引第 9 号——销售业务》第八条规定,企业需要对采购与销售业务的全过程进行记录。在企业管理实务中,合同在各部门间传递时一定会列明合同编号,否则各部门就某一采购或销售业务的协调工作会遇到极大的难度。一般情况下,合同编号是以年度为时间单位,按业务类型分类进行连续编号。所以,确定某类业务合同为总体时,合同编号具有唯一性和连续性,是一个合适的抽样标识。在记录所测试的具体业务合同时,合同编号是合适的样本标识。

2. 发票

《中华人民共和国发票管理办法实施细则》(按国税总局令第 37 号修改)第四条规定,发票的基本内容包括:发票的名称、发票代码和号码、联次及用途、客户名称、开户银行及账号、商品名称或经营项目、计量单位、数量、单价、大小写金额、开票人、开票日期、开票单位(个人)名称(章)等。分析该条规定内容,可以看出发票号码是区分相同类型发票中不同发票的唯一标志。税务机关规定,以手工开具发票和现在使用税务信息系统监控开具的发票都是由具备印刷资格的企业印制。发票印制时,印制单位按规定印制了发票的起止号码[①],因此,编号具有唯一性和连续性。只是不同时间购买的发票的起止号不同。在全国范围内发票编号也具有唯一性。注册会计师在实施对销售业务测试时,发票编号就是一个合适的样本标识。但被审计单位收到的发票编号因不具有连续性,可能不适合作为抽样标识以选取样本。在测试内部控制时,可能会将被审计单位出具的发票作为总体,进行抽样测试。此时如将发票编号(如最后三或四位数)作为抽样标识的,应当确定总体中所有的发票编号必须是连续的。

3. 企业内部业务凭证

企业内部业务凭证包括入库单、出库单、销售单、收付款通知单等。在企业内部控制制度设计和管理实务中,一般是对内部凭证进行预先编号。编号目的旨在方便业务指令在各部门之间传递中明确各部门具体的管理对象,同时也可通过制定唯一和连续编号的手段防止管理层和员工发生侵占公司资产的舞弊行为(包括故意遗漏和重复编制行为),对资产进行有效控制,实现反舞弊目的。所以,对同一类内部凭证,凭证编号可作为样本标识。需要注意的是,运用企业内部凭证编号作为识别标识时,注册会计师应当检查企业内部凭证的内部控制情况,包括凭证的印刷、凭证装订(是否为订本式)、领用、作废、回收等环节是否有制度规定,制度执行情况是否有完整记录等。如果内部凭证的内部控制不好,则编号可能不是唯一的,则运用其作为样本标识就不合适。在测试内部控制时,如将某一类业务凭证(如出库单)作为总体进行抽样测试,在选用凭证编号作为抽样标识时,也要确定总体中所有的凭证编号必须是连续的。

4. 存货

存货的识别标识通常包括名称、类别、规格等。各企业对自身存货的命名方法都不一样。无论从原料或成品分析,存货名称、规格具有唯一性,对部分产品来说

---

① 国税总局令第 37 号:《中华人民共和国发票管理办法实施细则》第十条。

具有规律性,如男式衬衣,按衣领分,从 36,37 厘米……(GB/2660—2008);通用紧固件按直径分,从 0.5,1,1.5 毫米……(GB/5780—2000)。这些产品都有国家标准。没有国家标准且通用性差的产品可能就不存在规律性。《企业会计准则讲解》(2010)指出,在电子信息系统用于会计核算中,可广泛采用个别计价法核算存货成本(P22)。由此可以看到未来的存货核算中存货标识将非常重要。

目前,在被审计单位存货核算非采用个别计价情况下,注册会计师应当深入了解被审计单位存货的管理制度,在作业计划安排、原料领用、成品入库等环节,其产品信息是以何种标识在各部门之间交换与流转的;如何划分大类或类别的,并收集产品规格目录等,仔细分析后确定存货样本标识。

5. 固定资产

固定资产因金额达到一定标准且长期使用,所以企业对固定资产的管理一般采用资产编号的方式。《企业内部控制应用指引第 8 号——资产管理》第十四条规定,企业应当制定固定资产目录、对每项固定资产进行编号,按照单项固定资产建立固定资产卡片。如准备采用固定资产编号作为样本标识的,应当了解企业确定的固定资产编号规则,分析编号是否具有唯一性。如果采用固定资产卡片编号作为样本标识的,应当检查固定资产卡片编号是否具备唯一性。注册会计师也可以自行对固定资产卡片或目录进行按自然数顺序编号,以编号作为抽样标识选取样本。

6. 文件

文件的种类很多,可分为会计记录文件和非会计记录两类。此处以非会计记录文件说明文件样本标识。以下所述非会计记录类文件因企业内部管理水平高低的影响,可能存在,也可能不存在有关标识制作的企业内部管理制度。非会计记录类文件不适用采取抽样方法确定样本。以下是主要的非会计记录类文件及通常采用的标识例子。

(1) 董事会会议记录、决议,以×届×次,×年×月×日为证据标识。

(2) 重大资产重组合同、投资协议(合同),以签订日或合同号为证据标识。

(3) 年度预算、年度决算,以编制日或批准日为证据标识。

(4) 借款合同。企业通常不对借款合同自行编号。如企业规模大,且借款银行多,贷款种类及笔数多,内部管理水平高的被审计单位会制定借款合同编号制度,并对借款合同进行编号。一般企业借款合同以银行编号为证据标识。

(5) 管理制度类文件。如发布某一管理制度的通知、制度文件、业务(工艺)手册、质量手册等。大型企业制定有文件编号制度,并对文件进行编号。非大型企业如执行 ISO9000 质量控制体系的,企业内部也会有编号制度与对文件进行编号。

文件编号可作为证据标识。

除抽样标识外,在编制测试记录时,样本标识与资产证据标识或其他证据标识可能重合。例如,对固定资产进行抽样测试累计折旧时,样本标识与资产证据标识就有可能以资产编号为依据记录测试结果,此时样本标识与资产证据标识发生重合。

第四节 审计证据含有的证据信息

前述司法会计学认为,证据固定的主要方法包括记录、复制(拷贝)、摄影与扣押。审计证据固定除扣押外也是记录、复制(拷贝)与摄影三种。

审计证据固定过程实际是审计工作底稿的编制过程。记录是主要的固定技术手段。即使是运用复印、摄影等方法获取证据,也需要记录获取时间、原件提供者、核对与原件是否一致等必要信息。记录是指将实施询问、观察、检查的过程与结果制作成书面资料,也包括将实施的其他审计程序的过程与结果制作成工作底稿。在电子信息技术不断发展的今天,人工书面记录仍旧是注册会计师采用的固定审计证据的主要手段。在采用记录方式固定审计证据时,记录测试后获取的证据的信息就是注册会计师一个主要的工作内容。

一、证据信息

注册会计师应当如何清晰明了地记录测试样本的过程与结果,形成审计证据,就需要研究应当记录的样本载体中含有的信息。本书将这种载体信息称为证据信息。

证据信息既包括记录注册会计师实施的询问、观察、检查有形资产,了解到的交易或事项的发生、变化与处置(灭失)①过程中获取的证据信息,也包括检查被审计单位管理层提供的各种文件的复制(拷贝)资料时需要查看的文件本身的格式要素(如文号等)。

证据信息也适用于检查复印件、摄影照片等审计证据中是否具备必要的信息,以使检查记录形成有效的审计证据。

---

① 处置是指资产或权利因被审计单位管理层主动作为而减少。灭失是指因非管理层主观原因而减少,包括火灾损失、自然灾害等实物资产损失和因债务人破产等债权灭失等。处置与灭失的性质不同,证据类型与来源也不同。例如,处置行为有管理处置意图的证据,而灭失则没有;处置因是企业自身行为,证据主要来自企业内部,而灭失是客观原因,证据主要来源于企业外部。

二、一般信息和特有信息

获取审计证据的目的就是要证实交易或事项实际的发生、变化与处置(消灭)全过程。所以,一项交易或事项的发生、演变和处置(消灭)的过程会包含许多信息。为叙述方便,本书将证据信息区分为一般信息与特有信息。一般信息是指所有证据都具备的信息。特有信息是指某一类型证据独有,其他类型证据不具备的证据信息。

(一)一般信息

一般信息包括时间、地点、主体、名称。

1. 交易时间

发生时间包括起因日、发生日期(交货日期、验收日期、预付或预收款日期)。时间信息是注册会计师判断被审计单位对交易记录于被审计年度财务报表相关项目,包括资产负债表中资产、负债或权益金额,利润表中的收入与成本、费用、利得,现金流量表中的三类资金流动等的"截止""完整"等相关认定是否正确的主要依据。

(1)起因日,是指该项交易已经交易双方通过邀约、承诺过程,达成交易合意的日期。起因日在合同上就是签订日。理论上,交易实际发生日应该在签订日之后,且与合同签订日之间的时间间隔不会太大(除大型设备、船舶、飞机等需要依据合同条款定制的以外)。在某种情况下,起因日结合交易实际发生日期进行分析,可用于判断形式合法的合同是否掩盖了不合法的交易情况。例如,审计实践中遇到一个典型情况是,某制造业企业与被审计单位(贸易型企业)签订了一分采购普通棉布的合同。合同总额约 80 万元。合同各条款的约定均符合合同法规定且无遗漏记载内容,经双方签字盖章成立。该合同是一份合法合同。合同约定,订立合同后被审计单位要向制造企业(供应商)支付采购金额(含税)的 50% 预付款。该笔款项记入被审计单位的预付账款科目。合同签订日为 20×2 年 7 月。但到资产负债表日,供应商尚未向被审计单位供货。质量复核人员在复核预付账款底稿时感到十分不解。他们认为,首先该普通棉布是供大于求的商品,为何近半年了供应商不能供货?进而分析为何随处可采购的普通棉布要支付 50% 的预付款?这些疑虑无法获得满意的解释。经注册会计师再次询问被审计单位的经办人员,了解到该贸易合同实际是被审计单位出借给供应商款项。按照当时非金融企业不得相互借款的规定,该形式合法的合同掩盖了不合法的交易。

(2)交货日期。交货日期是交易行为实际发生日。该日期表明货物实际交付,随着拨交行为的发生,资产风险转移开始发生。

（3）验收完成日期。验收完成日是指购货方确认采购货物的数量、品种与规格和质量等货物的物理指标与合同一致，满足采购要求，可以确认与商品所有权的主要风险已经转移至购货方的日期。

记录交货日期与验收完成日期对注册会计师作出收入能否确认的职业判断具有重要意义。审计实践中经常遇到交货日期与验收日期不同的情况下，哪个日期是商品所有权主要风险转移的日期的判断存在不同意见。

一是销售的货物所有权主要风险转移时点问题。通常情况下，收入按合同约定，在移动至采购方并经采购方验收确认，与商品所有权的主要风险转移至采购方的状态已经稳定，此时确认收入符合会计准则的规定。但在出口贸易中，销售合同采用的价格条款可能是CIF。CIF条款称为到岸价，其费用组成包括成本、保险费和运费。到岸价是否就必须在商品到达收货港并按照合同约定经购货方验收确认后，销售方才能确认收入呢？按照《2000年国际贸易术语解释通则》中CIF价格术语对商品风险转移规定的解释，销售方将商品运至起运港船舷边，越过船舷后即解除风险责任。起运港区内至跨越船舷前的风险由卖方承担。买方负担货物越过起运港船舷后的一切风险。如果销售合同约定采用CIF价格术语，则意味着双方应当共同遵守国际贸易术语解释通则对风险转移点的规定。如果出口企业将货物运送进入起运港的海关监管区且不能擅自提出监管区后，可以合理判断其在合理的时间内（通常为数天）可以将货物装船。一旦货物跨越了起运港船舷后，卖方销售商品的主要风险已经转移，所以卖方可以确认收入。我国《最高人民法院关于审理买卖合同纠纷案件适用法律问题的解释》（法释〔2012〕8号）第十二条规定，出卖人根据合同约定将标的物运送至买受人指定地点并交付给承运人后，标的物毁损、灭失的风险由买受人负担，但当事人另有约定的除外。可以看出，我国规定与国际贸易术语规定中对商品风险转移时点的界定相同。上述司法解释中所说的承运人是指独立的第三方承运人。

二是对不同产品在交货日，未检验确认前能否确认的问题。通常情况下，合同中约定的验收条款是采购方自我保护防线，即使是非常普通、技术含量不高、结构简单商品的销售合同也会有这一约定。绝大多数情况下，验收完成日也是确认商品销售风险转移的日期。但这并不绝对。如果企业长期生产某一类产品简单，技术含量不高，结构简单（如常温常压输水管道），检验内容少且手段简单，质量稳定的产品。在交付采购方时点（未经采购方验收前），能否确认销售收入呢？如果企业的该种产品因长期生产，自我质量检验控制严格，以前同类商品销售中退货是个别情况且原因特殊的，可以推断销售风险转移在事实上已处于稳定状态，从职业判断看，能确认销售收入。按推定规则，因销售合同条款约定（包括产品规格、质量要求)与以前相同,按合同约定条款交付货物未违约、以前同类商品销售中仅有个别退货且原因特殊等情况是基础事实,可以推定风险转移事实成立。反之,产品结构复杂、技术含量高的产品(如海洋石油钻井平台),在交付采购方后未验收证明不能确认收入。从推定规则分析,因该产品不可能生产多台,放在仓库里等客户来采购,往往是按客户特殊要求定制。所以,没有同款产品以前销售情况记录,检验内容多、手段复杂且时间较长等,可支持在交付日确认风险转移基础事实不存在,则无法推论得出风险转移事实成立的结论。

上述两个案例仅是审计实践遇到的典型情况。所以,记录交货日期和验收日期是供注册会计师对判断、确认销售收入是否实现的必要证据信息。

2. 事项时间

事项时间包括起因日、发生日和完成日。

(1) 起因日。起因日是指判断事项预期会发生的日期。如从仓库领用原料日期就是可预期会发生存货加工的日期。销售送货指令单编制日期就是可预期商品交付事实会发生的日期。在建工程计划核准日期就是可预期工程建造会发生的日期。起因日可能有,也可能没有会计记录。存货领用就会在原材料科目的明细账中有记录。在建工程建造计划核准的日期就不会有会计记录。

在产品生产中,因生产加工业务具有循环发生的特点,所以起因日与完成日的间隔通常不会超过生产工艺规定的全部加工时间的长度,否则生产业务循环要中断。对于工程建造,起因日和完成日的间隔时间确定较为困难。因为工程施工会因供应商、资产所处环境变化、设计调整、零时增加工程量等形成超过工程预算所确定的工程日期。如果施工时间大大超过建造计划确定的时间,可能因市场变动,使得运用该资产生产的产品无法盈利,导致资产可能没有建造的价值而停工。所以出现很多烂尾工程。

起因日是注册会计师分析、判断某一事项的发生是否经内部控制程序各道环节审核、决策后实施。注册会计师不能确定某一重要事项起因日的,应警觉该事项可能是按主要负责人的个人意志决定,其内部控制运行的有效性存在重大缺陷。而经过决策不实施,即有起因日而没有发生日信息的,则注册会计师应当警惕这可能反映了管理层意图侵占公司某一资产的舞弊。

(2) 发生日。发生日是指事项开始实际发生的日期。该日期或是改变实物资产形态、物理、化学性能,或依据现有客观资料去调整资产、负债未来现金流量现值,或变更资产用途等不需要对手协助就可实施的日期。

改变实物资产形态、物理或化学性能是指产品生产完工结转成品、在建工程施工作业。

依据现有客观资料调整资产、负债未来现金流量现值是指对资产、负债未来现金流规模大小与可能的资金成本的大致推断,如会计估计、递延所得税资产或负债未转销金额的调整等。

变更资产用途是指改变资产产生现金流、时间与风险承担的方式;如固定资产中的房地产变更为投资性房地产、消耗性生物资产变为生产性生物资产等。

这里需要说明的是,资本公积或盈余公积转增资本、股份支付等不属于事项的范畴。因为转增资本导致资本额变化是需要得到股东的同意;实行股份支付实际上是需要与员工协商。就企业作为一个整体而言,股东与员工是独立法律主体,是转增资本、股份支付中的交易对手。

发生日一定会存在会计记录,如领用原料、车间投料、会计估计调整、依据所得税率的变化调整递延所得税金额等。

(3)完成日。完成日是指实物资产形成新的功能,确定资产、负债未来价值量的日期和劳务活动结束的日期。完成日在生产型企业中是指原料及辅助材料经加工形成与原有形态、物理或化学性能不同、具有新的使用功能或价值的实物资产的日期,如成品入库日期。在服务型企业中就是累计发生并达到合同约定的工作量的日期。

完成日一定进行会计处理,包括编制会计凭证、账簿记录的审计证据。

3. 收(付)款日期

收(付)款日期也就是债权债务结清日期。收(付)款行为是随交易行为发生,通常滞后于交易行为的发生。这里所分析的收(付)款与预付、预付款不同。预付或预收款具有合同履约的保证作用,所以本节第二点(一)款将预付、预收款作为交易发生日信息。收款权利与付款义务一经设定,就与交易行为分离成为金融资产。所以,本书将其作为单独一项证据信息。

收(付)该日期通常受销售方对采购方提供的信用期的不同而不同。收款日期应当是交易风险转移切实转移,并处于稳定状态的日期,不是发票出具日期。审计实践中经常遇到销售方销售产品后因采购方的原因不出具发票的情况。这种情况或因采购方处于交易中的强势地位,需要在未实际到货前抵扣进项税而提前索取发票,或因采购方未能近期支付款项,销售方不愿承担销项税而不出具发票。也有相反的情况,如采购方本年度预算已无法安排付款金额但又想先行使用相关存货或设备而要求推迟出具发票。或销售方为完成年度经营业绩在未实际交付货物或未全部交付货物时出具发票,以确认销售收入。这些违反法律法规的做法并不能作为注册会计师判断收(付)款日会计记录是否正确的证据。本书不讨论违反法律法规情况下的对收(付)款日应当获取那些证据。注册会计师应当按照审计准则对违反法律法规的要求进行判断。

收(付)款日是债权或债务形成的时点。我们先讨论与债权相关的两个问题。

一是债权是一项特殊的资产。其特殊性在于:生产企业的债权虽随实物资产的交易而发生。但其一旦成立就与实物资产所有权相分离,形成一项金融资产。债权的金融属性在于债权可以在短期资金市场中单独转让流通(如应收账款保理业务),也可以将应收账款重组后发行证券。理解债权的金融属性是为了判断在发生应收账款保理业务或应收账款重组后发行证券情况下,债权消灭的方式不是通过债务人支付款项得到结清,而是通过债权转移方式形成。注册会计师应获取证据的范围扩大到与交易相关的货物或劳务交易交付、双方资金流动证据以外的相关金融交易合同。应以保理业务合同与资产证券化文件中的相关条款为证据,分析判断债权是否因风险切实转移,可以终止确认。如果风险没有转移,债权不能终止确认的,仍旧需要对个别债务人的偿债能力或某一信用特征组合的债权风险进行判断。

二是应收账款的收款日期与账龄的关系。注册会计师要对企业确定的应收账款账龄与作出的坏账金额估计这一"计价和分摊"认定是否存在重大错报作出正确的判断,就需要研究账龄和账龄的计算方法。

何谓账龄?我国并没有具体规定。账龄的概念是在 2001 年颁布的《企业会计制度》(财会〔2000〕25 号)第五十三条规定中首次出现的(会计学的学理解释除外)。该条规定,"企业应当制定计提坏账准备的政策,明确计提坏账准备的范围、提取方法、账龄的划分和提取比例"。但没有对账龄概念与计算方法给出解释。再往前追溯至 1992 年财政部颁布的《工业企业财务管理制度》(财工〔1992〕574 号)第十九条规定,企业可以于年度终了,按照年末应收账款余额的 3‰~5‰ 计提坏账准备金,计入管理费用。没有要求按账龄计提,所以没有提出账龄的概念(需要说明 1992 年是中国会计改革的起始年份。早前是执行计划经济条件下的核算方法,没有坏账的概念)。后财政部在颁布《关于执行〈企业会计制度〉和相关会计准则的有关问题解答》(财会〔2002〕18 号)中也没有给出账龄的解释。在解答"企业在计提坏账准备采用账龄分析法时,对当期有变动的应收账款如何确定账龄"的问题时给出的解答是:采用账龄分析法计提坏账准备时,收到债务单位偿还的部分债务后,剩余的应收款项不改变其账龄,仍应按原账龄加上本期增加的账龄确定;在存在多笔应收款项,且各笔应收款项账龄不同的情况下,收到债务单位当期偿还的部分债务,应逐笔认定是哪一笔应收款项;如果无法认定的,按照先发生先收回的原则确定,剩余应收款项的账龄按上述同一原则确定。财政部以后颁布的其他文件中也没有出现账龄概念的定义。

账龄从何时开始起算？我国也没有具体规定。上述"财会〔2002〕18号"文中对确定仅收回部分款项的应收账款的账龄方法进行了规范。《企业会计制度》第五十三条的规定实质上说明了账龄如何确定与划分是企业会计政策的组成部分。

我们从法律规范与会计核算两个不同角度进行分析。

从合同约定角度分析,账龄应当从债务人合同违约开始起算。因为债权人在合同中给出债务人付款期时就考虑了该笔未收回资金对企业营运资金周转的不利影响,也会制定相应的应对措施(例如,借入借款或向供应商要求信用期等方式以抵消给予债务人的信用期对企业资金周转的影响)。只有在债务人到合同约定的付款日后未付款或未按合同约定全部付款构成违约的,债权人才考虑未收到的款项对增加营运资金周转困难的不利影响程度。债权人在期末对仍处于付款信用期内的债权是不会有充分、适当的证据去判断付款人可能不会支付款项,或无能力付款项等形成坏账的风险大小。

从会计核算角度分析,应当从该笔债权入账时起算。因为会计核算规定,在确认营业收入时未收到款项的,就设定该债权并需要记入账簿。

会计核算与合同约定的区别在于,从合同约定看,是确定债务人的违约责任。从会计核算看,是站在会计规范与被审计单位内部管理角度,判断资金短缺的风险程度。从承担违约责任来说,计算违约债权的利息时应当从实际违约日起算的。我国《最高人民法院关于审理买卖合同纠纷案件适用法律问题的解释》(法释〔2012〕8号)第二十四条规定,买卖合同对付款期限作出的变更,不影响当事人关于逾期付款违约金的约定,但该违约金的起算点应当随之变更。按该条规定推断,账龄应当从债务人违约日起算。从审计证据应当符合法律对证据合法性规定的理解,账龄应当从债务人违约起算,即账龄是指应收账款从债务人违约日起至资产负债表日止的时间长度。

对账龄概念及计算方法的研究是为了注册会计师对被审计单位管理层计提单笔重大应收账坏账准备金额的合理性作出恰当的职业判断而收集、审核审计证据时,理解会计准则与法律规范的差异。同时,也为确定被审计单位应收账款期末账面价值是否实现"会计信息如实反映符合确认和计量要求的各项会计要素及其他相关信息。保证会计信息真实可靠,内容完整"的会计信息质量要求(《企业会计准则——基本准则》第十二条)提供基础。

收(付)款日期,也就是债权债务设定日期与记账日期可能不一致。按财政部颁布的《会计工作基础规范》(财会字〔1996〕19号)第五十一条(三)款规定,记账凭证可以根据每一张原始凭证填制,或者根据若干张同类原始凭证汇总填制,也可以根据原始凭证汇总表填制。但不得将不同内容和类别的原始凭证汇总填制在一张记账凭证上。通常,企业将销售业务采用按星期、每 10 天或月末汇总编制记账凭证,按记账凭证登记账簿。记账日期与交货证据中的交货日不同,通常滞后于该交货日。至于各种会计账簿应当每隔多长时间登记一次,上述规范未作统一规定。一般来说,分类账及明细账要按照单位所采用的会计核算形式及时记账。采用记账凭证核算形式的单位,直接根据记账凭证定期(3 天、5 天或者 10 天)登记。不管如何记账,企业发生销售业务都应当在业务发生的当月登记入账。所以,债权债务的设定日期是记账日月份的月末。

债权与债务设定日期的含义与税法中的纳税义务发生日期的含义相同。《中华人民共和国增值税暂行条例》(国务院令第 538 号)第十九条规定,增值税纳税义务发生时间是:①销售货物或者应税劳务,为收讫销售款项或者取得索取销售款项凭据的当天;先开具发票的,为开具发票的当天。②进口货物,为报关进口的当天。增值税扣缴义务发生时间为纳税人增值税纳税义务发生的当天(注意,纳税申报日期不是纳税义务发生日)。

注册会计师应当在获取交易过程的证据信息中描述交易过程实际发生的日期信息,而不是记账日期。交易实际发生日期是真实反映交易过程的信息,而记账日期只能反映企业内部控制制度运行有效性的信息。

4. 履行日期是指以资产或劳务清偿债务的日期

通常情况下,履行清偿义务会发生资产流出,结清债权会发生资产流入。在债务重组中,债权人豁免转为股权的,虽不会发生资产流动,但也是一种收(付)款清偿行为。

5. 地点

地点包括企业注册地、企业经营地、文件(合同)签署地、交易履行地、事项发生地、检验地。因为任何交易与事项是在一定的空间内发生的。所以,地点信息是注册会计师作出对被审计单位对交易或事项作出的"发生"认定是否正确判断的主要依据之一。

地点也是交易或事项证据中的重要信息之一。审计证据对交易或事项的证明内容中应当包括地点信息。

1) 交易地点

交易地点包括合同签署地、交易履行地和检验地。

(1) 合同签署地涉及司法管辖权。从民事司法诉讼角度分析,《中华人民共和国民事诉讼法》第二章有各种合同纠纷的管辖权规定。在国际贸易中,如交易合同没有约定诉讼管辖地的,合同签署地法院具有管辖权。

(2) 交易履行地是指与资产相关的风险实际转移地,如货物交付地等。这应当在合同中约定。从审计证据特征分析,一项交易或事项一定在某一地点发生。如果证据信息中没有发生地点信息,则很难说明该交易或事项是否实际发生及发生过程,该证据就不具备客观性的特征。

与交易履行地信息相关的舞弊典型案例是紫鑫药业利用未披露的关联交易舞弊案例。2014年2月21日,中国证监会下发了对其的处罚决定。决定书中说明,"一,经查明,紫鑫药业存在以下违法事实:紫鑫药业未在《2010年年度报告》中披露与延边耀宇人参贸易有限责任公司、延边劲辉人参贸易有限责任公司、延边欣鑫人参贸易有限责任公司、通化伟诚人参贸易有限公司、通化嘉熙人参贸易有限公司、通化振豪人参贸易有限公司、吉林正德药业有限公司的关联关系和关联交易。"

本书从其公开披露的2010年度报告(公司已声明取消,但未见新公报的年度报告)和"中准审字〔2011〕2087号"审计报告中摘录以下资料予以说明。

(1)销售收入中前五名情况(财务报表附注):

客户名称	营业收入	占本公司全部营业收入的比例
四川平大生物制品有限责任公司	70 685 840.71	11.00%
亳州千草药业饮片厂	68 906 024.00	10.73%
吉林正德药业有限公司	61 130 030.60	9.52%
通化立发人参贸易有限公司	16 028 761.06	2.49%
通化文博人参贸易有限公司	15 829 646.02	2.46%
合 计	232 580 302.39	

(2)应收账款前五名(财务报表附注):

单位名称	与本公司关系	金 额	欠款年限	占应收账款总额的比例
通化致远人参贸易有限公司	销售客户	7 688 691.19	1年以内	5.19%
通化宏雅人参贸易有限公司	销售客户	7 313 680.00	1年以内	4.93%
天津中新药业集团股份有限公司医药公司	销售客户	2 203 434.20	1年以内	1.49%
成都体育学院附属医院	销售客户	1 129 111.07	1年以内	0.76%
北京金象复星医药股份有限公司地安门分公司	销售客户	1 190 844.74	1年以内	0.80%

(3) 预付账款前五名(财务报表附注):

单位名称	与本公司关系	金额	占预付款项余额比例	欠款年限	款项性质
延边嘉益人参贸易有限公司	客户关系	71 400 000.00	19.73%	1 年以内	采购人参款
延边耀宇人参贸易有限公司	客户关系	60 000 000.00	16.58%	1 年以内	采购人参款
延边欣鑫人参贸易有限公司	客户关系	40 500 000.00	11.19%	1 年以内	采购人参款
延边劲辉人参贸易有限公司	客户关系	25 000 000.00	6.91%	1 年以内	采购人参款
北京瑞诚广告有限公司	广告商	13 510 867.08	3.74%	1 年以内	保证金

公司从事中成药与人参产业,建立了 4 个人参生产加工基地。公司注册地址:吉林省柳河县英利路 88 号。公司办公地址:长春市南关区东头道街 1 号。

从上述客户名称分析,公司披露的主要客户中,3 名销售业务的主要客户,2 名应收账款余额最大的销售客户、4 名最大的预付账款的供应商均在吉林省,即交易履行地应在吉林省。

注册会计师应当对一个企业与其同处一地区、同行业客户之间的交易情况保持警觉。应当以职业怀疑所要求的质疑的思维方式去了解这一情况是何种原因形成,判断是否存在舞弊导致的虚假销售,或因产品功能与特征仅适合该地区消费需求因而形成上述情况(如制冷空调指适合南方地区,黄酒只适合在长三角地区等)。

注册会计师应当对照公司销售渠道或销售网络分析,这种主要客户与公司同处一省的情况是否正常。

例如,紫鑫药业 2010 公司年度报告记载"公司自成立以来,致力于产品的处方药开发与销售,已经与全国 3 000 多家二级甲等以上的医院、900 多家医药经销单位建立了长期稳定的业务关系,构建了层次鲜明、效率突出的临床销售网络"。所以,注册会计师可以判断,除天津中新药业和北京金象复星两家医药企业外,其他主要客户是不会销售药品的。那销售的产品只能是人参。

注册会计师还需要分析产品生产(采购)地点与销售地点特征。人参种植和销售地点只能在东北地区进行。而人参采购商(对紫金药业是销售客户)分布于全国各地,没有区域限制。所以,吉林地区的人参种植企业应当向其他地区的采购商或药品制造企业销售才对,而不是当地同行业企业相互之间销售与采购。

2010 年该公司年度报告披露,"2010 年我公司加大对人参产业的投入力度,先后投资 6.2 亿元进行人参原料的采购加工,又在资本市场上完成了 10 亿元的再融资项目,围绕吉林省人参主产区建立了 4 个人参生产加工基地。同年 6 月,成立了吉林紫鑫人参研发有限公司和吉林紫鑫药物研发有限公司两家研发公司,对食品、化妆品、保健品在内的多个人参系列产品,加大研发力度。"这说明公司在吉林省采购人参,但未说明是如何采购的。通常情况下,紫金药业应当直接向种植户采购后,加工成食品、化妆品等产品向其他省区出售才是真实的采购与销售。但奇怪的是,紫金药业向同行业其他贸易公司采购、销售给同行业企业。这表明该公司存在虚假销售情况,且招股说明书中也未见这类销售食品、化妆品客户。

另外,如果注册会计师详细了解过人参生长规律就可得知,利用林间空隙地种植人参的生长周期为 6 年。公司 2010 年开始大力投资人参种植,则当年不可能有种植的人参可销售。从公司用人参为原料生产产品来说,应当主要向种植户采购,或因采购成本考虑,也会向贸易公司采购而不可能是向贸易公司销售人参。即使当年销售人参(可能是收购种植户或其他单位以前年度种植的),或因人参销售网络暂未完善而需要通过人参贸易商销售的,一般也不会利用当地人参贸易商为主要客户。因为当地的人参贸易商不可能垄断人参销售渠道。

从注册会计师的法律责任角度看,对紫鑫药业公司实施审计的注册会计师未理解证据地点信息对识别舞弊迹象的重要性,未认真检查公司于同处一地客户的销售业务的真实性而存在重大过失,出现审计失败。这里需要说明的是,此处所说的真实性,不是产品的物权权能要素(占有、使用、收益、处分)是否在不同主体之间发生转移、销售资金是否实际流入紫鑫药业的真实性,而是产品销售是否因采购方需要生产其他产品而耗用该产品实体或使用实物产品的功能(如用作固定资产),或为客户对实物产品需求而提供的流通服务等真实需求而发生。从这一点来说,紫鑫药业的销售不真实,属于虚假销售。那么这种“真实性”与注册会计师应当从交易履行地信息去识别利用未披露的关联方进行虚假销售的责任有何关系?投资者或债权人对公司盈利能力的判断是基于公司独立开拓市场、销售产品并从市场消费者处获取产品增值(毛利)能力这一基础,并据此作出他们的投资决策。如果公司通过向关联方销售获得产品增值,则说明其独立开拓市场实现盈利的能力不强。所以,监管机构需要上市公司充分披露关联方及关联交易,以供投资者债权人对公司盈利能力作出判断时有充分、可靠的信息。注册会计师当然应当检查并要求公司充分披露关联方销售情况。

注册会计师应当关注交易主体的注册地与经营地等地点信息,这也是识别未曾披露的关联方的方法之一。《中国注册会计师审计准则问题解答第 6 号——关联方》第四问的解答指出,重大或非常规交易的交易对方的注册地址或办公地址与被审计单位或其集团成员在同一地点或接近。重大或非常规交易的交易对方的网站地址或其 IP 地址、邮箱域名等与被审计单位或其集团成员相同或接近。注册会计师应当仔细检查销售客户与供应商的经营地点、网址、IP 地址、邮箱域名等地点信息,以识别是否存在被审计单位管理层未披露的关联方。警惕被审计单位管理层利用未披露的关联方进行舞弊的情况。

审计实践中很多时候除实施函证程序,为寄发函证而需要了解供应商或销售客户的地址外,很多注册会计师没有检查与记录,或检查了但未记录交易对手所处地点的信息。这对注册会计师需要将审计风险降到可接受的低水平留下了重大隐患。所以,中国证监会颁布的《会计风险监管提示第 4 号——首次公开发行股票公司审计》中第七点指出,注册会计师应当取得客户或供应商的工商登记资料,对主要客户或供应商进行实地走访或电话访谈。工商登记资料里就有主要客户或供应商的地址。《中国注册会计师审计准则解答第 4 号——收入确认》第五条 6 款要求注册会计师对重要的交易对方进行背景调查。这一调查就包括交易对方的地点信息。

(3)检验地是指接受商品或劳务的一方,为维护自身利益对所接受的商品或劳务是否符合合同约定进行确认的地点。如企业在收到货物时或以后的合理期限内进行自行检验的,货物交付地与检验地通常是相同的。如合同约定由指定的其他机构进行检验的,对于动产而言可能与货物交付地不同。对不动产来说,应当是同一地。

2)事项地点

事项发生地是指企业内的生产、经营活动所发生的地点。该地点通常是企业及分支机构所在地。

企业所在地包括企业注册地与主要经营地。企业注册地是企业的住所。在交易合同中是需要列明的。

住所是法律概念。住所是指为使法律关系集中于一处而确定的自然人或法人的地址,是企业从事经营活动、公民生活和进行民事活动的主要基地或中心场所。我国法律中对企业住所作了相应的规定。

• 《中华人民共和国民法通则》第三十九条规定,法人以它的主要办事机构所在地为住所。这是规定了企业住所的性质,即主要办事机构。

• 《中华人民共和国公司登记管理条例》第九条规定的公司的登记事项包括:"(一)公司名称;(二)住所……"这规定了企业的主要办事机构的场所必须经法定登记。

• 《中华人民共和国公司登记管理条例》(1994 年国务院令第 156 号发布,2014 年 2 月修订)也在第十二条规定了,公司的住所是公司主要办事机构所在地。经公司登记机关登记的公司的住所只能有 1 个。公司的住所应当在其公司登记机关辖区内。这是规定了企业主要办事机构场所必须经工商登记后才能成为住所,即注册地;住所只能有 1 个。

• 《国家工商行政管理局对企业在住所外设点从事经营活动有关问题的答复》(工商企字〔2000〕第 203 号)第一条规定,依据《公司登记管理条例》和《企业法人登记管理条例》以及国家工商行政管理局《关于企业增设经营场所是否要登记管理有关问题的答复》(工商企字〔2000〕第 103 号)等企业登记管理有关规定,经工商行政管理机关登记注册的企业法人的住所只能有 1 个,企业在其住所以外地域用其自有或租、借的固定的场所设点从事经营活动,应当根据其企业类型,办理相关的登记注册。

我们未能找到我国法律法规对"主要办事机构"概念的解释。按照管理学理论,亨利·法约尔认为,企业管理的职能包括决策、计划、组织、实施、监督和协调。法约尔的理论称为"五功能学派"。还有其他的各种学派认为,决策、计划和组织三个职能是企业管理的核心职能。所以,我们理解"主要办事机构"就是履行核心职能的机构,也就是主要经营地。

企业应当在其住所依法进行经营活动,享有民事权利和承担民事责任。住所的作用包括,在司法中就是法律文书致送地点,被诉企业参与答辩、应诉等活动以保障自身合法权益。

前述第四章"证据规则"部分介绍的注册会计师为被审验单位办理增资手续,被审验单位提供的董事会决议中一名董事签字不真实的案例。从事项发生地信息分析,注册会计师如对所了解的被审验单位的内部控制环境状况不感到满意的,应当检查董事会召开日期的管理费用科目记录内有无该名董事来国内差旅费的付款记录,以确定该董事是否实际到国内参加了董事会会议。外国董事到国内参加会议查旅费的证据是间接证据,连同会议记录一起可以印证该董事是否为自己签字。如该外国董事常住中国,则也应检查其他能证明其在董事会会议举行时身处会议所在地的证据。

3) 致送询证函的地点

在实施函证程序时,法律上,债务人的住所应当是函证送达的地点。但审计实践中经常遇到企业注册地与经营地分离的情况。从审计准则要求注册会计师对函证程序保持控制的要求分析,被审计单位注册地实际经营地分离的情况就是一个风险点,需要对被询证者的实际经营地进行核实。《中国注册会计师审计准则问答第 2 号——函证》要求,注册会计师在实施函证时,应当将被询证者的名称、地址与被审计单位有关记录进行核对。核实方法包括,通过拨打公共查询电话核实被询证者的名称和地址,查询被询证者网站核对名称与地址,检查被询证者与被审计单位签订的交易合同上记载的名称与地址,检查被审计单位接收或出具的增值税专用发票上记载的名称与地址等。从获取审计证据过程分析,首先,获取被审计单位出具的债务人可收到函证的地址清单。其后,如查阅增值税专用发票中记载的经营地,如发票没有记载,则向销售部门了解,编制询问记录,并进行电话核实、查阅网站、调查工商登记资料等方法实施检查与核对,以防止在发函环节中存在管理层舞弊,导致获取的回函证据无效。

自然人的住所,《民法通则》第十五条规定,公民以他的户籍所在地的居住地为住所,经常居住地与住所不一致的,经常居住地视为住所。如需要对自然人实施询证的,也应当核实发函地址信息。

6. 主体

主体是指交易中的交易各方企业或自然人、事项中主导资产的物理状态、化学结构发生实质性变化,或位置发生移动的企业部门(机构)与人员。

记录主体的信息包括企业名称(全称)、企业所设部门名称、人员姓名。企业主体信息还应包括企业性质特征。企业性质特征包括国有及国有控股、有限责任公司、非有限责任企业、上市公司(含申报公开发行股票的公司)等。人员信息中还应包括年龄、性别信息。

如果交易各方中的某一方是委托代理人实施的,还应记录授权情况。

主体信息与时间、地点信息一样,是说明交易或事项实际发生过程的重要信息。交易必然有参与主体,如果审计证据没有主体信息,则其无法表明交易或事项发生过程的客观性。例如,交易合同应由交易各方的企业或个人签订,如没有主体则交易合同不可能成立。事项是由管理层或治理层成员、员工个人等实施而形成的,如没有管理层或治理层成员及员工,事项不会自然发生。

主体性质特征表明其经营活动可能要受到某种特别的监管。例如,2009年国资委针对当时部分中央企业参与国际市场复杂的场外金融衍生产品交易,产生巨额浮亏的情况,颁布了《关于进一步加强中央企业金融衍生业务监管的通知》(国资发评价〔2009〕19号),对中央企业从事金融衍生业务作出严格规定,要求中央企业有效管控风险,不得从事任何形式的投机交易;同时,要求央企审慎开展金融衍生业务,违规从事相关业务造成损失的责任人将被追究责任。即使是实物套期保值交易,也要严格坚持套期保值原则,与现货的品种、规模、方向、期限相匹配,禁止任何形式的投机交易。应当选择与主业经营密切相关、符合套期会计处理要求的简单衍生产品,不得超越规定经营范围,不得从事风险及定价难以认知的复杂业务。

某些情况下,注册会计师通过了解主体信息可以确定是否需要检查主体的交易资质,否则会留下风险隐患。例如,某会计师事务所接受一项验资业务。在被审验单位提供的出资清单中有一名女性投资者,出资3 000万元。从复印的身份证记载的出生年月推算,该投资者当时的年龄为25岁。从民事主体的行为能力看,该投资者具备完全行为能力,可以成为投资者。从注册会计师验资时是否需要关注投资者资金来源说,验资准则并没有提出相关要求。注册会计师存在的疑虑是,该投资者除接受父母或其他人的赠予款项外,是通过何种途径合法拥有该笔资产的呢？同时,其个人所得税的纳税情况是否符合个人所得税法的规定？该投资者是否与其他投资者存在亲属关系进而形成某一出资者的实际控制关系？经进一步了解,该投资者所出资的款项来源其父亲给予。其父亲是另一出资者。该投资者无法提供接受该笔款项的个人所得税纳税证明。如不追查与考虑投资者的个人所得税问题,就可能存在当税务机关追缴该笔个人所得税税款时,其父亲(管理层)可能动用该公司资金予以支付,侵占公司财产和其他股东利益,从而引发纠纷的隐患。

注册会计师关注主体名称,也是识别管理层未曾披露的关联方的方法之一。《中国注册会计师审计准则问题解答第 6 号——关联方》第四问的解答指出,重大或非常规交易的交易对方的名称与被审计单位或其集团成员名称相似。非常规交易往往在关联方之间发生。

(二) 特有信息

特有信息是指某一类型证据存在,其他类型证据不存在的证据信息。这种信息主要涉及不同的资产,所以以下按照资产类型进行说明。本项内容是对第三节"二、审计证据标识"中的"(三)内资产标识"的进一步说明。

这里需要说明,每一审计证据都会涉及对财务报表列报所含的某项资产或负债金额正确性的判断。且每一资产或负债的金额可能都不同,因而金额信息属于特有信息,注册会计师对金额信息有清晰了解,因此,不再对金额信息逐项说明。

1. 实物资产

实物资产包括存货和固定资产。实物资产证据中最重要的信息是资产标识。资产标识是区分同类资产中的"这一个"和"那一个"的主要标志。除名称外,实物资产标识通常包括品种与规格两项。

品种是指同类产品的细分类别。规格是指产品应遵循的生产技术方面的标准[①]。品种名称、规格的确定与划分标准并无统一的规定。各企业有其自身的规定。品种是对某一类具有某种相同特征的产品称谓。例如男式衬衣,在一般服装生产厂商,其产品包括外衣、衬衣、内衣的,就可能划分为单独的品种。以男式上衣、男式衬衣、男式内衣等命名;在男式衬衣生产厂商,可按长袖与短袖划分,也可按面料、颜色等划分并给予不同的名称。规格是指个别产品的外形、化学成分浓度、性能等。一般来说,产品通用性强、标准化程度高的,其规格标识应按照国家标准或行业标准执行,也称其为"标准产品"。其他产品统称"非标产品"。非标产品的品种和规格两项标识是由企业自行制定制度或规定并执行。有的企业对相同品种、规格但生产时间不同的产品,还用"批次"进行区分。产品品种、规格、批次等识

---

① 《辞海(经济分册)》,上海辞书出版社 1980 年版,第 348 页。

别标识是企业编制作业计划时的重要信息,生产指令中一定含有这些信息,否则生产车间无从知晓应当生产什么。例如,某服装厂的作业计划中安排生产"男式衬衣—38—白色",生产车间就知晓要生产的品种是男式衬衣,领用白色面料,按衣领周长 38 厘米相对应的衣服长度、胸围、袖子长度去裁剪和缝纫。所以,注册会计师应当详细了解企业产品的品种、规格信息。

这里对产品品种、规格信息的说明与在资产标识中的说明内容相同。产品品种、规格信息也是注册会计师在记录所测试的样本时应当记录的产品证据信息。

固定资产与存货一样,证据信息包含名称、型号、规格等。固定资产证据信息还包括购入年份、预计使用年限、大修次数等信息。这些信息是注册会计师职业判断时所需要的、十分重要的信息。

2. 无形资产

无形资产最重要的证据信息包括权利性质、取得日期、法律对权利持有人实施保护年限等信息。

(1)专利。专利权性质包括专利权属于发明、实用新型和外观设计三类。专利法规定,发明是指对产品、方法或者其改进所提出的新的技术方案。实用新型是指对产品的形状、构造或者其结合所提出的适于实用的新的技术方案。外观设计是指对产品的形状、图案或者其结合以及色彩与形状、图案的结合所作出的富有美感并适于工业应用的新设计。

专利权取得的日期是指国家批准授予发明人独享保护权的日期。

法律对权利持有人的保护年限。如专利法对发明专利的保护年限为 20 年。

(2)商标。商标也称注册商标,是经商标局核准注册的商标,包括商品商标、服务商标和集体商标、证明商标。商标注册人享有商标专用权,受法律保护。

按商标法规定,商标包括文字、图形、字母、数字、三维标志、颜色组合和声音等,以及上述要素的组合。因此,商标中的上述要素均为商标资产的特有信息。

(3)专用技术。专有技术不受国家法律保护。关于专有技术证据将在第七章、第七节分析说明。

(4)土地使用权。土地使用权证中主要载明土地使用者名称,土地坐落、用途,土地使用权面积、使用年限和四至范围。

土地使用者名称、土地坐落、使用年限属于一般信息中的主体、地点、时间信息。

土地使用权面积与四至范围是该项土地使用权资产的特有信息。土地使用权面积与四至范围是对土地坐落信息的明细内容,是资产地理位置信息。房产与土地使用权与资产不同。被审计单位的房屋通常坐落于建制城镇市中,则该房产的地点信息是城市管理信息而不是地理位置信息。

（5）著作权。著作权又称版权,分为著作人格权与著作财产权。著作权经国家注册登记后受法律保护。著作权法保护的范围包括文学、艺术和科学领域内具有独创性并能以某种有形形式复制的智力成果,如学术著作、软件产品等。

著作权登记的内容通常包括作品名称、作品类别、著作权人(含其他著作权人)、完成日期、发日期和地点权利取得方式(单独、合作、委托、职务、其他)权利范围(独有、共有)等信息。

上述信息中的作品名称、作者与其他著作权人、完成日期,是一般信息中的名称、主体、时间信息。作品完成形式是著作权的特有信息。作品完成形式信息(如自行研发、合作研发等)可供注册会计师实施检查取得著作权资产的费用支付方式(包括会计科目列报)程证据时印证之用。

上述经国家颁发的证明文件中的编号,如专利证编号、商标注册证书编号等是权利证书的特有信息。在审计测试中也是样本标识、资产标识。

房产证在第七章资产管理证据分析中说明。

（6）特许经营权。特许经营权又称专营权是指企业在某一地区经营或销售某种特定商品的权利或是一家企业接受另一家企业使用其商标、商号、技术秘密等的权利。通常有两种形式:一种是有政府授权,准予某企业经营或在一定区域内经营某种商品,如水、烟草制品等。另一种是企业间的授权形成被许可单位享有使用许可单位的某项经营权利。

企业间授权许可的特许经营权资产通常是经合同约定而产生。合同中的签约主体、签订日期、签订地点信息是一般信息。许可合同中约定的许可事项、许可时间范围、许可经营的区域等构成特许经营权的特有信息。

3. 债权债务

债权债务通常包括双方主体名称、地址、事实与原因、设定日期、履行日期、金额、用于清偿的资产类型与方式等。

事实是指债权债务产生的交易内容。例如,销售商品就是应收债权的内容,采购商品就是预付账款的内容等。原因是指造成债权债务尚未得到清偿的客观事实。例如,应收账款是否超过了合同约定的付款期限、为采购商品而预付的款项是否收到商品等。

设定日期,是商品或劳务的主要风险与报酬转移的日期。在该日期,企业因交付商品或提供了劳务、未收到前款则债权自然设定,企业接受了商品和劳务、未支付钱款的,债务自然设定。

金额是指实际发生清偿或未清偿的金额信息。分次清偿的,就是审计证据中列明的各次清偿金额、截至资产负债表日尚未清偿的余额。

用于清偿的资产类型与方式。清偿债权债务的资产类型是指货币(本币或外币)非货币资产、劳务。方式是指清偿手段,如银行票据支付、非货币资产转让(包括实物资产出售、土地使用权转让等)等。

就个别债权债务来说,事实与原因、设定日期、履行日期、金额是特有信息。事实与原因是区分某一债权(债务)与对某交易对手的其他债权(债务)的特有信息。例如,A 公司与 B 公司发生商品销售交易 10 次。其中,B 公司对某次交易的商品质量检验后认为不符合合同约定,需要退货。而 A 公司并不同意 B 公司的检验结论,发生纠纷。B 公司不支付货款,A 公司形成较长时间未收的应收账款。这一信息是注册会计师印证审计中获取的 A 公司应收账款账龄证据、坏账估计证据时的重要信息。同理,设定日期、履行日期和金额也是注册会计师印证被审计单位确定的应收款项账龄、坏账估计的重要信息。

4. 格式文件

格式文件包括银行票据、股票、债券等国家法律法规规定了必要记载事项的文件。合同中也有格式合同情况。例如,房地产销售合同大多数是格式合同。合同在交易合同中予以说明,本处不再说明。

从会计核算规范要求来说,汇票、本票和支票属于原始凭证。股票、债券是企业拥有资产的证据。此处分析的是注册会计师在固定审计证据时这些格式文件中应当被记录的证据信息,不是这些格式文件的证据属性、作用、证明内容等。这些内容在第六章中说明。

格式文件都有编号(见下图中的"$\frac{GB}{02}$"、"MM"、"$\frac{CA}{01}$"后实际编码数字)

《中华人民共和国票据法》规定了汇票、本票和支票的必要记载事项,如表 5-2 所示。

表 5-2 　　　　　　　　　　汇票、本票和支票的必要记载事项

汇　票	本　票	支　票
第二十二条　汇票必须记载下列事项: (一) 表明"汇票"的字样; (二) 无条件支付的委托; (三) 确定的金额; (四) 付款人名称; (五) 收款人名称; (六) 出票日期; (七) 出票人签章。 汇票上未记载前款规定事项之一的,汇票无效。	第七十五条　本票必须记载下列事项: (一) 表明"本票"的字样; (二) 无条件支付的承诺; (三) 确定的金额; (四) 收款人名称; (五) 出票日期; (六) 出票人签章。 本票上未记载前款规定事项之一的,本票无效。	第八十四条　支票必须记载下列事项: (一) 表明"支票"的字样; (二) 无条件支付的委托; (三) 确定的金额; (四) 付款人名称; (五) 出票日期; (六) 出票人签章。 支票上未记载前款规定事项之一的,支票无效。

上述法律规定必要记载事项中的无条件支付的委托就是汇票等证据特有信息。

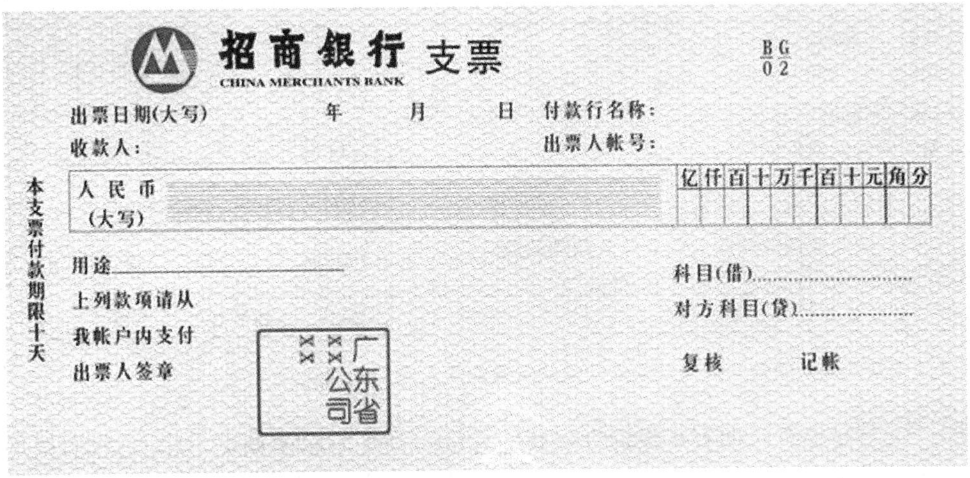

招商银行 支票
CHINA MERCHANTS BANK
BG
02
出票日期(大写)　年　月　日　付款行名称：
收款人：　出票人帐号：
人民币
(大写)
亿 仟 百 十 万 千 百 十 元 角 分
本支票付款期限十天
用途
上列款项请从
我帐户内支付
出票人签章
××广东省××公司
科目(借)
对方科目(贷)
复核　记帐

图 5-1

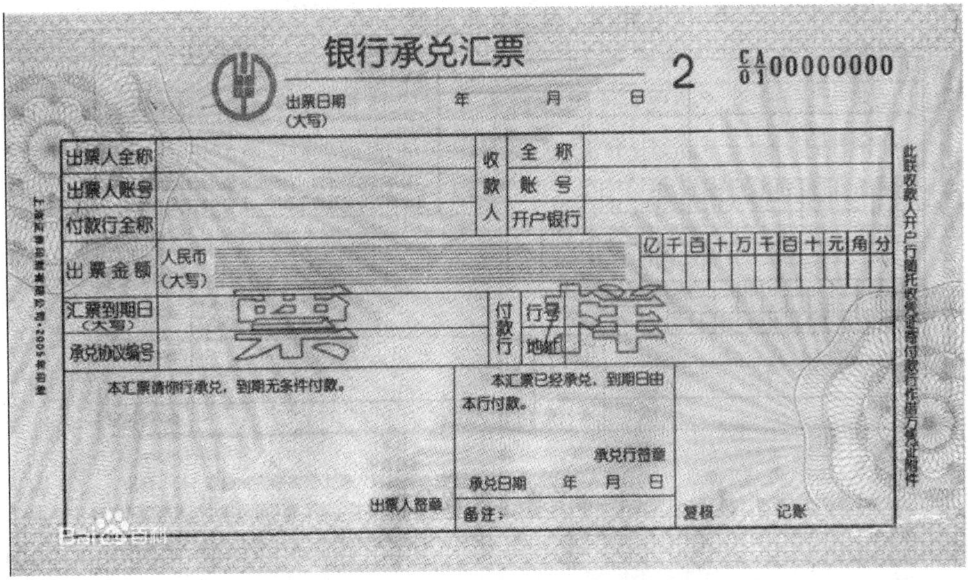

银行承兑汇票　2　CA 01 00000000
出票日期(大写)　年　月　日

出票人全称		收款人	全　称	
出票人账号			账　号	
付款行全称			开户银行	
出票金额	人民币(大写)			亿 千 百 十 万 千 百 十 元 角 分
汇票到期日(大写)		付款行	行号	
承兑协议编号			地址	

本汇票请你行承兑，到期无条件付款。
出票人签章
本汇票已经承兑，到期日由本行付款。
承兑行签章
承兑日期　年　月　日
备注：
复核　记账
此联收款人开户行随托收凭证寄付款行作借方凭证附件

图 5-2

付款期限 贰 个 月		XX 银行 本 票 出票日期： 年 月 日 （大写）		地 名	MM 00000000										第 号	

收款人：															
凭票 即付	人民币 （大写）		亿	千	百	十	万	千	百	十	元	角	分		
转账	现金														
备注		（出票行签章）	科目（借）_____ 对方科目（贷）_____ 付款日期 年 月 日 出纳： 复核： 经办：												

图 5-3

股票是投资者拥有被投资方权利的凭证。当今股票采用电子格式,没有纸质文本。但因股票记载信息是由证监会作出统一规定,所以本书将股票列为格式文本。《公开发行证券的公司信息披露内容与格式准则第 1 号——招股说明书》第二十五条中规定了股票必须记载的信招股说明书全文文本扉页应刊登如下内容:①发行股票类型;②发行股数;③每股面值;④每股发行价格……

本书将企业债券列为格式文件的理由与股票列为格式文本的理由相同。《企业债券管理条例》第六条规定了债券必须记载的信息。企业债券的票面应当载明下列内容:①企业的名称、住所;②企业债券的面额;③企业债券的利率;④还本期限和方式;⑤利息的支付方式;⑥企业债券发行日期和编号。

上述法规规定的股票和债券必要信息就是这两项证据中的特有信息。

三、合同与其他事项信息

（一）交易合同信息
交易合同信息包括和认同编号、合同要素和交易内容信息。

1. 合同编号

合同编号是识别企业内不同合同的识别标识。企业应当按照《企业内部控制引用指引第 16 号——合同管理》的相关要求,制定合同分类管理所用的编号,定期对合同进行分类保管。

2. 合同要素

合同要素在合同文本中体现为合同条款。合同要素也是交易内容及交易过程的重要信息。合同应当具备的基本条款由合同法予以规定。《中华人民共和国合同法》第十二条规定了合同应当具备的基本条款。第十二条列明：合同的内容由当事人约定，一般包括：①当事人的名称或者姓名和住所；②标的；③数量；④质量；⑤价款或者报酬；⑥履行期限、地点和方式；⑦违约责任；⑧解决争议的方法。

上述合同基本条款中的当事人的名称或者姓名和住所、标的、数量、价款或报酬、履行期限、地点和方式等条款在没有企业内部合同进行编号，或有编号规定没有执行的情况下，也可供注册会计师识别多个同类合同中的不同合同时作为识别标识使用。

3. 交易内容信息

交易合同要素反映的是即将进行的交易内容与过程框架。交易内容信息是反映交易内容的细节。生产型和流通型企业中通常的交易内容与过程的细节信息包括，交付实物资产点、时间、交付人员和接受人员、交付的资产名称、规格、数量、包装情况、验收与确认等反映交易细节及主要风险和报酬转移过程的描述性信息。劳务合同通常包括劳务实际发生地点、时间、劳务人员数量、劳务作业内容、主要风险和报酬的转移方式（如软件通过网络交付）等。交易内容及过程信息记录越详细，客观性越强。

（二）其他事项信息

其他事项信息包括除一般信息和特有信息以外事项的信息。其他事项信息多样性导致无法将信息按其内容归类后分别说明。我们将事项信息是否会涉及会计处理而分为会影响会计记录和不影响会计记录的两大类。

1. 影响会计记录的事项信息

影响会计记录的事项包括领用原材料、成品入库、在建工程完工结转固定资产、固定资产修理（含大修、中修和日常修理）、作出会计估计、内部审计发现的错报调整等。通常，导致会计记录发生变化的事项涉及调整金额与相关的会计核算科目。

影响会计记录的事项证据信息应当包括发生时间、发生地点、执行与批准人员、内容和形成原因。在处置实物资产时，应当记录资产的名称、物理状态（外形、体积、颜色等）、清理与处置进度等信息。

2. 不会影响会计记录的事项信息

不会影响会计记录的事项包括企业组织架构、发展战略的制定与修订，年度预算的编制与执行结果分析，内部控制运行环节的调整等。通常情况下，此类事项没有确定的金额，不会涉及明确的会计科目。不会影响会计记录的事项信息往往是注册会计师应当获取的企业经营活动整体发生、变化等情况的信息，是对影响会计记录的信息有制约作用，确定了会计记录信息的边界。例如，年度预算中没有计划投资股票等金融产品的，就不应当发生股票投资的会计记录。所以，注册会计师应当充分重视此类事项信息。

第六章
会计记录证据

审计中,注册会计师实施检查程序中最多的是检查会计记录。检查会计记录包括检查会计凭证、会计账簿与财务报表三类。会计记录证据是审计证据定义中所说的"构成财务报表基础的会计记录含有的信息"的证据。

本章研究的是会计记录证据特征、作出会计记录时所依据的原始凭证的证明内容。编制会计凭证所依据的原始凭证信息在本章各节进行了说明。

第一节 会计记录证据含义与范围

会计记录证据是指形成财务报表过程中存在的、能反映财务报表形成过程与结果的客观资料。会计记录证据包括直接影响财务报表项目和金额的原始凭证、会计凭证、会计账簿、财务报表,与制约财务报表列报项目准确性(科目及金额)的会计政策、会计估计方法等资料。会计政策与会计估计方法等资料属于注册会计师判断被审计单位执行"标准"方面的证据。本书不进行分析说明。

一、会计记录证据的种类

会计记录证据的证据种类属于书证。

关于会计记录证据作为书证的特有特征,司法会计学认为,财务会计资料证据具有双重性,即物证和书证二重意义。财务会计资料证据的物证意义在于其能够以其载体特征、制作印痕及所处场所来证明案件事实。财务会计资料证据的书证意义在于其能够以记载的数字、图表、文字所表达的客观情况,来证明案件事实。

本书对会计记录特征分析不涉及会计记录所含的物证意义。

二、会计记录证据的类别

对于注册会计师的审计目的来说,能够证明企业财务状况、经营成果和现金流量是否存在重大错报的直接证据是财务报表。会计凭证、会计账簿记录和其他资料均是间接证据。

三、会计记录证据的规范性和结构性

会计记录证据的规范性和结构性是其他证据（工程技术类文件除外）不同时具备的特征。规范性是指会计记录证据应当严格按照国家的规定制作。结构性特征是指会计记录证据中各项金额信息之间具有逻辑关系，包括同一会计分录中两个不同会计科目的金额应当相等，明细项目余额的加总数值应当与总计余额相等，总账科目的发生额及余额与明细账的发生额及余额的加总数值相等。

（一）规范性特征

财政部颁布的《会计工作基础规范》（财会字〔1996〕19 号）对会计记录证据的规范性作出了严格规定。

1. 总体要求

《会计工作基础规范》第四十二条规定，会计凭证、会计账簿、会计报表和其他会计资料的内容和要求必须符合国家统一会计制度的规定，不得伪造、变造会计凭证和会计账簿，不得设置账外账，不得报送虚假会计报表。

2. 原始凭证

原始凭证是制作记账凭证的基础，也是最能反映交易或事项客观情况的证据。原始凭证包括自制原始凭证和外来原始凭证。自制原始凭证是指企业内各部门依据实际发生的业务制作的、其信息能反映事项发生过程及结果的资料，如原材料领用单、成品入库单、在建工程完工结转固定资产证明等。外来原始凭证是指从外单位取得的、载有交易发生及结果信息的资料，如发票、车船票等。

这里需要说明的是，本文不是从会计核算角度而是从审计证据角度研究原始凭证和会计凭证。所以，本文对原始凭证的定义与会计学中对原始凭证的定义不同。下文的记账凭证、会计账簿亦同此。

《会计工作基础规范》第四十八条对原始凭证提出的规范性要求是：

（1）原始凭证的内容必须具备：凭证的名称；填制凭证的日期；填制凭证单位名称或者填制人姓名；经办人员的签名或者盖章；接受凭证单位名称；经济业务内容；数量、单价和金额。

（2）从外单位取得的原始凭证，必须盖有填制单位的公章。从个人取得的原始凭证，必须有填制人员的签名或者盖章。自制原始凭证，必须有经办单位领导人或者其指定的人员签名或者盖章。对外开出的原始凭证，必须加盖本单位公章。

（3）凡填有大写和小写金额的原始凭证,大写与小写金额必须相符。购买实物的原始凭证,必须有验收证明。支付款项的原始凭证,必须有收款单位和收款人的收款证明。

（4）一式几联的原始凭证,应当注明各联的用途,只能以一联作为报销凭证。作废时应当加盖"作废"戳记,连同存根一起保存,不得撕毁。

（5）发生销货退回的,除填制退货发票外,还必须有退货验收证明;退款时,必须取得对方的收款收据或者汇款银行的凭证,不得以退货发票代替收据。

（6）职工公出借款凭证,必须附在记账凭证之后。收回借款时,应当另开收据或者退还借据副本,不得退还原借款收据。

（7）经上级有关部门批准的经济业务,应当将批准文件作为原始凭证附件。如果批准文件需要单独归档的,应当在凭证上注明批准机关名称、日期和文件字号。

第四十九条规定,原始凭证不得涂改、挖补。发现原始凭证有错误的,应当由开出单位重开或者更正,更正处应当加盖开出单位的公章。

第五十五条（五）款规定,从外单位取得的原始凭证如有遗失,应当取得原开出单位盖有公章的证明,并注明原来凭证的号码、金额和内容等,由经办单位会计机构负责人、会计主管人员和单位领导人批准后,才能代作原始凭证。如果确实无法取得证明的,如火车、轮船、飞机票等凭证,由当事人写出详细情况,由经办单位会计机构负责人、会计主管人员和单位领导人批准后,代作原始凭证。

所有的企业获取的外来原始凭证和自制原始凭证都必须符合上述规范性要求。如企业的原始凭证不符合上述规范性要求,注册会计师应当按照证据规则考虑该证据是否能用作职业判断的依据。

3. 记账凭证

记账凭证是依据审核无误的原始凭证制作,是形成财务报表的起始资料,也是获取与交易或事项相关审计证据的切入点。审计实践中,注册会计师要获取审计证据以证实某一交易或事项是否存在重大错报,通常是从寻找、确定记账凭证,追踪至原始凭证,进而检查交易或事项的发生过程与结果,并将被审计单位作出的会计处理与会计准则规定进行比较后得出结论。记账凭证上记载的会计科目名称与金额是其最重要的证据信息。记账凭证编号是审计抽样,包括内部控制审计抽样中使用的识别标识。

《会计工作基础规范》第五十一条规定了记账凭证的规范性要求,如表 6-1 所示。

表 6-1	《会计工作基础规范》的规定	
项目	基本规定	特殊规定
信息要素	记账凭证的内容必须具备：填制凭证的日期；凭证编号；经济业务摘要；会计科目；金额；所附原始凭证张数；填制凭证人员、稽核人员、记账人员、会计机构负责人、会计主管人员签名或者盖章。收款和付款记账凭证还应当由出纳人员签名或者盖章	以自制的原始凭证或者原始凭证汇总表代替记账凭证的，也必须具备记账凭证应有的项目
识别标识	填制记账凭证时，应当对记账凭证进行连续编号	一笔经济业务需要填制两张以上记账凭证的，可以采用分数编号法编号
制作规则	记账凭证可以根据每一张原始凭证填制，或者根据若干张同类原始凭证汇总填制，也可以根据原始凭证汇总表填制	不得将不同内容和类别的原始凭证汇总填制在一张记账凭证上
	记账凭证填制完经济业务事项后，如有空行，应当自金额栏最后一笔金额数字下的空行处至合计数上的空行处划线注销	
	汉字大写数字金额如零、壹、贰、叁、肆、伍、陆、柒、捌、玖、拾、佰、仟、万、亿等，一律用正楷或者行书体书写，不得用0、一、二、三、四、五、六、七、八、九、十等简化字代替，不得任意自造简化字。大写金额数字到元或者角为止的，在"元"或者"角"字之后应写"整"字或者"正"字；大写金额数字有分的，分字后面不写"整"或者"正"字。【注】	
制作依据	除结账和更正错误的记账凭证可以不附原始凭证外，其他记账凭证必须附有原始凭证	如果一张原始凭证涉及几张记账凭证，可以把原始凭证附在一张主要的记账凭证后面，并在其他记账凭证上注明附有该原始凭证的记账凭证的编号或者附原始凭证复印机

【注】该点要求源自第五十二条。

4. 会计账簿

《会计工作基础规范》第六十条规定了会计人员应当根据审核无误的会计凭证登记会计账簿。登记账簿的基本要求是：

（1）登记会计账簿时，应当将会计凭证日期、编号、业务内容摘要、金额和其他有关资料逐项记入账内，做到数字准确、摘要清楚、登记及时、字迹工整。

（2）登记完毕后，要在记账凭证上签名或者盖章，并注明已经登账的符号，表示已经记账。

上述三类会计记录证据的规范性要求中包含了除金额外的其他所有交易或事项发生过程与结果、财务报表形成过程的证据信息。例如采购原材料,其自制原始凭证上就列示了采购发生日(收货日期、验收日期)、原材料的名称、规格、数量、质量验收结果、供应商名称(对手)收货地点、执行与核准人员。记账凭证上就列示了会计记录发生的初始日期、执行会计标准的过程(会计科目)、经济业务内容等证据信息。会计账簿上记载了会计凭证日期、编号、业务内容摘要、金额和其他有关资料等财务报表形成过程的证据信息。

(二)结构性特征

(1)《会计工作基础规范》第五十二条对会计记录结构性特征的基础,即金额的计量精度与计量单位作出了规定。

表 6-2 会计记录证据计量规范

计量精度	所有以元为单位(其他货币种类为货币基本单位,下同)的阿拉伯数字,除表示单价等情况外,一律填写到角分;无角分的,角位和分位可写"00",或者符号"—";有角无分的,分位应写"0",不得用符号"—"代替
计量单位	大写金额数字前未印有货币名称的,应当加填货币名称,货币名称与金额数字之间不得留有空白

计量精度保证了计算的准确性,计量单位保证了计算的同一性。

(2)会计记录的结构性特征。会计记录证据的结构性特征在记账凭证和账簿记录中体现的是"有借必有贷、借贷必相等"的复式记账规则,细化这一规则就必然存在明细项目金额的加总数值应当与总计金额相等,总账科目的发生额及余额与明细账的发生额及余额的加总数值相等的一些其他规则。

《会计工作基础规范》中对账簿记录结构性特征的规定包括:

第六十三条规定,各单位应当定期对会计账簿记录的有关数字与库存实物、货币资金、有价证券、往来单位或者个人等进行相互核对,保证账证相符、账账相符、账实相符。对账工作每年至少进行一次。其中"账证相符、账账相符"就属于结构性特征要求。

第六十四条规定,各单位应当按照规定定期结账。结账前,必须将本期内所发生的各项经济业务全部登记入账;结账时,应当结出每个账户的期末余额。需要结出当月发生额的,应当在摘要栏内注明"本月合计"字样,并在下面通栏划单红线。需要结出本年累计发生额的,应当在摘要栏内注明"本年累计"字样,并在下面通栏划单红线;12 月末的"本年累计"就是全年累计发生额。全年累计发生额下面应当通栏划双红线。年度终了结账时,所有总账账户都应当结出全年发生额和年末余额。这是对账簿记录证据结构性特征体现的要求。

（3）财务报表结构性特征的规定。财务报表同样存在结构性特征。财务报表的结构性特征的体现就是"资产＝负债＋所有者权益"。《会计工作基础规范》第六十八条规定，会计报表之间、会计报表各项目之间，凡有对应关系的数字，应当相互一致。本期会计报表与上期会计报表之间有关的数字应当相互衔接。如果不同会计年度会计报表中各项目的内容和核算方法有变更的，应当在年度会计报表中加以说明。

四、会计信息化条件下会计记录证据的规范性和结构性特征

《会计工作基础规范》是手工制作会计记录证据的规范。现今信息化革命将可能彻底改变会计记录证据的制作方式。为适应会计信息化的发展，财政部颁布了《企业会计信息化工作规范》（财会〔2013〕20号），就会计记录证据的规范性与结构性来看，有以下一些规定：

该文件第九条规定，会计软件应当提供符合国家统一会计准则制度的会计凭证、账簿和报表的显示和打印功能。第十条规定，会计软件应当提供不可逆的记账功能，确保对同类已记账凭证的连续编号，不得提供对已记账凭证的删除和插入功能，不得提供对已记账凭证日期、金额、科目和操作人的修改功能。这两条规定实际上是对会计账簿记账的规范性规定。

该文件第三十二条规定，对于信息系统自动生成，且具有明晰审核规则的会计凭证，可以将审核规则嵌入会计软件，由计算机自动审核。未经自动审核的会计凭证，应当先经人工审核再进行后续处理。这一条规定实际上规定了信息系统生成的记账凭证和自制原始凭证仍须按照《会计基础工作规范》的相关规定执行。

《企业会计信息化工作规范》对企业会计信息化发展也进行了规范。包括：第二十八条规定，企业应当促进会计信息系统与业务信息系统的一体化，通过业务的处理直接驱动会计记账，减少人工操作，提高业务数据与会计数据的一致性，实现企业内部信息资源共享；第四十条规定，同时满足相关条件的会计记录证据可以不输出纸面资料，但应可及时在企业信息系统中以人类可读形式查询和输出。此处所说的"以人类可读形式查询和输出"实质上仍是要求会计记录证据在供注册会计师检查时，按《会计工作基础规范》的规定对会计记录证据进行审核，所以《会计工作基础规范》对会计记录证据的规范性和结构性特征仍适用。

第二节　审计中常见的原始证据与证明内容

常见的原始证据包括自制原始凭证和外来原始凭证。自制原始凭证能够证实

交易的发生、变化过程与事项的发生、变化和完成的全过程。外来原始凭证能够证实交易的发生、变更和结束的全过程。获取这些证据是注册会计师审计过程中的主要工作。

一、自制原始凭证

企业所处行业、规模、业务流程的不同,会有很多不同的自制原始凭证。以下以普通制造业企业为例说明。普通制造业企业是指运用传统生产方式的单个法人企业。

自制原始凭证中考虑到某些凭证必须按照国家规定的统一格式制作,所以又分为格式原始凭证与非格式原始凭证。

（一）格式原始凭证

格式原始证据,因其一般由法律规定或国家行政机构规定其格式,称其为格式原始证据。

格式原始凭证主要包括企业之间资金结算的支票、本票、汇票等银行票据;表示商品或劳务交易、费用或预收款等各方权利义务的发票、统一收据等;企业履行纳税义务的纳税申报单与完税凭证等文本。这些文本因使用单位多且频繁,所以一般形成固定格式的票据形式。格式原始证据中的各项信息反映了不同企业(法律主体)之间商品、劳务与资金往来的权利义务关系。

支票、本票与汇票所涉及的民事法律关系复杂,所以,票据法规定了该等证据中信息内容,分为必要记载信息(事项)与非标有记载信息(事项)。必要记载事项遗漏的,票据无效。这是支票、本票和汇票证据中最特殊的规定。

企业使用的收据分为统一收据和非统一收据。统一收据是按目前财政部门的规定,企业与其他单位资金往来时应当开具的收款证据,由财政部门规定统一的格式。该类收据名称为"××省(市)企业单位统一收据",其上还印制有财政或税务部门"统一收据监制章"。编号按年份号与连续号组成的规范格式列示,如"95-2466577"。因此,将统一收据列为格式原始证据。统一收据只能用于企业非销售商品、提供劳务等资金往来业务。如果收据用于费用支付等方面的,证据也无效。这是统一收据在用途上的特殊规定。非统一收据由企业自行制作,将在非格式证据中分析说明。

以下格式原始凭证的分析是从被审计单位制作证据的角度进行的分析。不含被审计单位收到外单位支付的款项的格式原始证据。但本项分析也是审核被审计单位收到格式原始证据的依据。格式原始凭证的证明内容分析,如表 6-3 所示。

表6-3　　　　　　　　　　　格式原始凭证的证明内容分析

名称	证明内容	证据描述性信息
支票	业务类型与事实	付款事实(无条件支付的委托)
	主体	出票人、收款人、前手,出票人不一定是交易对手
	发生时间	出票时间【注1】
	发生地点	隐含于出票人、背书人公章保管地,即注册地址【注2】
	金额/数量	币种与金额记载
	业务过程/结果	可证明某一金额的付款事实成立,不能证明某项交易的全部款项已经支付完毕
本票【注3】	业务类型与事实	付款事实及款项对应的经营业务内容
	主体	申请人、收款人、前手,申请人不一定是交易对手
	发生时间	出票时间
	发生地点	隐含于委托人、前手单位公章保管地,即注册地址【注2】
	金额/数量	币种与金额记载
	业务过程/结果	可证明某一金额的付款事实成立,不能证明某项交易的全部款项已经支付完毕
汇票【注3】	业务类型与事实	付款事实及款项对应的经营业务内容【注4】
	主体	申请人、收款人、出票行、背书人、前手,申请人不一定是交易对手
	发生时间	出票时间
	发生地点	隐含于委托人、前手单位公章保管地,即注册地址【注2】
	金额/数量	币种与金额记载
	业务过程/结果	可证明某一金额的付款事实成立,不能证明某项交易的全部款项已经支付完毕
汇款凭证	业务类型与事实	付款事实及款项对应的经营业务内容
	主体	被审计单位与收款单位
	发生时间	付款时间
	发生地点	被审计单位注册地或分支机构付款业务企业开户行所在地
	金额/数量	金额
	业务过程/结果	可证明某一金额的付款事实成立,不能证明某项交易的全部款项已经支付完毕
发票	业务类型与事实	销售商品(品种、规格或型号)或提供工业性作业劳务事实
	主体	商品誉劳务销售单位与购买单位
	发生时间	出票时间
	发生地点	隐含于出票人公章保管地,即注册地址
	金额/数量	商品数量、币种与金额
	业务过程/结果	票面记载的商品或劳务实现销售的结果【注5】

（续表）

名称	证明内容	证据描述性信息
纳税申报单	业务类型与事实	主动纳税申报事实
	主体	纳税人名称、纳税人识别号
	发生时间	填报日期 税款所属时期
	发生地点	被审计单位注册地、分支机构营业地点[注6]
	金额/数量	应纳税额、已缴税额、期末欠缴税额
	业务过程/结果	确定企业纳税义务
税款缴纳凭单	业务类型与事实	缴纳税款事实
	主体	纳税人名称、纳税人识别号
	发生时间	银行扣账日期
	发生地点	未列示交税地点（提示:应与纳税申报单相同）
	金额/数量	实际交税金额
	业务过程/结果	完成纳税义务
统一收据（预收销售款或押金、暂收应付其他非销售业务款等）	业务类型与事实	在"事由"或"内容"栏记载的交易内容文字
	主体	付款人、收款人
	发生时间	一般为收款收据制作时间,但有可能延迟较长时间后制作
	发生地点	隐含于签章单位公章保管地（注册地）
	金额/数量	记载的币种与金额信息
	业务过程/结果	可证明某一金额的收款事实成立,不能证明某项交易或事项的全部款项已经收取完毕

说明:

【注1】出票时间在业务委托书中有记载。在业务委托书回执中没有记载。注册会计师如果无法检查业务委托书复印件的,应当与银行对账单进行核对确认时间。

【注2】个人出票不需要审计所以未包含在内。如果是个人独资企业的,也是企业注册地。

【注3】目前企业付款实务中,本票与汇票出票时,企业制作委托银行出票的"业务委托书"交银行,由银行出票,称为银行承兑汇票。出票人是受托银行。票据付款人是被审计单位。

【注4】款项对应的业务内容在业务委托书和业务委托书回执中"用途"栏记载。

【注5】违反《中华人民共和国发票管理办法》出具的发票不能证明经营活动的结果。违法行为不列入分析范围。

【注6】企业纳税申报单记载的地址应当是工商登记的注册地。按国税总局《税务登记管理办法》（国税发〔1998〕81号）第七条规定,各类企业,企业在外地设立的分支机构和从事生产、经营的场所,个体工商户和从事生产、经营的事业单位,应当自领取营业执照之日起30日内向所在地税务机关申请办理税务登记。同时,按国务院令第451号修改后的《中华人民共和国公司登记管理条例》第六至第九条的规定,公司向其住所所在地的工商管理机构进行登记。登记内容包括公司住所。由登记机构颁发企业法人营业执照（营业执照）。因此,可以推定企业纳税申报单记载的地址与注册地（或登记地）一致。

(二) 非格式原始凭证

非格式原始凭证由企业自行制作。非格式收据是由企业内各部门之间发生实物资产流动、费用分配等方面的经营活动证据。非格式自制原始凭证种类、形式、记载的描述性信息名称或数量等形式要件会因企业所处行业、机构设置、生产流程、业务繁简等不同而呈现不同的形式。本书以企业常用的非格式原始凭证的基本内容进行分析。

1. 表明资金流动或实物资产的非格式自制原始凭证

表明资金在企业内部流动的非格式原始凭证是收据。收据主要用于企业收取内部员工出差借款(借据)与员工交还款项、员工上交无主的钱款或物品等方面,属于"事项"方面的证据。前面第三章第一点在证明对象分析中,将员工提供劳务与获得薪酬列为员工与企业之间的"交易"。但本项分析中又为何将企业与员工之间的资金流动作为"事项"呢?需要注意,员工在签订劳动合同,承诺向企业提供自身劳务,企业支付劳务报酬是员工作为独立的法律主体就其自身的体力和智力结合形成的劳动力这一商品与企业股东之间的平等的商品交换,①属于交易行为。在员工和企业形成劳务关系后,企业员工出差行为就是受企业指派,代表企业法定代表人与其他企业员工(也是该企业法定代表人的代理人)就经营业务发生关系的行为是代理行为,而不是员工与企业之间的"交易"。在差旅途中是员工所代表的企业与航空、铁路或公路运输企业发生了"运送"交易,而不是员工个人与这些企业发生"运送"交易。因此,该项证据属于"事项"的证据。

表明实物资产在企业内部流动的非格式原始凭证主要是领用单、入库单等。此类非格式原始凭证分析,如表6-4所示。

表6-4　　　　　　　　　非格式原始凭证证明内容分析

名称	证明内容	证据描述性信息
收据	业务类型与事实	在"事由"或"内容"栏记载的文字
	主体	开票部门和交款人
	发生时间	一般为收款收据制作时间
	发生地点	企业注册地和分支机构所在地
	金额/数量	记载的币种与金额信息
	业务过程/结果	只能证明与收款相关的业务过程

---

① 马克思:《资本论》第一卷,人民出版社1975年版,第190-191页。

（续表）

名称	证明内容	证据描述性信息
请购单[注1]	业务类型与事实	原材料、设备等需求部门向采购部门申请采购的事实
	主体	采购、计划、设备管理等相关部门
	发生时间	请购单制作时间，是采购业务起因日
	发生地点	企业注册地（实际经营地）、分支机构所在地
	金额/数量	名称、规格、数量，金额为估计值
	业务过程/结果	不能证明采购行为结果，只是采购起因
验收单（原材料、设备与工程物资）	业务类型与事实	原材料、设备、工程物资成品检验过程与结果
	主体	采购、生产、设备管理、仓库管理、工程施工部门
	发生时间	验收单制作日期（验收完成日）
	发生地点	原料、设备、工程物资仓库
	金额/数量	名称、规格、数量
	业务过程/结果	能证明采购商品种类、规格、数量符合合同约定、质量符合国家标准或合同约定检验结果
入库单（原材料、设备、工程物资）	业务类型与事实	原材料、设备、工程物资、成品进入仓储保管的事实
	主体	采购、设备保管、仓库管理、工程物资保管部门
	发生时间	入库单制作日期
	发生地点	企业注册地（实际经营地）、分支机构所在地
	金额/数量	名称、规格、数量、金额
	业务过程/结果	证明采购业务结果
领用单/出库单（原材料、成品、设备与工程物资、成品）	业务类型与事实	原材料、设备、工程物资投入使用、成品交付采购单位
	主体	仓库、生产车间、设备、工程施工部门
	发生时间	出库单制作日期
	发生地点	原料、成品、设备、工程物资仓库
	金额/数量	名称、规格、数量
	业务过程/结果	能证明销售产品或处置设备及物资的"占有"权能转移至使用地点，或转移出企业，被他人占有。占有人可能为独立第三方运输公司占有，也可能为采购方占有

（续表）

名称	证明内容	证据描述性信息
退料单/ 退库 单【注2】	业务类型与事实	处于生产工序或资产建造活动中的原材料、工程物资、设备退回至仓储部门
	主体	仓库、生产车间、设备、工程施工部门
	发生时间	退料单制作日期
	发生地点	原料、成品、设备、工程物资仓库
	金额/数量	名称、规格、数量
	业务过程/结果	不能单独证明原材料等实际存放位置已经进入仓库【注3】
存货、 固定资 产盘点 清单	业务类型与事实	期末仓库等负有保管责任的部门的盘点过程与结果
	主体	仓库、生产车间、设备、工程施工部门
	发生时间	盘点清单制作日
	发生地点	公司注册地、分支机构所在地、存货存放地（租赁场地）
	金额/数量	名称、规格、数量
	业务过程/结果	期末存货、固定资产实际存量
完工验 收单	业务类型与事实	处于生产工序或资产建造活动完成阶段的事实和结果
	主体	仓库、生产车间或检验部门、设备、工程施工部门
	发生时间	验收单制作日期
	发生地点	成品车间、设备所在地、工程物资仓库
	金额/数量	名称、规格、数量
	业务过程/结果	不能单独证明原材料等实际存放位置已经进入仓库【注3】

【注1】请购单是需求部门向采购部门提出采购申请的证据。请购行为不是采购交易。所以，列为事项的证据。

【注2】退库是指成品因销售而领用出库但尚未出厂，因多领、错领等情况需要退回成品仓库的行为。如产成品运送中因采购方或独立第三方的运输企业发现品种、规格、数量错送而退回销售企业。对已出厂后又重新退回企业保管的，销售企业应当办理入库手续，制作入库单而不是退库单。这是企业物资管理的惯例，也是企业存货内部控制制度应当规定的内容。部分规模较小的企业，退料单与退库单位是同一单据，只是在退料事项栏中说明。

【注3】在企业生产管理实务中，领料数量是依据生产作业计划规定的生产数量限额领用，所以实际的退料情况发生不会很多。但在月末，企业为加强物资管理的需要，对已领用且位于生产车间但尚未投料的原材料办理退料手续，但因下月月初仍需要投入使用，所以不会将这些原材料存放位置实际移动至仓库内，这种退料方式称为"假退料"。工程物资也可能出现假退料情况。所以要将退料单与仓库存货盘点结合才能证实存货存放位置确实移动至仓库。这是注册会计师在实施存货监盘程序时必须要注意的情况。

2. 表明费用分配的非格式自制原始凭证分析

表明费用分配的原始凭证包括工资结算与分配表、产品成本表等。费用分配原始证据证明内容分析见表6-5。

表 6-5　　　　　　　　　费用分配原始证据证明内容分析

名称	证明内容	证据描述性信息
工资结算与分配清单	业务类型与事实	员工工资分配至部门费用、确定个人实得薪酬金额
	主体	劳动管理部门
	发生时间	每月月末
	发生地点	企业注册地(实际经营地)、分支机构所在地
	金额/数量	员工个人薪酬金额、公司应付薪酬总额
	业务过程/结果	薪酬总额及各部门的费用金额、员工个人实得薪酬金额
产品成本表	业务类型与事实	每月成本总额及具体产品成本
	主体	生产管理部门、财务会计部门【注1】
	发生时间	每月月末
	发生地点	企业注册地(实际经营地)、分支机构所在地
	金额/数量	各品种数量及金额
	业务过程/结果	期末存货成本总额及单位成本
费用核算表	业务类型与事实	每月车间经费、管理、销售、财务费用总额、明细项目及金额
	主体	生产车间、设备管理、销售、财务会计部门【注2】
	发生时间	结算费用的月度
	发生地点	企业注册到地、分支机构所在地
	金额/数量	金额
	业务过程/结果	每月费用发生总额及明细项目、金额【注2】
利息计算单	业务类型与事实	实际支付、应付未付、当期分摊的利息,现金折扣费用
	主体	财务部门
	发生时间	结算月度
	发生地点	企业注册地(实际经营地)、分支机构所在地
	金额/数量	利息金额
	业务过程/结果	每月实际的资金成本

【注1】大型企业的生产成本由生产车间负责核算,一般企业由财务部门核算。内部管理良好的企业,生产成本也有以班组核算为基础核算生产车间成本的情况。在工业4.0版技术革命后,产品成本可能会按单件产品核算。

【注2】大型企业的固定资产折旧是由设备管理部门负责计算。一般企业由财务部门计算。无形资产摊销额由财务会计核算部门计算。

3. 台账

台账的规范称呼为备查簿。台账是企业经营活动中记录某类具体资产、票据的明细管理过程与结果的文件。例如，固定资产台账、应收票据台账等。台账是会计核算的辅助性记录。

《企业会计准则应用指南》(2006)附录：会计科目和主要账务处理中规定了哪些资产需要建立备查簿：

"1403 原材料"中规定，收到来料加工装配业务的原料、零件等，应当设置备查簿进行登记。

"1121 应收票据"中第四条规定，企业应当设置"应收票据备查簿"，逐笔登记商业汇票的种类、号数和出票日、票面金额、交易合同号和付款人、承兑人、背书人的姓名或单位名称、到期日、背书转让日、贴现日、贴现率和贴现净额以及收款日和收回金额、退票情况等资料。商业汇票到期结清票款或退票后，在备查簿中应予注销。

又如，《企业内部控制应用指引第 8 号——资产管理》第十四条规定，企业应当制定固定资产目录，对每项固定资产进行编号，按照单项资产建立固定资产卡片，详细记录各项固定资产的来源、验收、使用地点、责任单位和责任人、运转、维修、改造、折旧、盘点等相关内容。企业管理实务中，就是依据卡片编制台账，进行单台管理。台账设置要求在下章第十三节说明。

不同类型资产、不同规模的企业与不同的管理要求下的台账形式不同，记录的内容也各不相同。表 6-6 仅对台账作为审计证据所具备的一般证明内容进行分析。

表 6-6　　　　　　　　　　台账证据证明内容分析

名称	证明内容	证据描述性信息
台账	业务类型与事实	明细资产的管理过程与结果
	主体	资产管理部门
	发生时间	每月、每季度
	发生地点	企业注册地(实际经营地)、分支机构所在地[注1]
	金额/数量	数量、金额[注2]
	业务过程/结果	资产管理过程

【注1】台账一般置于资产管理部门所在地。资产管理部门通常在企业注册地或实际经营地。台账管理的资产位置可能不与企业注册地相同。

【注2】台账中应当记录所管理资产的金额，如委托加工材料的发出、收回总数和计划价格，固定资产维修领用材料金额。

二、外来原始凭证

外来原始凭证可分为格式原始凭证与非格式原始凭证两类。

外来原始证据主要是格式文本证据，即支票、本票和汇票等银行票据、发票、统一收款收据、纳税申报单与完税凭证等。其可证明的业务类型与事实、主体、发生时间和地点等见上述自制格式原始证据部分的说明。

外来原始凭证中还有一类非格式证据，包括银行制作的对账单与有进出口业务或借入外币的企业，在向银行结售汇时会取得的外币兑换单。外币兑换单俗称"水单"。

银行对账单是银行出具用于供开户企业核对其收付款过程的资料。从证据来源说，对于企业而言是外来原始证据。从证据种类来看，属于书证。因法律或国家行政机构并未有对账单格式的统一规定，所以，未将其列入非格式证据。银行对账单实质上是由为企业提供资金收付服务的独立第三方提供的证据，它只记载银行提供服务的信息，不针对某一交易或事项提供其发生、变化与消灭等事实提供的信息。银行对账单信息不包括收或付款对手、发生原因、权利义务约定等信息。在审计业务中，注册会计师实施银行对账单与被审计单位银行日记账双向核对的程序，检查被审计单位银行日记账的记录是否存在遗漏（"完整"认定）、有无账外小金库等程序所用。所以，银行对账单属于参考证据。

注册会计师在实施银行对账单与企业银行日记账双向核对程序的过程时，对收、付的大额资金也应当追溯检查对应科目情况，也可能会发现其他科目中的舞弊案例。从证据角度分析，银行对账单记录被审计单位的资金发生收、付的资金流动，则必然有商品或劳务的交付或取得的业务与之相对应。因此，银行对账单也是印证商品、劳务等交付或采购商品或劳务等实际发生情况的间接证据。例如，注册会计师在实施检查某被审计单位银行日记账过程中，检查确定的测试样本时发现有收回一笔大额投资收益流入，但检查企业长期股权投资账簿未发现有这一项投资。注册会计师对这一异常情况进行追查，发现被审计单位内以前年度有一笔其他单位支付的外币额度使用费的人民币资金未入账，用于对其他单位投资。账面记载的投资收益由被投资单位支付。企业外汇兑换所得人民币为何能不记入账簿呢？当时中国实行的是外汇额度制。企业要用汇就必须申请换汇额度。该被审计单位是出口企业，有外汇额度且其自身用不完，就违法倒卖外汇额度。违法倒卖外汇额度所得人民币隐匿未入账（包括现金日记账和分类账），该被审计单位隐瞒该笔倒卖额度的款项并用于投资。

结售汇外币兑换单。我国《中华人民共和国外汇管理条例》（国务院令第532

号)第八条规定,中华人民共和国境内禁止外币流通,并不得以外币计价结算,但国家另有规定的除外。所以,外币兑换行为的主体除持有外汇的企业外只能是经批准可从事外汇业务的指定银行。结售汇外币兑换单上记载的信息包括兑换时间、兑换的人民币和外币金额及汇率。外币兑换单只能证明企业发生了合法的外币兑换行为,不能证明其他业务发生过程。例如,企业出口销售货物。与企业销售业务发生、变更与完成的证据,包括销售合同、企业出库单、海关关单、船期订单、客户验收确认文书、银行收款单据等凭证构成对销售行为各个环节事实的证据。外币兑换单一定是在销售行为结束后才能发生,所以,外币兑换单与上述出库单等凭证不能构成销售过程证据链,除能证明企业进行了合法的外币兑换外,不能证明其他业务事实。

第七章

经营活动证据

经营活动证据包括经营基础证据和管理证据。

本书第三章第二节中说明,审计证据的证明对象就是个别具体交易或事项,及交易或事项的发生、变化与处置结果。这是从证据与待证的具体交易或事项的关系而言,并且本书也是重点分析此类关系。我们对这一关系加以扩展,从全部审计证据与财务报表的关系而言,应当包括经营活动证据。经营活动证据与具体交易或事项的证据共同证明财务报表是否存在重大错报。本章内容是对第三章第二节的内容进行了扩展,延伸了审计证据链。

经营活动证据的产生受到企业内部控制制度的约束。因此,本章以内部控制制度体系为框架进行研究。

第一节 经营基础证据

经营基础证据是指虽不能够直接证明某项交易或事项项目是否存在错报与错报金额,但对财务报表列报的项目和金额存在制约作用、可以供注册会计师了解企业资产、资金的流向和预期结果的资料。这些证据包括组织架构、发展战略、人力资源、社会责任和企业文化方面的文件资料等。

从证据类种类分,因这些证据反映了被审计单位管理层指导、管理个别交易或事项的发生、变化的思想和理念,所以这些证据属于书证。从证据类别分,因该类证据并不能直接证明财务报表的错报情况,属于间接证据。因该类证据主要在企业内部生成,属于内部证据。从证明对象分析,虽这些证据不能直接印证个别交易或事项的结果,但能证明个别交易或事项为何发生、如何发生、是否错报。因而,是注册会计师应当获取的重要证据。

2008 年 5 月 22 日,财政部、证监会、审计署、银监会、保监会联合发布了《企业内部控制基本规范》,其后又发布了企业内部控制应用指引共 18 个。这些内部控制度属于法规及规范性文件,具有强制性特点,对我国企业建立和加强内部控制制度起到了积极的作用。

了解和测试企业内部控制制度设计和运行的有效性是财务报表审计中一项不可或缺的内容,是注册会计师实施抽样测试的基础。自美国安然、世通公司的一系列财务报表舞弊案例和我国的中航油新加坡公司的金融衍生品投机失败后,世界各国的政府监管机构、企业界和会计职业界对内部控制制度的重视进一步提升,对注重财务报告本身转向注重对保证财务报告可靠性机制的建设,即重视通过对经营活动过程的有效控制以实现预期的经营成果。

内部控制应用指引体系中的第 1 号组织架构、第 2 号发展战略、第 3 号人力资源、第 4 号社会责任与第 5 号企业文化共 5 个应用指引是企业内部控制体系的基础,也是企业财务业绩基础。注册会计师了解、测试这 5 个应用指引的规范性要求在企业的落实情况,是评价企业内部控制制度的设计和运行有效性,识别与评估财务业绩是否存在重大错报的基础路径和切入点。

这 5 个应用指引对企业提出的内部管理规范性要求为什么如此重要呢? 我们可以将企业设想为一家铁路公司。组织架构就是一列火车,车头的马力决定了火车最高速度,车厢的节数决定了装载货物或人员的数量;发展战略就是铁路往哪个方向修建,铁路的修建方向决定了火车往哪个方向行驶;人力资源就是有数量足够与合格素质的司乘人员去驾驶火车,保证火车可在预定的时间内到达预定的车站;社会责任就是司乘人员应当按照规定的行车速度、行车安全规则去驾驶车辆,以保证运送的货物或人员安全抵达目的地。站台人员妥善保管好客户委托运输的货物和准时以及保护乘客的上下车安全;企业文化就是司乘人员在行车中的任何时刻都主动严格遵守行车规则,不随意违反规则,避免发生行车事故,对货物的业主和旅客造成损失。这五个方面决定了铁路公司能否持续满足客户需求,得到客户的认可,从而持续获利并能持续经营下去。如果铁路公司在这五个方面中的任何一个方面没有做好,如火车的车厢不合标准、修建的铁路通往无人员居住的地方、司乘人员不合格、火车到达时间没有保证、司乘人员随意损坏货物或伤害旅客、司乘人员不遵守行车规则、导致经常发生行车事故而无法运行等,则该铁路公司肯定不能持续经营下去。因此,虽然这五个方面都不直接影响财务业绩,但一定是决定财务业绩优劣的基础。

一、组织结构证据

注册会计师在实施了解被审计单位及其环境的程序获取的组织架构方面的证据,主要包括治理结构和部门设置的证据。治理结构证据主要是股权结构和治理结构中股东会、董事会组成与议事规则方面的证据。注册会计师对获取的治理结构证据需要分析、判断治理层是否独立于管理层，股权是否高度集中等会影响或严重影响到企业内部控制制度运行有效性方面的问题。从已经被处罚的广东新大地和胜景山河等舞弊案例看，都存在一股独大，治理层和管理层重叠的情况。企业内部控制体系中相互牵制作用无法发挥，控制运行有效性大大降低。广东新大地招股说明书（申报稿）、湖南胜景山河公司的招股说明书列示的公司股权结构，如图7-1和图7-2所示。

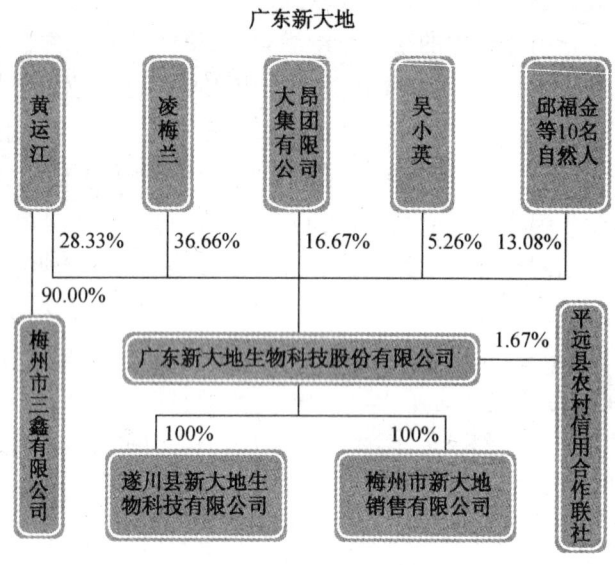

图7-1　广东新大地股权结构图

注：广东新大地公司中黄运江与凌梅兰为夫妇，合计持有64.99%的股权。

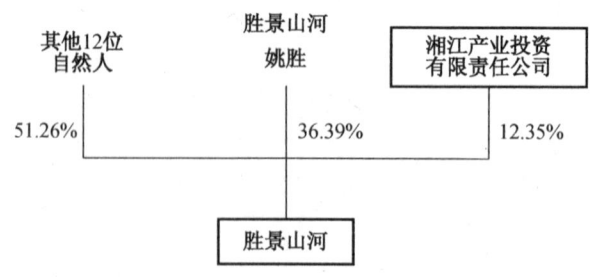

图7-2　胜景山河股权结构图

部门设置，是指企业根据业务发展需要，分别设置不同层次的管理人员及其由各专业人员组成的管理团队。企业设置的部门及职责等一般会在其内部控制制度中规定。注册会计师应当获取部门设置证据。注册会计师通过分析企业设置的各部门的职责,了解经营业务流程中主要的控制岗位与岗位职责,控制要求等内部控制要点,判断内部控制制度设计是否合理、有效。

二、发展战略证据

注册会计师应当获取被审计单位发展战略的证据,如董事会批准实施的发展战略文件等。对获取的企业发展战略证据需要分析该发展战略是否切合企业现有实际情况(如已有的资源、企业产品或服务的市场容量、产品类型、未来技术发展趋势等),是激进扩张,一味追求做大的战略还是保守战略,企业能否获取实施发展战略所需的各种资源等,从而可以对财务报表从总体角度分析、判断其列报的业绩是否存在重大错报的可能性。

企业管理理论与实务经验都认为,发展战略的错误是指根本的错误,公司发展战略会对公司长期财务业绩产生决定性的影响。例如美国柯达公司、富士公司不同的发展战略产生了不同的结果。

美国柯达①是世界著名的世界 500 强公司。其主要产品是:卤化银技术制造的传统胶片与洗印技术。1998 年与中国政府多个部委签署协议,达成"全行业合资计划"(即 98 协议)。除乐凯外的其他企业全部为柯达控制。2000 年,全球利润143 亿美元,到 2003 年为 41.8 亿美元。2001 年,柯达在中国的市场份额达 63%,中国门店数量达到 8 000 家,是肯德基的 10 倍、麦当劳的 18 倍。

柯达公司 1975 年发明了第一台数码相机。1993 年,《北京晚报》发表了柯达的预测:未来照片会储存在电脑中,照片从电脑中打印出来。但它制定的发展战略却是封锁数码技术,维持胶片业务。所以,管理层决定不将数码相机技术告诉他人,以免影响到柯达的胶片影像产品。但公司决策的发展目标是以数码技术制造更好的胶片,以控制全球的胶片市场。但该发展战略造成的后果是自 2001 年起业务量每年下降 25%。具有 132 年历史的企业于 2012 年 1 月底向纽约州南部地方法院申请破产。与柯达类似的发展战略错误导致经营失败的企业还有惠普、雅虎、诺基亚等。

但日本富士采取了不同的发展战略。2001 年,富士在中国的市场份额从 70%下降到 20%,富士公司从 2002 年起开始战略转型。为此,公司制定的发展目标是从胶片制造商转变为医疗药物供应商,从传统胶片制造商转变为数码产品制造商。

---

① 柯达与富士不同战略资料见 2012 年 2 月 6 日的《中国经营报》和 2011 年 1 月 24 日《中国经营报》。

富士公司的发展战略为,缩减传统胶片制造,拓展数码产品。该战略是基于公司对核心竞争力认知,即以自己掌握的控制自由基造成胶片老化技术运用于药物制造。为实现该发展战略,公司在组织架构方面作了重大的调整,即改造原有的事业部制。实施该战略后,2007年销售收入达到2 200亿元人民币,利润达到400亿元人民币。

我国也出现了属于央企的华源集团盲目扩张失败的案例[①]。华源集团1992年成立至2003年,发起企业并购90起,不断进行并购、重组、上市等资本活动,重复"大跃进"式的盲目扩张。截至2003年年末,资产规模达到414.2亿元,净资产从成立时的1.4亿元注册资本扩大到113.1亿元。最后因负债水平大幅度上升,企业资金需求受限,不断爆出资金危机,多家银行提起诉讼而被迫进入重整程序。又如民营企业德隆集团,其盲目实施多元化战略,以旗下3家上市公司为平台,大举收购旅游业、矿业、文化产业、种业、林业和水电业等多个企业,但未突出主业。2004年4月由于资金链断裂引发债务危机,旗下上市公司股价狂跌,在不到1个月的时间内,总共蒸发掉了近百亿元人民币,德隆集团倒闭。

上述柯达、华源公司采取不正确的发展战略一定导致其财务业绩逐年下滑而不可能上升。富士公司财务业绩上升是具备合理的经营业务基础的。

分析、判断发展战略证据对财务业绩的影响并不是就文件去分析财务报表,而是要结合被审计单位收购其他企业导致合并财务报表发生变动,长期股权投资中的合营或联营企业数量变化,固定资产投资规模,销售市场拓展费用金额,应收账款客户数量和地理区位分布的变动,资金(包括借款与资本)来源、债务结构(规模及期限)及变动,产品研发、更新速度,员工数量、构成及变动等一系列为实施战略而投入资源的证据进行相互印证,从而了解与判断企业发展战略对财务业绩错报的影响。因为任何发展战略的实施总是要投入人、财、物三种资源,且这些资源的投入一定会在账簿内记录,形成会计记录证据。即使企业没有成文的发展战略文件,也可以从对企业前些年度的财务报告的分析后进行识别。对企业为实施发展战略投入资源的相关证据的分析,就是为识别收入是否存在重大错报获取了基础性证据。

三、人力资源证据

注册会计师应当获取人力资源方面的证据,主要包括人员数量、构成和变动、薪酬证据。获取人力资源方面的证据主要为了全员分析劳动生产率、分类员工劳

---

① 财政部:《企业内部控制规范讲解》(2010)98页。

动生产率。劳动生产率是受员工素质、生产设备技术先进程度、生产作业组织方式等影响的,所以同处一个行业内的企业其劳动生产率是可比较的。员工薪酬水平在市场经济环境下不是由企业单方面决定的,是员工在就业市场上与企业管理层博弈后的均衡水平。理论上说,企业是不肯为员工支付高于行业平均水平的工资,而员工也不愿意接受低于行业水平的薪酬待遇。所以,员工工资水平与其劳动生产率之间实际上是存在一个行业内认可的比值,是劳动生产率指标的变异指标。如果被审计单位的该项比值、全员劳动生产率指标等与行业水平存在重大差异的,则非常可能表示被审计单位的财务业绩存在重大错报。

注册会计师获取人员数量、结构的证据后,应当分析被审计单位的人均占有固定资产(原值),以了解企业机械化、自动化水平;分析人均实现销售收入①,以了解人力资源的生产效率;分析人均营业利润,了解盈利能力。一般情况下,人均占有机器设备金额越高,对员工技术水平和教育程度的要求也越高。同时,人均劳动生产率也应越高,相应的员工薪酬水平也越高。如三个指标值与行业内其他企业进行比较时发现差异较大,或指标值及其相互关系的变化无法解释时,就需要考虑财务报表是否存在重大错报。

劳动生产率的分析既可以分析全员劳动生产率,也可按人员类别进行分析。例如,对被揭露申报上市的财务报表造假的胜景山河公司的人员劳动生产率的分析结果就显示出公司造假的迹象(资料来源于招股说明书)。

- 资产规模的变化情况

项目	2010.6.30	2009.12.31	2008.12.31	2007.12.31
资产总额	40 682.52	38 923.15	31 932.48	25 240.05

- 收入变动情况

项目	增减	2010年1~6月	增减	2009年度	增减	2008年度	2007年度
营业收入	26%	10 106.19	30%	15 966.67	41.2%	12 281.93	8 693.20

- 员工数量

项目	2010年1~6月	2009年度	2008年度	2007年度
员工数量	110	102	93	72

- 员工结构

生产人员 35(31.82%)【提示:可能未包括非职工的其他从业人员】

---

① 由于实行增值税后财务报表中销售收入金额不含税,分析时可直接用该数据分析,也可转换成含税收入分析。只要前后一致且与同行业内其他企业的销售收入数据计算口径相同即可。

销售人员	39(35.45%)	【提示:不包括经销商】
技术人员	10(9.09%)	
管理人员	9(8.18%)	
行政人员	17(15.46%)	
合计	110(100.00%)	

我们将胜景山河资料与其他公司比对分析如下:

- 根据中国酿酒工业协会黄酒分会统计数据及各公司公告的年报数据,行业内各主要规模型企业 2008 年市场份额情况如下:

企业名称	销售量(万吨)	销售收入(亿元)	市场份额
金枫酒业	18	9.53	12.77%
会稽山	12.4	7.5	10.05%
古越龙山	12	7.48	10.02%
张家港	4.5	3.8	5.09%
塔牌	3.5	3.2	4.29%

上述五家企业市场份额合计 42.67%。黄酒的传统市场在江浙一带,且胜景山河的产品与其他黄酒并无重大区别。所以,这些企业的分析数据可以视同该行业的平均水平数值。

我们无法获取这些企业的员工数量数据,所以,无法分析他们的劳动生产率数值进行比较。我们通过应收账款周转率指标进行间接分析。因为应收账款的形成基础是销售收入,销售收入的基础是企业的销售方式与销售人员的工作力度。

分析指标	10/6/30 或 2010 年 1～6 月	09/12/31 或 2009 年度	08/12/31 或 2008 年度	07/12/31 或 2007 年度
应收账款周转率(次)	85.34	60.86	35.28	45.52
对比企业应收账款周转率				
古越龙山		6.49	9.73	
金枫酒业	18.5	18.3		

我们以 2010 年 6 月 30 日止的 39 名销售人员为基数,计算人均销售金额为 259.1 万元(2010/1～6)、409.4 万元(2009)、314.9 万元(2008)和 222.9 万元(2007)。2009 年应收账款平均每月周转 5 次,10 年平均每月周转约 7 次。从胜景公司如此之高的应收账款周转率数据分析推断,这些指标数据只能是当场现金交易才能形成。但公司只有 39 人的销售队伍,显然单靠个人用收取现金方式而不是通过经销商渠道(会形成应收账款)去完成是不可能的。出现如此之快的应收账款周转率表明该公司销售收入存在重大错报迹象。

四、企业社会责任证据

注册会计师应当获取被审计单位履行社会责任方面的证据,包括员工薪酬总额及平均水平及准时发放,安全生产要求的执行情况,产品质量管理制度及其实施情况,对客户投诉的处理过程,遵守环境法规,节约能源以减少碳排放对供应商是否按时付款,遵守监管机构的规定及时、充分披露信息,大股东不肆意侵害小股东的利益,对员工、客户、供应商、社区和股东应承担其应有的责任等方面的证据。

企业社会责任看似无形,但会融入企业经营活动的每个方面。企业治理层与管理层以各种借口不履行其社会责任,会对企业经营业绩形成致命打击。更重要的是,如果注册会计师注意到被审计单位管理层通过公司宣传手册、广告海报等途径特意突出其履行社会责任的形象,而实际并不相符,注册会计师应当预期到该企业管理层的诚信度较低,因而需要对其提供的对某些交易或事项的口头说明(言辞证据)、管理层声明书等相关证据保持适当程度的怀疑①。

上海福喜食品公司未切实履行对消费者的责任案例

2014年人民网上海7月24日电,人民财经从上海警方获悉,上海福喜食品有限公司负责人、质量经理等5名涉案人员,因涉嫌用过期原料生产加工食品,已经被警方依法刑事拘留。上海食药监局表示,此案目前已经进入处罚阶段,行政处罚、刑事处罚程序都已经启动。

昨天,美国福喜集团(OSIGROUP)首次就上海福喜食品过期原料事件在沪召开媒体发布会。集团主席兼首席执行官谢尔顿·拉文面对媒体道歉,同时承认上海福喜生产流程存在问题,宣布暂停上海福喜运营并配合调查。

谢尔顿·拉文表示:"此次在上海福喜所发生的错误是完全无法接受的,我们需要努力重建和重新赢得尊重、信任、信誉和宽恕。我们接受这一切所带来的后果,同时会让那些该负责的人承担应负的责任。"不过,拉文表示无论如何,不会放弃中国市场。

福喜集团总裁首席营运官麦大卫表示,目前调查仍在进行中,并承认在调查中发现了与企业所建立的产品质量管理、标准违背的事实。

昆山中荣金属制品公司未切实履行员工安全生产责任的案例

2014年8月2日清晨,在江苏省昆山市开发区的中荣金属制品有限公司(下称"中荣金属")发生爆炸。

---

① 中注协:《注册会计师职业判断指南》4.12条。

这次发生爆炸的地点为该公司的汽车轮毂抛光车间。爆炸现场有200多名员工,目前100余名受伤人员已送往苏州、昆山等医院救治。事故已致68人死亡。据媒体报道,初步判明系企业安全生产责任事故。

经济网讯(陈瑜) 8月4日报道:从国家安监总局局长杨栋梁主持的"8·2"特别重大爆炸事故调查组全体会议获悉,事故原因为公司存在的问题和隐患长期没有得到解决,粉尘浓度超标,遇到火源,从而发生爆炸,是一起重大责任事故,事故的责任主体是中荣金属制品公司,主要责任人是企业法人代表、董事长吴基滔等相关负责人。

事故调查组根据事故暴露出来的问题和初步掌握情况,该企业厂房没有按二类危险品场所进行设计和建设,且建筑间距不够;2 000平方米的车间内布置了29条生产线,300多个工位,生产工艺路线过紧过密;除尘设备没有按照规定为每个岗位设计独立的吸尘装置,除尘能力不足;车间内所有电器设备没有按防暴要求配置;安全生产制度和措施不完善,没有按照规定,每班按时清理管道积尘,从而造成车间粉尘聚集超标;没有对工人进行安全培训,没有按规定配备阻、防静电劳保用品;此外,当地政府的有关领导责任和相关部门的监管责任落实不力,也是造成这起事故的原因。

上述两家公司在发生重大事故当年的财务业绩肯定下降,但事故成因在以前年度。注册会计师不是要通过了解和检查企业履行社会责任的情况去预测企业何时会因未履行社会责任而发生重大事故,而要看到企业履行社会责任中存在缺陷,是可预期企业一定会产生重大事故。注册会计师应当意识到企业治理层和管理层不履行其社会责任的内部控制缺陷也会在其他方面存在,也会在公司遵循会计准则及其他法规的规定编制财务报表的过程中出现,因而可能产生重大错报。被审计单位社会责任意识可以说是公司遵循会计准则及其他法规的规定编制财务报表过程的思想基础。没有这一思想基础,可以说,被审计单位管理层在"机会"(舞弊压力、动机、机会三要素)合适时,其编制的财务报表一定存在重大错报。

五、企业文化证据

注册会计师应当十分重视了解企业文化。《企业内部控制引用指南第5号——企业文化》第二条指出,企业文化是企业在生产经营实践中逐步形成的,为整体团队所认同并遵守的价值观、经营理念和企业精神,以及在此基础上形成的行为规范。

可以说,企业文化是整个内部控制体系的核心与灵魂,是凝聚其经营业务中各控制环节形成整体控制力的唯一基础。企业文化是无形的,难以获取某种书面的证据。有人比喻企业文化如同水泥,将钢筋(组织架构)和砂石(设备、存货等)等凝固在一起,建起一座大厦。企业正确的价值观根植于每一位治理层、管理层人员和员工的心中,则该企业内部控制一定会发挥作用。有了正确的价值观,企业就会制定切合实际的发展战略,企业就会主动承担社会责任,全体员工就会自觉执行内部控制制度,就可实现预期的经营目标。否则,再严格的制度,没有全体员工,包括治理层和管理层人员随时随地去自觉执行,则该制度只是墙上挂着、抽屉里藏着、嘴边唱着的制度,不会有实质性发挥控制作用。注册会计师应当警惕该类企业管理层是非常容易发生舞弊行为的。

同样,注册会计师不是要确定企业文化会影响哪一期的财务报表和如何影响及影响程度,而是要理解企业文化是会对财务报表整体产生有利或不利影响。

青岛啤酒严格执行质量控制制度,成为百年企业的案例[①]

美国《哈佛商业评论》刊载了国外学者的研究成果。学者以 10 年和 5% 的增长率为约束条件,在世界范围内查找此类公司。结果在公司市值 10 亿美元以上的 2 347 家上市企业中仅有 2 家。其中一家是青岛啤酒。青岛啤酒的发展战略从"做大做强"调整为"做强做大"。公司确定的企业文化提倡四个内容,包括:①品牌与品质,一瓶啤酒在出厂前经 1 800 个控制点的测试;②浓郁的制度观念,从 100 年前创始起,注重规范和秩序的德国人制定的详细的管理制度;③和谐的人际关系;④诚信为本,青岛啤酒最为重视的品质。

在此企业文化背景下,青岛啤酒制定了市场化的竞争理念、明确的市场战略、优质产品、资源系统、运行体系、管理体系和企业文化共七层控制系统。这七层系统构建的青岛啤酒大厦中,管理系统是钢筋,企业文化是水泥,其他只是砖石。可以说,青岛啤酒的成功是企业文化的成功。这种良好的企业文化,帮助青岛啤酒在金志国任职期间完成了整合,在彭作义时期大规模收购兼并进来的企业的重任。在彭作义时代的大规模收购兼并奠定了青岛啤酒的实力地位,经金志国的整合后创造了更大的效益。

惠普对企业文化的观点[②]

(1)企业文化是在深刻研究外部市场环境变化、结合公司内部的现状和诸多挑战后总结得出。

(2)企业文化容易给人一种形而上的感觉,但实际上是通过形而下的东西去实现的。

---

① 2012 年 5 月 28 日《经济观察报》和 2014 年 4 月 1 日《第一财经日报》。
② 2013 年 9 月 30 日《中国经营报》。

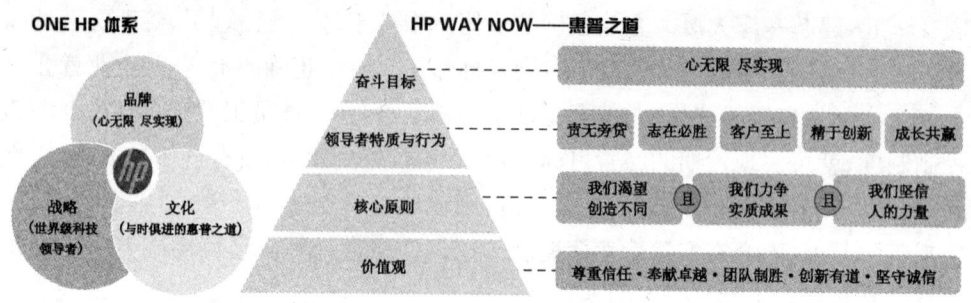

图 7-3

（3）需要通过一套完善的、强大的组织体系和制度来体现，从"坐而言"转为"起而行"。

（4）文化要反映在企业内部的管理制度上，反映在业务流程上，而且应该是可衡量的。文化与制度彼此之间也是相互印证、相互促进的。只有可衡量的东西才是可管理的。

（5）将企业文化与绩效评估、培训、员工职业发展规划、员工奖励制度紧密联系，使每个员工每天的工作都与这四个方面（实现路径）相关。并且，这四个方面又与员工的切身利益相关、与员工个人成长相关，那么自然而然也成为企业文化的落地的保障。

（6）做事情一定要非常正直、不可以欺骗客户，也不可以欺骗员工，不能做不道德的事。

（7）公司的成功是靠大家的力量完成，并不是依靠个人的力量完成。

因未考察管理层经营理念和价值观导致投资失败案例①

深圳东方汇理投资管理公司的阚治东介绍过其投资经历中的一个经典案例。东方汇理公司投资一家注册在西藏的生产新型铅酸电池企业。该企业是当地政府重点扶持上创业板的企业。企业（位于成都）建成后，他们前去考察。只见厂内绿荫环绕，喷水池建立在厂区中央，一派高新技术企业的模样。董事长谈起公司前景充满激情，分析美好的市场前景，表示急需建设两条新的流水线，以满足市场需求。

结果投资进入这家企业的资金被董事长挪作他用了，投资失败。阚治东由该案例得出的经验是，投资一个项目时除了看项目的前景外，更重要的是看老总和团队的经营理念和价值观。所以，巴菲特在投一个项目前首先与公司 CEO 谈话，了解其理念和思想，否则不会投。

---

① 2012 年 11 月 12 日《经济观察报》。

中石油大连分公司爆炸案例

2014 年 7 月 17 日《东方早报》报道,中石油大连分公司近年共发生 8 次石化事故,包括:

2010 年 7 月,中石油大连大孤山新港码头一储油罐输油管线发生起火爆炸事故。

2010 年 10 月,事故现场在拆除过火油罐时再次发生火情,造成 3 人遇难。

2011 年 7 月,中石油大连石化分公司厂区内 1 000 万吨常减压蒸馏装置换热器泄漏着火。

2011 年 8 月,大连福佳大化 70 万吨芳烃项目的防波堤坝被台风掀翻。

2011 年 8 月,中石油大连石化分公司 875 号柴油罐发生火灾。

2011 年 11 月,大连港油品码头海滨北罐区 31 号、32 号原油罐起火。

2013 年 6 月,中石油大连石化分公司位于甘井子区厂区内一联合车间 939 号罐着火。

2014 年 6 月 30 日,中石油新大一线输油管被钻漏起火,无人员伤亡。

中石油集团公司由原石油部所属的部分企业改制而成。原石油系统的大庆油田在 20 世纪 60 年代创立的工作要求是"三老、四严、四个一样"。"三老"是当老实人,说老实话,办老实事;"四严"是严格的要求,严密的组织,严肃的态度,严明的纪律;"四个一样"是黑天和白天一个样,坏天气和好天气一个样,领导不在场和领导在场一个样,没有人检查和有人检查一个样。这些优良的工作作风保证了企业连续高产、稳产出油,为中国经济建设作出了巨大的贡献。这优良的工作作风实际就是体现了企业文化。据有关资料介绍,大庆油田创立的"三老、四严、四个一样"工作要求的背景是,在当初油田建设会战中,大庆采油一厂中四队的一名学徒工由于操作失误,挤扁了刮蜡片,隐瞒不报,这事让队长辛玉和知道了,组织全队在这口井前召开事故分析现场会,进行深入的讨论,从而找到了干好工作的根本。经总结提炼为对待革命事业,要当老实人,说老实话,办老实事;对待工作,要有严格的要求,严密的组织,严肃的态度,严明的纪律。1964 年 5 月,石油部召开第一次政治工作会议,将采油一厂中四队的经验总结提炼为"三老四严"精神,并在全油田加以推广。

如果现在中石油管理层持续倡导并要求下属所有企业持续保持这些优良的工作作风,则不会连续出现石化事故。

有学者[①]对中国企业文化的建设和发展进行了深入研究,发现企业寿命的不

---

① 2013 年 12 月 6 日《第一财经日报》。陈春花:现任闽江学院新华都商学院副院长及创业 MBA 项目主任,同时担任南京大学外聘教授、厦门大学客座教授、北京大学客座研究员、新加坡国立大学现代企业管理课程客座教授、澳洲国立大学国际管理硕士课程客座教授。

同阶段、不同规模、不同治理结构,其企业文化特征是不同的。第一阶段:求生存不讲文化,能活下来就好。第二阶段:老板文化,即老板是什么样的,企业文化就是什么样的。第三阶段:老板往后退,即由管理团队来代表,文化的核心是绩效。第四阶段:员工文化,这时的核心是创新,每一个人都发挥作用,文化才成为"愿景"。

注册会计师了解企业文化是识别财务报表是否存在重大错报的最重要的基础。审计中也发生过企业管理层因其价值观不正确,从事违法业务而出现财务报表重大错报的情况。

例如,某企业申请公开发行证券,聘请注册会计师对其申报期内财务报表进行审计。该企业是纺织印染企业。其基本财务数据,如表7-1所示。

表7-1　　　　　　　　　　某企业财务数据分析表　　　　　　　　单位:万元

	资产总额	借款合计	收入	成本	管理费用	销售费用	财务费用	手续费
年初余额	46 534	14 391	26 925	25 099	2 235	903	1 279	30
年末余额	35 178	6 271	36 249	31 375	2 260	910	759	19

从上述数据可以看出,企业规模不大,但按银行通常以付款金额为基础收取手续费的规定与收费标准分析,以该公司成本与销售、管理费用(三项金额中均不考虑未有资金流动的折旧与摊销等)合计的资金流出估算,其银行手续费明显偏高。经注册会计师追查后发现,企业实际从事了对其他企业出具商业承兑汇票的代贴现业务,即该公司对A公司收到的B公司出具的商业承兑汇票给予贴现(或因当地银行的商业承兑汇票贴现额度受授信规模限制,贴现额度用完之后无法办理B公司票据贴现;或因B公司信誉不佳,银行不同意贴现),收取贴现利息,期后该公司再向银行提出贴现,支付贴现利息,赚取息差。该业务实际是非金融机构从事金融业务的违法行为。赚取的利息差未全部计入财务报表,因而财务报表存在重大错报。注册会计师解除了该项审计业务。如果注册会计师注重了解该公司的企业文化,则一定会察觉到管理层持有"不管是否违法,只要能赚钱就做"的价值观。在这种价值观指导下,必然会出现管理层舞弊导致财务报表存在重大错报的情况。正如马克思在《资本论》中论述资本原始积累时(第一卷二十四章)引用英国工会活动家、政论家托马斯·约瑟夫·登宁在《工联和罢工》一书中的论述:"资本害怕没有利润或利润太少,就像自然界害怕真空一样。一旦有适当的利润,资本就胆大起来。如果有10%的利润,它就保证到处被使用;有20%的利润,它就活跃起来;有50%的利润,它就铤而走险;为了100%的利润,它就敢践踏一切人间法律;有300%的利润,它就敢犯任何罪行,甚至冒绞首的危险。"资本为获取利润,具有天然的违法(即违反会计准则及相关规定)冲动,以致财务报表存在重大错报。

第二节　管理证据

管理证据包括筹资、投资、资金运行、销售和收款、采购与付款、年度经营预算等管理与决策资料。这些证据主要在企业内部生成,但部分是由企业在交易过程中和交易对手共同制作的资料。

管理证据同样难以对某项交易或事项是否存在错报与错报金额提供直接证据,但管理证据是证明某项交易或事项的发生、变化等经营业务过程的证据,是财务报表基础证据。管理证据受经营活动基础证据的制约,从属于经营活动基础证据。

管理证据是企业对经营活动实施控制的资料,制约会计记录、财务报表列报。注册会计师只有获取充分、适当的管理证据,才能对会计记录、财务报表列报是否存在重大错报形成审计结论。因为经营管理与财务业绩是因与果的逻辑关系,没有经营管理的“因”,就没有财务业绩之“果”。财务业绩就是对经营管理过程中产生的权利(资产)、义务(负债)、经济利益的流入和流出(收入与费用)及成果(利润)等,按照会计准则规定的方法进行系统性记录表现。如果注册会计师未获取经营管理证据,就无法了解经营业务结果如何形成,当然也无法判断财务报表列报的财务业绩有无重大错报。

管理证据包括对企业经营活动全部内容与全部过程实施管理的证据。内容较多,本书择其主要部分,如资金管理、资产管理等在以后各节中说明。

第三节　资金管理证据

资金被视为企业生产经营的“血液”,资金运行过程的管理制约着财务业绩的规模与变动。所以,识别财务报表的重大错报风险离不开资金管理证据。注册会计师需要获取筹资活动、投资活动和资金运行管理的相关证据。

一、筹资管理证据

我们先按照筹资管理活动的一般业务流程,列示应存在的证据及证据内容,如表7-2所示。

表 7-2   筹资业务管理证据表

流程	流程内容	证据	证据内容
提出筹资方案	进行方案论证	筹资方案书面文件	1. 预期的筹资额度、筹资方式、利率、期限、资金用途 2. 实施战略性、经济性、风险评估过程与结论等可行性研究内容
方案审批	确定最合适方案	批准筹资方案的文件	筹资决策的筹资额度、筹资方式、利率、期限、资金用途等。债务资金筹资的贷款机构
制定筹资计划	具体筹资计划应当达到低成本、高效率的要求	经分级授权审批制度规定有权核准人员核准的筹资计划书面文本	筹资方式、可接受的最高资金成本及支付方式、贷款机构、期限结构、提供担保的方式与金额
筹资实施	及时、合法筹足资金,按计划使用	1. 借款合同、债券发行说明书、招股说明书 2. 资金入账凭证 3. 还款、利息支付凭证 4. 利息资本化与费用化的分配计算凭证 5. 专门借款支付用于工程建设项目的凭证	1. 借入银行贷款金额, 2. 债券、权益资金认购与实际筹集的资金总额 3. 计提利息计算过程与结果 4. 工程项目占用普通借款金额予以利息资本化的计算过程与结果
评价和责任追究	维护企业信用	1. 延期还款的罚息 2. 违约责任追究报告	1. 延期还款罚息的利率和金额 2. 违约未还款的原因分析,责任落实和承担人,处理措施等

　　上述筹资实施阶段的资金入账凭证、还款及利息支付凭证、专门借款支付用于工程建设项目的凭证,评价和责任追究阶段的延期还款的罚息凭证会直接影响会计记录,属于交易证据。利息资本化或费用化的计算凭证,属于事项证据。这些证据不属于管理证据。

　　注册会计师获取企业筹资方案证据的重要性在于,确定筹资是否表明企业是将扩大生产能力、业务转型、并购其他企业等以实现其发展战略,还是因应收账款不能及时收回或经营亏损导致流动资金短缺而需要补充流动资金。前者是跨几个年度的长期资金投放而需要长期资金(如债券),后者可能是短期的资金需求。业务过程与资金期限如果错配,则经营风险非常大。后者是判断企业能否持续经营的一个重要内容。例如,注册会计师在检查获取的筹资方案证据中了解到企业筹资的主要目的是扩大生产规模,准备向银行借入固定资产专门借款。但在检查借款合同时,未发现企业未能借入固定资产专门借款。此时,注册会计师应当查阅国家信贷政策对此类固定资产贷款有无限制性规定。向银行实施询问程序,了解银行不放贷固定资产专门借款的原因是否为银行已预期到企业产品已经处于产大于销的局面,未来还款能力可能不足而不放贷。注册会计师应当看到,如银行对企业还款能力的预期与企业筹资方案对未来效益的预期不一致,或了解到国家已经发布此类企业产品的产能过剩需要限制投资的政策后,则应当预期到企业借用一般借款建造固定资产本来就会增大短期资金的还款压力,如固定资产建造完成后,产品增产但销售不畅,经营发生困难,导致财务业绩下降,必将进一步增大对管理层的还款压力。因而,可能引发管理层因无力还本,但又需要保持财务报表盈利以符合银行贷款条件而故意漏计、少计应付利息;固定资产实际已投入使用,但故意不结转在建工程,继续进行利息资本化,减少当期损益中利息负担等产生舞弊行为。

注册会计师获取方案审批与筹资计划证据,一是用于检查企业筹资的内部控制运行有效性;二是用于检查企业筹资计划如何将筹资方案转变为谋划的具体行动,包括企业准备向谁筹集资金、如何与出资人协商合理的筹资成本等。筹资计划中还隐含了一个问题,即出资人为何同意向企业放贷。在市场经济条件下,企业并不是随时随地都能筹资到想要的资金的。出资人对筹资企业的还款能力也要进行评估,考虑其出借资金的风险。同时,会要求筹资企业的资产提供担保,包括信用担保与资产抵押、质押。注册会计师应当询问管理层,以了解企业是否向放贷金融机构提供了担保,及是何种类型的担保;企业如未以自有资产提供担保的,则是谁为企业提供了担保,该担保方与企业是否为关联方;企业是否向担保方提供了反担保等。这些证据不会直接对负债的发生额和余额产生影响,但能制约负债发生额和余额的规模、流向和结存。为注册会计师对筹集入账的资金规模、担保资产是否存在潜在的资产风险等作出正确的审计结论提供了不可或缺的依据。如果企业固定资产或股权未设定抵押的金额不足筹资额度需要时,企业仍能筹集到资金的,应是由其他人对筹资企业提供了担保。注册会计师需要注意,如果控股股东是担保人则合乎商业逻辑;如果是自然人且与企业无任何商业往来与股权关系,又无法确认其与企业治理层主要负责人之间存在血亲关系的,需要警惕该自然人是否为未披露的实际控制人。

短期筹资对企业持续经营的风险分析较为简单,不再分析。

注册会计师应当改变对长、短期借款的审计是仅对余额实施审计的观念。必须审核企业为何筹资,筹资规模与企业的发展战略、经营活动规模是否匹配,筹资业务的方案核准、筹资计划的核准情况等筹资业务管理的全过程。只有获取这些证据,将负债的审计观念调整为从企业经营活动整体视角、立足企业经营活动内部控制有效性的基础,去判断筹资业务整体上是否合理,才能对期末余额这一"时点"数据是否存在重大错报看得更清楚,才能得出正确的审计结论。

筹资活动各阶段主要证据的证明内容分析,如表 7-3 所示。

表 7-3　　　　　　　　　　　筹资业务管理证据证明内容分析表

流程	证据	证明内容	证明描述性信息
提出筹资方案	筹资方案文件	业务类型与事实	筹资目的与资金用途筹资资金类型(权益资金还是债务资金)筹资风险分析与评估
		主体	企业财务部门
		发生时间	方案提交日
		发生地点	企业注册地
		金额/数量	预期筹集总额、利率、期限
		业务过程/结果	筹资意图与筹资的战略性、经济性、风险评估过程与结论等可行性研究成果
方案审批	筹资方案核准文件	业务类型与事实	筹资方案经内部控制制度规定履行核准程序
		主体	企业自身
		发生时间	方案核准日,是筹资"交易"的起因日
		发生地点	企业注册地
		金额/数量	核准的筹集总额、利率、期限,是签订筹资合同金额的上限
		业务过程/结果	证明筹资业务履行核准程序的结果
制定筹资计划	筹资计划文件	业务类型与事实	按照核准的方案确定准备实施筹资业务总体框架包括,筹集的资金类型、对象、方式
		主体	企业自身
		发生时间	筹资计划提交日(早于筹资业务合同签订日)
		发生地点	企业注册地
		金额/数量	筹集总额、利率、期限
		业务过程/结果	实施筹资方案,可预期具体筹资业务开始发生
筹资实施	1. 借款合同 2. 债券发行说明书 3. 招股说明书	业务类型与事实	确定具体的出资对象,出资承诺、出资方式,约定双方权利义务
		主体	企业与出资人
		发生时间	筹资合同签订日

（续表）

流程	证据	证明内容	证明描述性信息
筹资实施	1. 借款合同 2. 债券发行说明书 3. 招股说明书	发生地点	通常为出资人所在地签订合同[注1]
		金额/数量	筹集总额、利率、期限
		业务过程/结果	表明筹资业务发生过程
评价与责任追究	延期还款的罚息、违约责任追究报告。[注2]	业务类型与事实	1. 所筹资金实际使用是否与借款合同等筹资文件约定相符 2. 还本付息是否违约 3. 发生挪用、违约等责任落实与处罚措施
		主体	企业自身
		发生时间	难以确定具体日期
		发生地点	企业注册地
		金额/数量	还本付息总额
		业务过程/结果	——

【注1】筹资活动地点较为复杂。国内银行借款通常在银行所在地。发行债券的地点应当在发行地，但发行地可能不唯一。权益资金筹集通常在企业所在地，但公开发行权益性证券的地点与债券发行相同。

【注2】还本付息、延期还款罚息证据属于直接影响会计记录的证据，不在本项内容中研究。

上述提出筹资方案、方案审批和制定筹资计划各个阶段的证据，从来源分，均属于内部证据。从证据种类分，是书证。这些内部证据并不直接影响筹资业务的会计记录，包括科目发生额和余额。但这些证据制约着会计记录的发生额和余额及资金实际用途，是审计测试筹资业务相关科目余额的重要间接证据。它们与借款入账凭证、还本付息凭证、函证回函等构成筹资业务的证据链，对筹资业务全过程进行客观描述。注册会计师应当收集这些表明筹资业务的发生、变化和结束过程的全部证据后，才能对筹资业务相关科目的发生额和余额作出正确的职业判断结论。

注册会计师如果不收集筹资业务的全部证据，就不能对企业筹资业务相关科目的发生额和余额的各项认定是否存在重大错报作出正确的判断。

二、投资管理证据

投资活动包括对外股权投资、固定资产投资、证券投资和金融衍生品投资等。投资活动是企业基于盈利目的的经营活动，也是现代企业实施发展战略的主要手段。例如,为控制产业链的上下游企业而进行的股权投资(包括企业合并)与证券投资、为扩大生产能力或提高品质量而进行的固定资产投资,意图继续保持市场竞争优势。又如,为控制成本风险而进行的对原料采购(含所支付的外汇)、销售商品(含所受到的外汇)开展的套期保值等。投资成本的补偿需要通过经营活动获得。

股权与证券投资活动属于"交易"。这类投资活动最主要的特点是,企业将自身资产的使用权能让渡给他人,从而取得相应的收益权能并获取收益。投资活动与筹资活动的特点相反。所以,证据也不同。具体的对外股权投资、证券投资和金融衍生品投资业务属于"交易"范畴。该等证据不属于本节内容范围。

固定资产投资活动属于"事项"。固定资产投资活动中,投资活动不需要有交易对手即可完成,所以固定资产投资的决策、实施、验收等投资全过程的证据主要是在企业内部发生。固定资产投资活动中购买设备、材料、委托施工等属于"交易",该等证据也不属于本节内容范围。

与资产管理证据相同,投资管理证据从来源分,是内部证据。从证据种类分,是书证。从证据能否证明某项交易或事项的错报情况分,是间接证据。以下对投资管理证据的分析主要是对股权投资与固定资产投资管理证据进行分析。

我们先按照投资管理的一般业务流程,列示应存在的证据及证据内容,如表7-4所示。

表7-4　　　　投资业务管理证据表

流程	流程内容	证据	证据内容
提出投资方案	进行方案论证	投资方案书面文件	投资目的、投资规模与时间、预期收益
方案审批	确定最优方案	经授权的人员核准的文件	核准的投资规模、时间、投资方式
编制投资计划	确定具体投资计划	经分级授权审批制度规定有权核准人员核准的筹资计划书面文本	确定投资对象及金额、投资时间、投资进度、取得的权利与资产的管理措施等
实施投资[注1]	交付资产或资金取得权利或资产	1. 交付投资资产凭证 2. 取得权利或资产的凭证 3. 取得投资收益	交付货币资产与非货币资产、取得权利资产等投资管理过程内容
资产处置[注1]	处分资产,取得收益	1. 核准处置的文件 2. 资产评估报告 3. 资产交付与收款凭证	资产名称、规格、数量,处置核准时间与处置价格,处置资产缴付与接收,收到的处置对价

【注1】实施投资与处置资产的证据属于"交易"性质的证据。为了完整说明投资管理各阶段业务内容,所以在此一并列示。

上述实施投资阶段中交付资产凭证、取得权利资产的凭证、资产处置阶段中的资产交付与收款凭证等会直接影响会计记录，属于直接影响会计记录证据，不属于管理证据。

（一）股权投资管理证据

股权投资管理证据中最重要的是投资决策、取得收益权利、处置权能三类管理证据。这三类证据之所以重要是因为证据描述了企业为何投、如何管与为何处置的客观事实。我们之所以称"最重要"，是因为：从"为何投"分析，企业作为理性的经济人，投资能否获得预期效益是其决策的唯一依据。投资决策时依据预期效益的实现方式与程度（如准备长期持有以获取股利，还是短期持有意图获取出售收益）决定投资方式与后续投资收益的实现方式。

从股权投资来说，注册会计师获取投资管理证据一是为了分析被审计单位投资目的。即"为何投"，包括企业如需要控制其重要的生产经营业务环节（如零部件供应或销售渠道）或主要利润来源的被投资单位（如当下的房地产企业）的，则持有被投资单位的股权比例会超过50％，处于控制股东地位。企业如准备业务转型或多元化投资的，则会向别的行业投资［这种投资可能是控制被投资单位（借壳）以实现转型或上市，对被投资单位有重大影响］。注册会计师获取的投资管理证据表明，被审计单位实施长期股权投资决策前未进行充分的可行性研究而盲目投资，或将股权投资视同金融资产投资（如企业自身并无对被投资行业企业的经营管理经验，投资后又交原管理层承包经营，形成"对赌协议"）的长期股权投资，则可预期其投资收益不具有持续性。从而非常可能发生管理层隐瞒或虚增投资收益的舞弊情况。

例如，媒体披露[①]，柳州两面针股份有限公司（600249）生产的两面针药物牙膏（中药）曾是与高露洁、佳洁士等洋品牌三足鼎立的"本土牙膏第一品牌"，是知名度非常高的民族品牌牙膏。

2004年上市，当年该公司实现营业收入5.69亿元，其中销售牙膏收入2.93亿元，占51.48％。2006年之后，两面针牙膏开始走下坡路。2007年牙膏销售收入骤降至1.78亿元，2013年销售额仅为0.79亿元，市场份额不足1％。净利润为－1.09亿元。在牙膏销售一路下滑、主营产品销售受阻的情况下，该公司开始业务转型，盲目投资房地产、造纸行业等自身主业关联度低且没有技术、市场、人才、管理等资源的行业，实施多元化战略。为业务转型的资金需求，该公司从2007年

_____

① 2015年8月10日《中国经营报》。

开始持续抛售其持有的中信证券股票,据统计,从 2012—2014 年的 3 年中出售中信证券股票就获利 5.25 亿元,还不包括收回的投资成本。出售股票筹集如此巨额的资金用于投资未能获得收益。截至 2013 年公司净利润亏损 1.09 亿元,其中纸业亏损 0.55 亿元,房地产亏损 297 万元。2014 年,其另一个业务三氯蔗糖亏损 0.36 亿元。多元化投资失败。

从"如何管"分析。投资行为一旦按预定目的实施后,其效益除受投资决策(即投资方向与类型)影响外还受被投资企业所处客观环境、经营决策等制约。投资方参与被投资单位进行有效管理是保证持续取得预期效益的唯一手段。所以,投资者在决策时,一定会考虑其有无能力(如是否具备对被投资单位业务的经营管理经验和合适的管理人才)参与管理。管理能力是实现预期效益的手段,对实现预期效益起到辅助作用。

注册会计师应当获取企业对被投资单位派驻董事会的成员名单、董事会议事规则、被投资单位董事会会议记录与决议、定期财务报表、年度财务报告等证据(这些资料也是证实投资方对被投资单位存在"重大影响"或"控制"的证据)。获取这些资料既可以证实投资方对被投资方具有重要影响或控制,又能了解被投资单位的经营业绩,投资方与被投资单位之间的商品、劳务交易和资金往来规模、余额等业务信息,注册会计师可以判断投资方投资收益、减值准备等会计记录是否存在错报。再者,可以印证被投资方业务内容、与投资方业务之间关联程度等原先了解到的投资决策是否实现、是否真实。

就投资方对被投资方存在"控制"而言,一般都具有投资管理方面的资料。

就投资方对被投资单位经营决策能产生重大影响而言,审计实践中也遇到有些投资企业对被投资单位采用权益法核算进行后续计量,但投资企业无法取得被投资单位的董事会决议、财务报表等资料的现象。造成这一现象的原因包括被投资方因股东之间产生严重分歧而无法召开董事会会议,也不给投资方财务报表、被投资单位严重亏损而已经处于停业状态等。这属于被投资单位经营管理问题,是投资方按权益法核算中的例外情况。而有的投资企业是自称因持股比例达到权益法核算的规定,但又无法获取被投资单位的财务报表与董事会决议等资料。从投资企业对被投资单位经营决策的影响程度而言,就没有证据表明其对被投资单位存在"重大影响",被投资单位在此情况下仍采用权益法进行后续计量应属于错报。从证据角度分析,被审计单位管理层的唯一证据是股权比例达到可以采用权益法核算的规定,但没有其他证据可以印证其对被投资单位经营决策有"重大影响",也就是没有充分、适当的证据支持其在此情况下继续按照权益法核算,即"计价与分摊"认定是正确的。

从为何处置分析。虽为何处置与为何投资相反,但同样需要分析的是,企业处置投资的目的是否因投资效益差,未达到投资决策时预期的效益,或企业准备转型,不再从事原有业务,所以也不需要控制上下游企业等实际原因。只有充分了解了处置股权投资的实际原因,才能对处置价格的公允性作出恰当的判断。

注册会计师对长期股权投资的审计,不能是简单地分析股权比例与后续计量核算方法两者是否合适、检查会计核算有无错报等实施细节测试。而是要针对长期股权投资后续计量方法、投资金额的增加、减少等会计记录的变化,与获取的投资决策、投资方案等证据并相互分析、印证,才能识别一些可能表明存在重大错报的异常情况。例如,持有股权比例未达到控股程度但控股,且又没有一致行动人,持股比例达到控股程度但不控股。或企业持股比例不变,派驻董事会的成员减少,导致从控股变为不控股或相反等。审计中也发现过某单位对被投资方的投资成本、持股比例并没有发生变化,但董事会成员增加了1名,达到占多数的情况(原本是3、2、2后为4、2、1)形成了控制,并编制合并财务报表。此种情况正是民间百姓所问的"为何别人买的鞭炮送给你放?"不合商业逻辑。但被审计单位又无法给出合适的商业理由,且坚持要编制合并财务报表。注册会计师应当警觉这一变化是否存在未向注册会计师提供的"桌下协议",意图隐瞒某些不正当的利益输送。

审计实践中也遇到过即使持股比例达到对被投资单位有重大影响的程度,也不派员参与管理;或持股比例没有达到对被投资单位有重大影响的程度,却派员参加董事会;或持股比例小,但向被投资单位委派主要负责人;被审计单位借口被投资单位按"股东自治原则",按约定比例而非通常的按持股比例分派股利等情况。这种"投资少,但收益大"或"投资大,但收益小"的不正常现象的实质非常可能存在不正当的利益输送。不正常利益输送的另一种现象是,有的外商投资企业持续亏损但外方投资者不断追加投资的不正常情况。从"为何投"分析,是外方投资者意图利用我国低成本的生产优势获取利润;从"如何管"分析,则是利用"转移定价"手法和支付未提供服务的"服务费""咨询费"等从我国境内转移企业利润,同时逃避税收。注册会计师需要注意前述的异常现象背后存在的潜在的审计风险。

所以,注册会计师在审计长期股权投资时,应当获取上述投资管理证据,了解"为何投""如何管"与"为何处置",才能识别股权投资中可能存在的因舞弊导致的重大错报迹象。

(二)固定资产投资管理证据

与股权投资一样,固定资产投资管理证据中"为何投"和"如何管"也是重要的证据。

从"为何投"分析,通常情况下,企业为扩大销售,增加产品数量而进行的固定资产投资前,一定会对产品进行了充分的市场调查、分析技术进步导致产品更新换代的可能性、有无必要的资金来源以保障固定资产按时建造完工等影响投资效益的因素。固定资产投产后的销售收入、品种变化证据等能印证"为何投"是否实现。如未经调研盲目投资的,则经过几年的建造,固定资产完工投入生产时,就可能出现产品销售受阻或产品被淘汰等情况,预期通过新增产品数量销售收回投资成本和实现效益的意图肯定无法实现。此时,非常可能出现"胡子工程"(即长期未完工又不断追加投资额。此种情况下,部分设备可能已经存在减值迹象了)。注册会计师在识别在建工程长期未完工,但企业又没有计提减值准备的不正常情况时,应当获取投资决策管理的相关证据,以判断工程长期未能完工是否因投资决策失误所致,未完工程中的设备是否存在减值迹象,需要计提减值准备。

从"如何管"分析,因当今新技术发展迅速,企业投资构建的固定资产往往是采用新技术的资产。企业通常会对新的固定资产投入使用而制定相应的操作规程、对操作工人进行必要的培训、定期实施的维护保养工作制度等。通过实施必要的管理手段来保证投资的固定资产实现持久的预期效益。注册会计师应当获取这些企业内部制度规定,测试这些制度是否得到有效执行的相关证据。测试中未能获取制度规定,或制度规定未能有效执行的证据,则可判断这些管理手段跟不上,预期使用年限会减少。这类证据可以辅助判断企业确定的固定资产预计使用年限是否适当。

注册会计师在对本年新增的固定资产进行审计时,不能仅测试与获取资产确认时的初始计价和折旧(后续计量)、期末资产是否存在等细节证据,而是要从财务报表整体角度分析为何新增固定资产,固定资产投产后其预期效益是否实现,用短期资金建造固定资产与固定资产投资回收期(预计使用年限)错配产生的不能及时清偿债务的风险等各种因素的影响,获取相关证据。这样才能识别与固定资产相关的财务报表列报是否因管理层舞弊而存在重大错报。

(三)金融衍生品投资管理证据

除国有及国有控股企业外[①],并无法律规定企业不能从事该项投资。企业从事与自身业务内容、规模相适应实物套期保值,是企业控制风险的正常商业行为。除此以外,以投机目的从事的金融衍生品业务产生的风险可能导致企业倒闭。

---

① 国资委负责人在就国有及国有控股企业执行《关于进一步加强中央企业金融衍生业务监管的通知》(国资发评价〔2009〕19号)有关问题时说,通知的实质包括:一是要求中央企业对已经开展的所有金融衍生业务,包括期货、期权、远期、掉期及其组合产品(含通过银行购买境外机构的金融衍生产品),进行全面彻底清理。二是要求企业审慎开展金融衍生业务,对已开展或拟开展的金融衍生业务提出明确的规定和具体要求,切实有效管控风险。三是要求从事金融衍生业务企业建立定期报告制度,与国资委建立日常工作联系。四是明确管理责任,对违规经营或发生重大损失的将依法追究相关责任人的责任。

套期保值与投机是在不同的企业价值观背景下开展的业务。套期保值是基于稳健经营理念,出于成本风险控制需求,承担对投资者等利益相关方责任的经营业务行为。而投机是管理层以获取短期利益为唯一目的,不考虑企业的持久经营和对利益相关方的责任的"赌博"行为。

1. 套期保值

《企业会计准则第 24 号——套期保值》第十七条(一)款规定,在套期开始时,企业对套期关系(即套期工具和被套期项目之间的关系)有正式指定,并准备了关于套期关系、风险管理目标和套期策略的正式书面文件。该文件至少载明了套期工具、被套期项目、被套期风险的性质以及套期有效性评价方法等内容。套期必须与具体可辨认并被指定的风险有关,且最终影响企业的损益。这项规定实质是要求注册会计师必须获取表明套期关系、风险管理目标和套期策略的证据(即属于按经核准后的投资方案编制投资计划的证据),将这些证据结合会计记录一起分析,才能对企业会计记录是否存在重大错报作出正确的判断。

2. 投机

要获取证实企业出于投机目的而从事金融衍生品业务的证据,必须按获取"反证"的思路考虑,对获取的套期保值证据进行分析,识别企业从事的金融衍生品投资是否属于真实的套期保值。如果不能证明企业该项金融衍生品业务属于套期保值,则能够判断企业是出于投机目的而从事金融衍生品业务。因为从企业经营角度分析,设立企业的宗旨应当是持续从事某一类业务,即主营业务(生产制造产品或提供工业性劳务)而获取持久的利润。投机目的是为了获取偶然、高额的利润,与企业设立宗旨不符,是一种"不合法"的行为。对不合法的行为,任何法律法规、会计准则及其他相关规定都不会列示该等行为应遵循的规范性要求,所以也不可能获取相关的"本证"。

(四)债权投资管理证据

债权投资是将自身资金使用权按让渡给他人的投资。购买债券,可以获取持有债券的证据、出借资金可以获取借款合同和付款凭证、对方收款收据等证据。这里同样需要获取投资方债权投资的投资决策证据,以了解企业向谁,为何种目的的投资。这些证据同样不直接影响债权投资的会计记录,但对判断债权投资的可收回性与收益率有重要作用。读者可参照前述股权与证券投资的证据分析进行理解。

(五)减值准备证据

投资活动相关的证据还应包括非流动资产减值准备证据。识别资产减值迹象,估计减值金额活动,属于"事项"。识别减值迹象、估计减值金额与投资活动既有联系,又有区别。这一联系是指,资产发生减值是基于资产投资活动,没有投资,就不会发生减值。所以,识别减值迹象需要获取的证据包括从投资决策证据开始,后续的投资过程、投资管理等相关证据;区别是指,投资需要耗费人、财、物等资源,形成历史财务信息,而估计减值金额是对投资所消耗各种资源形成的在资产负债表日后收回可能性的判断。所以,估计减值金额证据包括资产现金回收金额证据。

估计固定资产与长期股权投资减值准备金额,应当按照《企业会计准则第8号——资产减值》的规定获取相关证据。估计债权投资减值准备金额,应当按照《企业会计准则第22号——金融工具的确认和计量》的规定获取相关证据。

资产发生减值往往是投资失败的证据(当然需要排除金融危机等系统性风险造成减值的情况)。投资失败又与投资决策相联系,是当初投资决策失误造成了现今投资亏损而投资成本无法收回。所以,要判断被审计单位投资的减值准备是否需要计提、是否计提足额,则需要结合投资管理证据一起分析才能判断(如对产能严重过剩行业的股权投资、债权投资,这些行业内的企业自身固定资产投资等计提的减值准备)。

投资活动各阶段主要证据的证明内容分析,如表7-5所示。

表 7-5　　　　　　　　投资管理证据证明内容分析表

流程	证据	证明内容	证明描述性信息
提出投资方案	投资方案文件	业务类型与事实	投资目的、规模、对象、方式
		主体	企业相关部门
		发生时间	方案提出时间
		发生地点	企业注册地
		金额/数量	预期的出资金额、预期的收益额
		业务过程/结果	表明投资意图,可行性研究过程与结果
方案审批	投资方案核准文件	业务类型与事实	投资方案经内部控制制度规定履行核准
		主体	企业董事会或股东会
		发生时间	方案核准日
		发生地点	企业注册地
		金额/数量	核准的投资总额、对象、方式等
		业务过程/结果	证明投资业务履行核准程序的结果
制定投资计划	投资计划文件	业务类型与事实	按照核准的方案确定准备实施投资业务总体框架
		主体	企业自身

（续表）

流程	证据	证明内容	证明描述性信息
制定投资计划	投资计划文件	发生时间	投资计划提交日（早于投资合同签订日）
		发生地点	企业注册地
		金额/数量	投资总额、期限、预期效益
		业务过程/结果	投资业务框架，可预期投资业务开始发生
投资实施	1. 投资合同 2. 出资资产交付证明	业务类型与事实	确定具体的投资对象，双方权利义务，出资资产交付
		主体	企业与被投资方
		发生时间	投资合同签订日（起因日）、投资资产交付日
		发生地点	通常为投资人所在地[注1]
		金额/数量	实际出资额，非货币资产数量、规格
		业务过程/结果	投资过程与完成
资产处置	处置核准文件	业务类型与事实	资产处置发生的事实、已履行核准程序
		主体	企业自身或上级主管机构
		发生时间	处置文件核准日
		发生地点	企业注册地或上级转机构所在地
		金额/数量	核准处置的资产数量、规格
		业务过程/结果	资产处置开始发生

【注1】也有可能在企业分支机构所在地交付非货币资产。

三、资金运行管理证据

资金运行管理证据包括全面预算、采购资金、储备资金、生产资金和销售资金环节等业务管理证据。

资金运行是指自筹集的资金进入企业开始，通过采购原材料、组织生产、进行销售后回收资金的过程。这些生产经营过程中，不同阶段占用的资金分别称为采购资金、储备资金、生产资金和销售资金。

本节内容主要分析全面预算管理证据。有关采购资金、储备资金、生产资金和销售资金的证据将分设各节予以分析。

（一）预算概念

《企业内部控制应用指引第 15 号——全面预算》第二条对全面预算给出了定义[①]，即企业对一定期间的经营活动、投资活动、财务活动等作出的预算安排。

我国原有的预算，是指财政部门对国家机关一定时期内资金收支的预先安排。预算的"事先性"是其最大的特征。企业全面预算是借用了财政部门对资金收支作出预先安排的手段，以控制企业权益资金与债务资金的流向和规模。因此，需要将全面预算的含义进行细化。本书所指的全面预算，是指企业对某一时期的经营活动、投资活动与财务活动等资金流向与规模作出的预先安排。

（二）预算的作用

全面预算是对企业营运资金实施整体管理的主要手段，所以，全面预算就是注册会计师应当获取的资金运行整体管理证据。

全面预算包括筹资、投资与资金日常营运三大部分。筹资与投资的证据分析已在前面说明。所以，这里所说的全面预算，主要是资金日常营运（营运资金）的内容，主要分析营运资金证据。

企业营运资金预算通常分为销售预算、生产预算、材料采购预算、人工预算、成本预算等明细预算。这些明细预算也可称为经营预算或营运资金预算。

营运资金预算是企业管理中最重要、最有力的手段。只要资金控制住了，企业经营风险、管理层舞弊风险就基本控制住了。正合了人们常说的"预则立，不预则废"的生活经验。有经验的会计人员都知道，只要现金、银行存款、其他货币资金的日记账不乱，其他分类账再乱，也是可以理清楚的。如果货币资金乱了，这本账是无法理清楚的。这就解释了资金管理的重要性。审计中同样如此，将货币资金的来源、去向、结余审清楚了，财务报表也可以审清楚。

注册会计师检查企业营运预算证据就可以建立对财务业绩的预期。例如，检查营业收入及营业收入中现金流入的预算，就可建立对利润表中主营业务收入的规模、现金流量表中销售商品、提供劳务收到的现金项数值建立起预期值。同时，将预算与上期实际数值相比较，可以分析企业治理层确定的计划是否过于激进，其实现的可能性有多少，从而判断管理层承受的经营压力是否会引发其舞弊的故意。所以，营运资金预算证据可以作为一个参照系（不是唯一的），供注册会计师在分析财务报表整体风险，特别是对营运资金周转情况判断时印证或参考。但目前审计

---

① 该定义中被定义项的"预算"概念（即全面预算中的预算）与定义项中的"预算"重复（即预算安排中的预算一词），出现了用"预算"解释"全面预算"的同一内涵循环的现象（全面预算中的"全面"是预算概念的外延）。

人员普遍不重视获取企业营运资金预算证据,对资金流动的来源、去向及规模不清楚,难以识别财务报表各项目的内在联系。在对财务报表整体是否存在重大错报风险作出职业判断的结论时,难以做到自身心中"深信不疑"。

（三）预算证据

从企业编制与执行预算的全过程分析,预算包括预算的编制、审批、下达,指标分解与落实,预算执行控制,执行情况分析及预算调整几个环节。

预算编制、审批、下达三个环节在预算执行控制之前,是预算内部控制审计中的重点环节。因本书是讨论财务报表审计中的证据问题,所以不再重点分析预算的编制、审批和下达三个环节的技术性内容。

营运资金管理证据中必然涉及的各种资产,如货币资金、原材料、在产品等的各项实物流转证据,这些证据也已在前文分析过,所以也不再分析。

这里主要分析企业预算作为一项审计证据,如何印证企业资金运行的"合规性",注册会计师如何判断执行结果与计划的差异是否反映了管理层舞弊的迹象。

《企业内部控制的基本规范》将全面预算作为重要的风险控制手段之一。第三十三条规定,企业应当实施全面预算管理制度与强化预算约束。可以说,经履行相关程序批准后下达的预算,就是企业日常资金收付,特别是支付业务的"法规"。如果企业对外支付了预算内没有列明的款项或支付金额大大超过预算金额,则从企业内部控制角度来说,是管理层的"违规"经营行为。而管理层侵占资产的舞弊行为往往表现为"违规"支付钱款或交付资产,故意规避预算约束。所以,预算不直接影响会计记录但会对会计记录产生制约作用。

将预算视为审计证据,用预算证据来印证会计记录中资金流向、金额,判断管理层相关认定是否正确,是注册会计师的一种内心确认。本书第三章"证明"中已经说明证据的取舍、证据的证明力和证据对案件事实的认定等证据制度,是由法官按照自己的良心、理性形成内心确信,对案件自由评判的一种证据制度。自由是指法官凭借"良心"和"理性"去判断证据,不事先设定任何限制和束缚。法官通过对证据的审查判断所形成的那种内心信念为"心证"。当这种"心证"达到深信不疑或者排除任何合理怀疑的程度,便成为"确信"。同样,注册会计师对企业实际支付了预算中未列明项目或远超预算金额的款项是否表明管理层舞弊导致的特别风险的判断,也是注册会计师基于自身职业道德观念、风险控制意识进行的一种"心证"。如果注册会计师具备较强的风险控制意识,则会将预算视同企业营运资金收付的"法规"对照检查支付的款项是否与预算规定相符,以识别管理层舞弊迹象。反之,则不会将预算作为审计证据,也就不会去检查支付的款项是否有预算规定,也难以识别管理层舞弊迹象。

与预算对经营风险的事先控制功能对应的重要风险控制手段是营运资金运行结果分析,包括对生产、采购与销售资金等运行分析。注册会计师需要获取被审计单位营运资金预算执行情况分析证据。营运资金预算执行情况分析证据就是营运资金预算执行情况分析报告。注册会计师获取营运资金运行分析报告证据就能识别和判断资金实际运行是否受到有效控制。注册会计师检查预算执行情况分析报告中主营业务收入、销售商品与提供劳务实际收到的现金数值与预算值是否有重大差异,从而印证当期营业收入与利润是否存在重大错报。

从证据种类说,预算是书证。按证据来源分,预算是原始证据。按举证责任分,预算是本证。按对财务报表错报的证明能力分,预算属于参考证据。预算证据的证明内容分析,如表7-6所示。

表7-6 预算证据的证明内容分析

项目	证据描述性信息
业务类型与事实	预期的收入来源、支付项目名称、支付事由与金额
主体	企业内各部门、经办人等责任主体
发生时间	指定时期
发生地点	企业注册地或分级机构所在地
金额/数量	收入金额与支付金额
业务过程/结果	反映资金收付过程与资金存量

(四)预算调整

预算作为一项计划,实质上是对企业未来一定时期内资金周转的估计。凡是估计,总会与实际产生差异,因此,预算调整是预算执行中必然遇到的问题。预算编制中最难准确估计的是销售收入收回的资金。因为,企业销售产品、提供劳务是受市场变化的制约,不是管理层主观愿望能控制得了的。企业在编制预算时,难以掌握全面的市场信息、产品信息,所以对销售收入难以做到准确估计。并且,应收账款的收回又需要债务人的配合,债务人自身的资金状况也会影响企业收回销售资金。企业管理层通常会调侃说"计划变滑稽"或"计划不如变化快"。

预算调整中经常发生和主要调整的内容是营运资金流入金额的调整。例如,《经济观察报》2015年6月5日报道,根据中国汽车工业协会给出的销量数据,1~4月我国汽车累计销售814.48万辆,同比增长2.77%,这一增速比上年同期下降了6.30个百分点;在乘用车方面,1~4月累计销售697.39万辆,同比增长 7.67%,但这一增速比上年同期下降了 2.78 个百分点。国内汽车厂商在 2014 年年末制定的 2015 年的增产计划,在 2015 年开局就遇到汽车销售下滑的不利局面,只能调低销售计划。这些汽车企业的营运资金流入的预算金额必然要进行调整。

资金支付是掌握在企业自己手中的,因此,预算对支付具有刚性,即无法随意调整支付项目与减少支付金额。注册会计师如发现预算支付中存在随意性或与预算规定的项目内容、金额差异很大,则应当保持警觉,分析这种情况是否为预示管理层存在舞弊的迹象。

注册会计师应当获取与检查营运资金预算调整证据。营运资金预算调整证据包括预算调整报告和预算调整核准文件。《企业内部控制应用指南第 15 号——全面预算》第十四条规定,预算调整应当履行严格的审批程序。未经批准不得调整。注册会计师应当关注预算调整的审批程序与预算原核准程序是否相同。

注册会计师在检查营运资金预算调整报告时,应重点关注调整报告中的调减营运资金流入金额及调整债务资金情况。如当企业销售收入回收的资金金额不如预计规模,需要调减营业收入的资金流入预算值,而生产又不能停工,人员工资、原料成本、各项费用又要支付的情况下,注册会计师应当分析企业营运资金何处来。如增加银行借款的则其担保如何解决;如拖欠供应商的款项则供应商为何仍愿意在被拖欠货款的情况下供货等一系列问题需要分析并获取证据。

注册会计师还需要分析在营运资金支付方面是否存在因支付款项的内容未在预算内列明,或远超出预算规定的总额而需要调整支付预算等异常情况。注册会计师需要考虑管理层为何敢于突破,治理层又如何监督等问题。这些分析结论对注册会计师作出会计记录是否存在重大错报的结论不可或缺。这些证据也是营运资金审计证据的重要组成部分。

经营预算在国有及国有控股企业内已全面实施。但因企业规模的不同,大型企业实施与执行情况较好,小型企业较差。民营企业的实施情况尚不清楚。大型外资企业中普遍实施其执行情况较好。企业管理层对预算的重视程度是预算实施与是否严格执行的决定性因素。造成国内企业管理层不重视预算的原因可能包括:一是我国内部控制制度颁布时间较短,治理层尚未意识到其重要性,对预算控制经营风险的作用认识不够;二是中国农耕文明的深刻影响。靠天吃饭与听天由命的意识根深蒂固,认为风险无法预测且无法逃脱。这阻碍了治理层对内部控制的基本功能,即要求管理层通过对经营活动的有效控制去实现可预期的结果的理解。经营风险虽是企业无法规避与控制的,但可以通过对经营活动过程去实施控制,去减轻损失。那为什么中小型企业的预算制度实施情况较差呢? 这是规则意识不强的原因形成的。如果规则意识强则预算实施同样会严格。审计中存在这样的案例。一家规模不大的外商独资企业,总经理乘坐的公司轿车需要支付修理费,但年度预算内没有列入该车的修理费内容与金额。财务人员不予支付。总经理向国外董事长说明车辆需要修理的情况,要求支付修理费。董事长回复,预算经董事会讨论通过不可变更。确实需要修理的,修理费自理,或明年列入预算后支付。如果因车不能用,需要乘坐出租的,出租车费自理。这一情况在国内企业是不可想象的事情。另有一家中等规模的上市公司(中外合资),临近月末,总经理就告诉财务人员其估计的本月利润金额及月末银行存款余额。如果财务人员结账后编制的利润表中利润金额与其估计数差 5% 以上的,应当有差异原因详细分析的书面报告,银行存款余额同样如此。总经理能先于财务人员知晓当月利润与银行存款余额的原因在于企业执行预算严格,在临近月末,总经理依据前 3 个星期的销售品种与数量,按预算得出原材料的耗用金额,按工资预算得出工资金额,按水电费等预算得出能源消耗金额等,总经理再按上述各项金额与按其他费用、折旧与摊销预算的加总计算就可以算出预计销售成本。同时,总经理依据银行存款中当月前 3 个星期的实际收入和最后一个星期的预算收入金额,估算得出当月的销售收入,从而计算估计的利润。如果预算执行是随意的,则总经理不可能早于财务人员结账与编制报表知晓利润金额。

第四节　采购资金管理证据

采购资金管理证据,实际是采购业务管理证据,包括采购业务中的请购单,存货储备中的入库、出库单等,生产业务中的领用单、成本计算分配单等证据。这些证据既表明其资金特征,又表明其物质特征。本书已在自制原始凭证部分对这些证据进行了分析。参见相关部分内容。

采购合同证据与销售合同、投资合同、筹集合同证据等一并在"(九)合同管理"部分予以分析。

采购业务管理证据中的重要证据包括合格供应商名单、采购定价证据、预付账款与定金、与供应商对账等证据。

一、采购业务流程与证据

采购业务流程与证据,如表 7-7 所示。

表 7-7   采购业务流程与证据

流程	流程内容	证据	证据内容
采购计划	按销售计划、生产能力、储备数量估计	采购计划文件	主要供应商、采购品种、总数、时间、单次采购量、采购资金总量等
确定合格供应商	对供应商的供货能力、质量、数量等评估	合格供应商名单及评估文件	1. 合格供应商的条件及获取的资料、评估过程 2. 确定的供应商名称、类别、行业、主要产品等
采购	商议采购合同条款	销售合同	品种、规格/型号、数量、单价、交货时间与地点,采购金额
交付货物	接收采购物资	入库单、发票、验收单	收取货物的品种、规格/型号、数量、时间、地点、验收结论
付款	付款提示与催收票据管理	付款银行凭证或商业票据及记录	1. 银行付款凭证 2. 票库付款的,包括凭证编号、票面金额、票据日期、出票人、前手等
采购退货	退货争议及解决结果	退货出库单、换货出库单	退回单位、品种、规格/型号、数量、原因、退回日期、对方收货日期
核对账目	确认期末负债金额	往来函电	应付总额、已付金额、未付金额、信用期内金额、违约日期与违约金额

上述业务环节中,采购、交付与付款是采购交易。为了完整说明采购业务管理证据,所以一并列示。

二、合格供应商名单

确定合格供应商名单是企业供应链管理的重要环节,也是产品质量的重要保证措施之一。合格供应商名单也是注册会计师判断应付账款中明细客户真实性和余额合理性的重要证据。

合格供应商是指对供应商进行的供货(劳务)的质量、价格、供货及时性、供货条件与资信等内容评估后确定的名单。客户真实性是指列入供应商名单的客户一般来说是主要供应商,会持续向企业供货,所以,在应付账款明细账中会存在多年且期末余额可能较大。如果企业在被审计年度出现一个向企业供货量大,且合格供应商名单中没有记录(也就是没有履行评估程序)、期末余额又较小的供应商,注册会计师对此应当保持警觉,需要进一步了解该客户是否为未披露的关联方或潜在未识别的关联方,或管理层因舞弊需要而故意设置的、用于某种舞弊目的的客户。防止未识别管理层利用这一客户进行虚假采购,同时销售给另一这类客户,以实现其循环确认销售收入的舞弊目的。注册会计师在测试期末大额预付款余额时,需要检查该客户是否列为合格供应商。因为,企业对合格供应商的预付款或定金是正常现象,而对没有经过评估就确定的供应商支付预付款,或大额预付款就属于异常情况。因此,对此应当保持警觉。

三、采购定价证据

采购定价是指确定采购方式、进行比价与确定价格的过程和结果。在采购方式方面,企业一般对大宗原材料或劳务采用招标采购的方式采购,其他商品或劳务采用协议采购或谈判采购的方式采购。比价方面,采用招标采购方式通过竞价方式得到合适的价格或直接依据企业周边市场价格确定采购价格。比价时,因大宗原材料使用量大,企业通常考虑降低采购成本,不考虑供应商的地理半径,而其他商品或劳务使用量相对较少,企业在降低采购成本时,通常会考虑采购半径,查询企业周边市场的价格。

采购定价证据是注册会计师对原料入账金额公允性进行测试时的一个重要证据。下面分析审计实践中遇到的一个案例。我国中部地区的某省有一家生产卫生用品的企业申报 IPO,该公司资产总额约 9 900 万元,其中主要设备为进口设备,原值 4 500 万元。销售收入约 2 900 万元。产品技术含量较低,利润为 24 万元。注册会计师对其财务报表实施了分析程序。分析后得到总资产周转率为 0.3。按注册会计师的经验,一般制造业企业如此之低的总资产周转率,通常是亏损的。因此,对其财务业绩存在疑虑。经过深入调查与了解,最终发现该公司的主要原料(棉花)由其控股股东供应,价格低于市价的 40%。原因在于当地政府和控股股东为了扶持该公司上市,故意承担了公司的经营亏损额所致。所以,注册会计师在对原料购入价进行测试时,不能单检查发票价格,还要检查采购比价过程、实际采购价格与市场价格的差异,确定原料入账金额是否公允、有无重大错报。

四、预付账款证据

预付账款证据不包括在原始证据中分析的银行付款凭证和收款单位出具的收据等证据,而是指付款依据证据。

付款依据证据包括采购合同中列明的预付款或定金条款,对供应商资质、供应能力等评估的证据。供应商资质、供应能力等又与合格供应商名单证据相联系。企业通常不会对未经选定的主要供应商支付大额预付款。其主要原因是怕遭遇被骗,并延误生产。审计中曾遇到类似案例。某跨国企业在国内设立的生产企业,其采用的主要原料是在国内采购的矿产品。企业原制定的预付款规定是,付款金额最多为下季度采购总额的 30%,且分两次支付。后公司修改了预付账款政策,改为最高不超过 25%,季中一次性支付。该政策遭遇到采购部门的反对。反对的理由就是一次性支付增加了被骗的可能性,加大了采购人员的防骗责任。但公司财务总监提出,既然要防骗,那为什么不加强对供应商的考察力度? 考察中获取的供应商工商登记、实地查看等资料是否值得公司信赖该供应商不会骗取预付款? 你不信任他为何预付款给他? 你信任他为何又怀疑他骗你? 为实施新的预付款政策,公司重新制定了供应商评估规定,确定了合格供应商名单。新的预付款制度顺利实施。所以,注册会计师应当获取被审计单位对供应商评估等预付款依据证据。注册会计师在识别管理层随意借预付款侵占公司资产的舞弊行为时,应当对被审计单位向某一不在合格供应商名单中的单位支付了较大额度的预付账款,在资产负债表日又尚未收到货物,并且已远超合同约定的供货时间的异常情况保持警觉,检查预付款依据证据,判断是否存在管理层侵占公司资产的舞弊情况。

五、与供应商核对账目证据

《企业内部控制应用指引第 7 号——采购与付款》第十五条规定,企业应当制定专人通过函证等方式,定期与供应商核对应付账款、应付票据和预付账款等往来款项。

企业自行与供应商对账证据包括函证回函、电子邮件、电话通讯记录等。这些证据是印证应付账款、预付账款余额的重要证据。其重要性在于:一是表明企业内部控制制度是否实际执行、执行过程是否连续、结果是否可信赖;二是可以印证企业管理层作出期末余额"存在"和"计价和分摊"认定的过程。

采购业务管理证据的证明内容分析,如表 7-8 所示。

表 7-8　　　　　　　　采购管理证据证明内容分析表

流程	证据	证明内容	证明描述性信息
选定合格供应商	合格供应商名单	业务类型与事实	确定合格供应商
		主体	供应商名称、注册地或主要经营地
		发生时间	确定日期,该日期应早于采购合同签订日
		发生地点	企业注册地
		金额/数量	过往采购量、采购金额[注1]
		业务过程/结果	对供应商的了解和供应能力、资信等评估结果

(续表)

流程	证据	证明内容	证明描述性信息
采购定价	招投标文件	业务类型与事实	通过招投标方式确定采购价格
		主体	企业、供应商
		发生时间	开标日
		发生地点	招投标场所
		金额/数量	金额、数量
		业务过程/结果	确定采购价格、采购数量、供应商
与供应商核对账目	函件 电子邮件	业务类型与事实	核对已付、尚未支付的款项
		主体	企业、供应商
		发生时间	函件发函日、回函日(包括电子邮件)
		发生地点	企业注册地(实际经营地)、分支机构所在地
		金额/数量	金额(数量)
		业务过程/结果	尚未履行的债务金额

【注1】选择合格供应商时通常会评价其对被审计单位的供应情况,包括供应数量、质量与供应时间要求的响应情况。同时,会考虑供应商的生产能力与商品价格因素等用以估计今后采购量。

第五节 储备资金、生产资金管理证据

一、储备资金管理证据

储备资金是指企业原料等储备所占用的资金,包括保险储备资金和经济储备资金。储备资金(量)具体计算方法与管理要求在企业管理学科中的物资管理内容和财务管理学中有详细介绍。

从审计证据看,储备资金总额证据是预算中的期末储备存量对应的资金额。预算中的储备资金余额为注册会计师判断期末存货金额是否存在重大错报提供了基本证据,也为注册会计师从生产业务整体看期末储备资金规模的合理性提供了分析基础。如果管理层意图实施通过少结转销售成本,实现提高利润额的舞弊行为,则会直接提高期末产成品的单价。如果舞弊行为扩散到生产过程和原料储备,也会提高它们的单价。注册会计师按照预算中的存货采购、消耗与出售数量预期值对实际情况进项对比分析是能够发现期末存货中单价的不正常变动的。

二、生产资金管理证据

生产资金是生产过程占用的资金,实质上也是一种储备资金。但通常与仓库管理的储备资金分开,单独进行管理。

与储备资金一样,生产资金管理证据主要是预算中生产资金期末余额。企业管理实际中,年中各月末、季末的生产资金余额通常高于年末生产资金余额。

生产资金与储备资金不同的是,生产资金余额中往往会隐藏废品的成本而难以发现。例如机械加工企业,产品生产工艺路线规定零件经过初加工,经热处理后进行精加工,加工费用不断在零件上累积,零件成本不断变化。注册会计师如未详细了解产品加工过程与费用分配核算方法,则难以发现期末在产品金额中可能存在的错报金额。这就为管理层隐藏废品成本提供了空间。预算中的生产资金余额预算值就为注册会计师对期末生产资金余额整体合理性的判断提供了基础。再结合存货监盘程序,就可以识别期末生产资金余额可能存在的重大错报的迹象。

体现储备资金和生产资金余额合理性的其他证据还有周转率分析的证据。在注册会计师自行获取的证据部分分析程序中介绍。

第六节　销售资金管理证据

销售业务是营运资金循环的终点。对顺利执行营运资金预算有决定性意义。营业收入科目又是财务报表审计的主要项目,是舞弊的高风险领域。销售业务因发生频率高、销售对象多且分布区域广,又与存货的交付结合在一起,审计测试的难度非常大。

销售管理证据涉及多个环节。重要证据包括销售计划、客户开发与信用管理、价格政策、签订销售合同、发货、收款、客户服务和对账等证据。与采购业务相比,一是我国目前大多数产品是买方市场,销售计划编制与实施难度远高于采购计划。销售计划也是编制采购计划的基础。二是客户开发与信用管理的数量和区域范围大于采购业务中的供应商。三是客户服务这一环节是采购业务所没有的。

一、销售资金管理证据的重要性

《中国注册会计师审计准则第 1141 号——财务报表审计中与舞弊相关的责任》第二十七条规定,在识别和评估由于舞弊导致的重大错报风险时,注册会计师应当基于收入存在舞弊风险的假定,评价哪些类型的收入、收入交易或认定导致舞弊风险。第五十一条规定,如果认为收入确认存在舞弊风险的假定不适用于业务的具体情况,注册会计师应当在审计工作底稿中记录得出该结论的理由。

审计准则的上述规定告诉注册会计师,被审计单位的收入必须列为因舞弊风险导致重大错报的领域。资本市场多次出现的因舞弊导致财务报表存在重大错报事件充分说明了这一规定的重要意义。注册会计师必须获取充分、适当的审计证据,支持作出的审计结论。这需要注册会计师调整审计观念。

无论从注册会计师应当了解被审计单位所处国家、地区、行业情况等各项情况,还是从获取销售业务证据去识别财务报表列报的收入是否存在重大错报角度来讲,注册会计师都应当认识到,收入审计是审计中最为重要的项目,需要获取审计证据的范围最广泛,各种证据之间的印证工作最为复杂。最为重要的项目,是指收入金额如果错报,将广泛影响财务报表。需要获取的审计证据范围最广,是指收入证据包括国家经济发展形势、行业变动、技术发展等直至走访销售客户所了解的销售情况等的外部环境证据,也包括被审计单位内部的销售流程控制、客户档案、价格政策等销售业务内部证据。并且与存货、应收与应付账款项目证据相关联。各种证据之间的印证最为复杂,是指国家经济发展形势、行业变动、技术进步、销售流程控制、客户档案等证据不是结构化数字证据,并不能直接印证收入总额是否错报。即使直接表明被审计单位具体销售业务的证据,也存在数量众多,难以全部收集等。注册会计师运用职业判断得出审计结论的难度大。

注册会计师也应当了解,每一个被审计单位的管理层都承受着巨大的经营压力,存在舞弊的动机。外部压力越大,舞弊动机越强烈。正如马克思在分析资本增值过程中提出的经典的资本总公式:$G—W—G'(G'=G+m)$。该公式中,$G—W—G$ 表示的是货币—商品—货币的流通过程。即货币所有者用货币购买商品,然后把商品卖出去,重新换回货币。资本在一次一次循环过程中获得增值。本书并不探究资本增值理论问题,而引用该公式是因公式实际反映了企业虽有各种不同产品、不同类型的经营业务,但都可以抽象出相同的经营活动内在规律,即资金运行与增值规律。识别收入是否存在重大错报实际上是重点识别企业 $W—G'$ 循环,即商品转换为货币的过程是否存在重大错报。马克思在《资本论》中对该循环重要性形象地表述为这是商品的一次惊险的跳跃,这个跳跃如果不成功,摔坏的不是商品,而是商品所有者(即经营失败导致企业破产)。商品资本能否完成 $W—G'$ 过程,对资本的循环和资本所有者投资的成功与否具有非常重要的作用。只有完成 $W—G'$ 过程,资本收回货币则资本的循环过程才能继续,资本所有者才能继续获得增值。可以说为了避免"惊险的跳跃"失败,管理层必将使出浑身解数(包括舞弊)以完成预期的经营业绩。避免"惊险的跳跃"失败。这也是管理层舞弊风险三因素之一的压力因素的真正根源。因此,注册会计师必须深入理解识别管理层舞弊导致收入存在重大错报重要性,十分重视获取与收入相关的各项审计证据。

二、销售业务流程与证据

销售业务流程与证据,如表7-9所示。

表7-9　　　　　　　　　　销售业务流程与证据

流程	流程内容	证据	证据内容
销售计划	市场预测、生产能力估计	销售计划文件	客户类别与主要客户、品种、数量、进度、地区分布等
客户开发与信用管理	制定营销方案、建立和管理客户档案	营销方案文件、客户档案文件	1. 广告投放、促销方案、新客户开发方案、原客户维护方案 2. 客户名称、类别、行业、信用等级、信用期等
价格政策	基准价格和浮动价格政策、折扣、折让政策	经核准的价格政策文件	1. 基准价格、浮动价格级差、条件等 2. 折扣率及数量标准、折让标准
销售合同	签订合同	销售合同	客户、品种、规格/型号、数量、单价、交货时间与地点
交付货物	交付与接收产品	1. 出库单、发票 2. 签收单 3. 运输凭证	交付货物的品种、规格/型号、数量、时间、地点、运输工具与到达时间地点、签收单位与人员、验收记录
客户服务	制定服务制度、实施服务	1. 客户服务制度 2. 客户服务记录	1. 服务内容范围与服务方式 2. 客户名称,具体服务内容,服务时间、地点,服务费用计算与结果
收款	付款提示与催收票据管理	1. 收款银行凭证或商业票据及记录 2. 催收往来函电	1. 收款凭证收取记录,包括凭证编号、票面金额、票据日期、出票人、前手等 2. 催收日期、金额、对方违约日期及金额
销售退货	退货争议及解决结果	退货入库单、换货出库单	退回单位、品种、规格/型号、数量、原因、退回日期、收货日期
核对账目	确认期末债权金额	往来函电	应收总额、已收金额、未收金额额、信用期内金额、违约日期与违约金额

上述证据中发货与收款证据中的出库单、银行收款凭证等已在自制原始凭证中分析,销售合同将在合同管理中予以分析,本项分析不再涉及。

三、销售计划

销售计划一般包括产品品种、数量、主要客户和主要地区、价格、销售进度等信息。这些信息实际反映了企业发展战略实施过程的信息。不管企业采用何种发展战略,目的都是为了扩大销售,增加收入。

主要客户与主要地区反映的是被审计单位市场战略。计划年度内不同客户或不同地区销量的计划变化就是实施市场战略的体现。产品各品种的销量计划变化体现被审计单位实施产品战略。价格是被审计单位实施市场与产品战略的主要手段。从销售计划中的这三个方面可以检查企业是如何实施其发展战略的。

从销售计划中了解到的主要客户与主要市场等销售对象,可以对应分析应收账款内客户及其余额的可信程度,或反过来,从应收账款内的客户类型及其地区分部对应分析企业的市场战略。从销售计划中列明的各产品数量,可以分析企业产成品的入库数量,并进一步印证原料采购数量。注册会计师按照审计准则要求将收入作为舞弊的高风险领域,制定应对策略时,就应当获取被审计单位的销售计划证据。注册会计师应当仔细分析销售计划中的各项内容,包括制定销售计划前的市场、产品等调查情况与分析结论。实际销售收入与销售计划的差异以及产生原因,受哪些客观因素的影响,被审计单位如何应对等一系列内容。这种分析就是注册会计师将审计视角从对主营业务收入个别项目的判断调整为对企业整体的经营活动的判断,从单纯的会计分析调整为通过业务过程分析去判断财务数据。所以,销售计划证据对财务报表中主营业务收入、销售成本、存货等项目的金额产生极大的制约作用,是营业收入审计中的一项十分重要的证据。

四、客户开发与信用管理证据

获取客户开发证据最重要的作用是供注册会计师了解企业是如何获得客户的。在买方市场环境下,争夺客户是企业最主要的工作。客户为何找你而不找别人?被审计单位在产品质量、供货速度、规格种类、价格水平和供应量等众多因素中的哪一个吸引客户?不管被审计单位管理层的人脉关系如何广,购买者必定从其自身能否盈利的角度选择供应商。只有在被审计单位的产品或劳务与其他供应商并无重大差别时,人脉关系才能影响客户选择采购被审计单位的产品或劳务。有的被审计单位管理层会解释说,该客户是朋友介绍的。朋友介绍给你客户,让你获利则你如何回报朋友?被审计单位内管理层又会解释说,我也给朋友介绍客户,投桃报李啊。注册会计师应当质疑这些解释。在商业关系中，只有利益才是人脉关系的基石。离开了经济利益，人脉关系是不可能维持的。因此，注册会计师应针对销售量大的主要客户进行上述分析。这种分析的资料来源就是客户档案中记载的资料。这对识别虚假销售，特别是通过与未曾披露的关联方之间的销售有重要帮助。

主要客户档案与主要供应商档案一样，是供注册会计师分析被审计单位内部控制是否可信赖的一个证据。如果客户档案完善，说明销售管理良好，其提供的证据可信程度较高。主要客户档案的内容会因企业关注的重点不同而可能不同。一般来说，客户档案应当包括客户名称、经营地址、业务领域、年度采购量、商品质量，企业给予的信用期、货款支付进度与单次付款额，索赔记录等。注册会计师应当获取客户档案证据。

客户信用是识别应收账款余额的重要参考。通常，大型企业，特别是大型外资企业的客户信用管理较好，中小型企业较差。中小型企业可能没有正式的客户信用管理政策与书面文件，对客户违约不付款的管理也没有记录。注册会计师要获取这方面的证据较难。

五、价格政策证据

价格政策证据也是与销售业务相关的重要证据。大型企业通常有价格政策制度。

价格不是企业按照自身成本加期望利润额就可决定的，而是市场竞争的结果。产品价格政策实际反映了企业为实现其产品销售计划而预设的竞争手段。价格政策包括产品基准价格、商业折扣政策和折让政策。

产品基准价格与销售的一等品数量结合可以构成注册会计师对主营业务收入金额上限的预期值。在分析平均价格变动时，应当知晓一般情况下当期销售平均价格低于基准价格。

商业折扣政策主要是各类折扣率与适用销量。折扣与销售量挂钩，销售量越大折扣越大。商业折扣应当在销售发票上列明，且不能单独开具折扣发票。

销售折让政策与商业折扣政策的不同点在于，销售折让政策是基于产品质量原因而给予的折扣。销售折让通常弹性较大。

价格政策证据的重要性在于其可供注册会计师判断企业销售收入变动分析中单价、数量变动的合理性时参考。通常，企业的产品价格会随着 CPI 指数的上升而提高，产品寿命（产品寿命决定了产品价格随着生产时间的延长而逐步降低）与市场竞争加剧会使的价格下降。如果某产品生产时间较长且又没有实质性创新的，年度平均单价变动率扣除 CPI 变动率后有较大增加，则要警惕可能存在关联方输送利益的情况。

六、客户服务、退货与期末对账证据

客户服务和退货证据是销售业务中的辅助性证据。客户服务证据可供注册会计师分析企业产品质量高低及折让率的执行情况。

退货证据可供注册会计师判断被审计单位确认销售收入是否正确的重要证据。退货证据表明被审计单位内存在少量退货的,可以认为是正常现象;出现大量退货时,注册会计师应当警惕是否存在虚假销售。

核对账目证据也是可供注册会计师分析被审计单位销售管理内部控制制度是否可信赖的证据之一。被审计单位期末与销售客户对账的内部控制运行有效的,注册会计师通过向客户询证的回函的可靠性也增大。当然,也要注意察觉被审计单位可能通过期末对账的方式,事先控制了客户回函信息进行舞弊的可能性。

注册会计师还需要十分重视检查销售计划执行情况分析报告。应当说,销售计划与实际销售情况的差异大小表明了企业整体管理水平高低和内部控制制度设计和运行有效性,是注册会计师识别虚假销售的重要证据。注册会计师应当获取销售计划执行情况分析报告。销售业务各项证据的证明内容分析,如表 7-10 所示。

表 7-10　　　　　　　　销售业务各项证据的证明内容分析

内容	证据	证明内容	证明描述性信息
销售计划	书证	业务类型与事实	预期实现的销售目标
		主体	企业销售部门
		发生时间	计划核准下达日
		发生地点	企业注册地
		金额/数量	品种、规格/型号、数量、价格、地区、主要客户等
		业务过程/结果	销售业务的起点
客户开发与信用管理	书证	业务类型与事实	客户来源、信用管理政策
		主体	企业销售部门
		发生时间	难以确定具体日期
		发生地点	企业注册地
		金额/数量	不涉及
		业务过程/结果	客户开发与管理过程

（续表）

内容	证据	证明内容	证明描述性信息
价格政策	书证	业务类型与事实	预期实现的目标价格
		主体	企业销售部门
		发生时间	计划核准下达日
		发生地点	企业注册地
		金额/数量	基准价格、折扣、折让率与适用条件
		业务过程/结果	实际销售价格的依据
客户服务	书证	业务类型与事实	服务类型、标准与要求
		主体	企业客户服务部门
		发生时间	预定期间
		发生地点	企业注册地、分支机构所在地
		金额/数量	不涉及
		业务过程/结果	向客户提供售后服务的依据
核对账目	书证	业务类型与事实	确认企业债权金额
		主体	企业、销售客户
		发生时间	双方核对完成日
		发生地点	企业注册地(实际经营地)、分支机构所在地
		金额/数量	金额
		业务过程/结果	确认债权金额的结果

　　需要说明,本节与第七节的证据证明内容分析中的标题栏内,以"内容"代替了"流程",以"证据种类"代替了"证据"。销售资金管理中各项内容可能会同时发生,并无严格的前后关系。存货、固定资产和无形资产等部分管理证据在本章的前几节中已经分析。第七节所述内容涉及具体的资产管理,所以,标题项内的上述内容进行了调整。

第七节　资产管理

一、存货

存货管理中的入库、出库单、盘点等证据已在自制原始凭证部分分析,储备资金管理证据在第四节中也已分析。本节分析的存货管理证据是生产计划书和盘点记录。

（一）生产计划

生产计划中规定了当期生产的产品名称、规格/型号、数量等信息。这些信息与生产工艺中原材料消耗定额合在一起分析，就可预期原材料、辅助材料的计划领料量。计划领料量对"原材料"科目贷方发生额、"生产成本"科目借方发生额具有制约作用。注册会计师了解了生产计划，就可建立原材料消耗量的预期值，从而建立"原材料"科目贷方发生额的预期值。同样，将生产计划中的各产品产量与产品的计划成本结合在一起，可以建立"生产成本"科目借方发生额的预期值。由此可以推论得出"产成品"科目的借方发生额预期值。

预期值的重要作用是向注册会计师提供判断存货发生额合理性的参照系，将预期值与实际发生金额对照，检查存货中的错报迹象。由于存货生产计划是依据销售计划制定的，所以生产计划中计划的产量也可与销售数量进行相互印证。

（二）存货盘点

盘点记录是存货管理证据中的另一重要证据。注册会计师获取盘点记录是了解企业按照存货管理制度的规定，定期进行盘点的内部控制制度是否有效运行的主要路径。盘点记录也是企业管理层用于分析存货是否丢失、是否损坏或变质等有关存货管理处于有效监控的重要资料，是注册会计师用于确认存货"存在"认定的一项重要证据。注册会计师如果仔细检查盘点记录，可以识别被审计单位存货管理工作中的漏洞。例如，被审计单位仓库管理人员在盘点记录中的数量栏内以"√"标注盘点结果的，则非常可能存在漏洞。许多体积细小的存货（如螺丝、螺母等紧固件，电阻、电容器等电子零件）是以"千克"为计量单位的。在不断领用后，账面结存记录与实际结存数量之间一定会存在差异。盘点时应当记录实际的盘点数量（如1 205个或3.2千克）。有些体积较大的存货（如成包的棉布）数量较多的情况下，会分成多个堆桩存放。盘点记录中应当记录堆桩号与该堆桩的实际数量并相加的过程等，才能表明被审计单位的存货盘点工作不是走过场的、形式上的盘点。注册会计师才能信赖被审计单位存货盘点的内部控制。

二、固定资产

因固定资产管理中的入库单、修理单等证据已在自制原始凭证部分分析。所以本节内容的固定资产管理中最重要的证据是权属证书、修理计划、固定资产目录和卡片。

（一）资产权属证书

固定资产权属证书包括房屋所有权证、土地使用权证，车辆、船舶、飞机的所有权证。按照 2007 年 3 月十届人大五次会议通过的《中华人民共和国物权法》第六条的规定，不动产物权的设立、变更、转让和消灭，应当依照法律规定登记。登记后取得所有权证。未取得所有权证的表明其未登记，就无法证明资产归属于被审计单位。

（二）修理计划

固定资产修理计划是用于检查固定资产后续支出能否资本化的重要证据。企业固定资产日常管理中，修理计划规定本年的修理次数、修理性质和修理时间等信息。修理性质是指小修、中修与大修理三种。小修理包括日常保养修理和除日常保养修理外的需要短时间停工的修理；中修是指对设备进行的包含了小修理工作内容在内并对较大部件进行清理和调整，对易损部件进行更换的修理。停工时间多余小修理的停工时间，少于大修理的停工时间；大修理是为恢复固定资产的原有精度、性能和生产效率，对设备的主要部件和所有已磨损的零件进行修理的工作。大修理工作内容包含了小修和中修的修理工作内容，一般停工时间较长。固定资产修理的一般规律是几次小修后一次中修，几次中修后一次大修。两次大修理之间的间隔时间一般为 3 年。因此，资本化后续支出一般发生在资产大修时。固定资产后续支出资本化的条件见企业会计准则的相关规定。

企业对各种修理类型的安排通常情况，如图 7-4 所示。

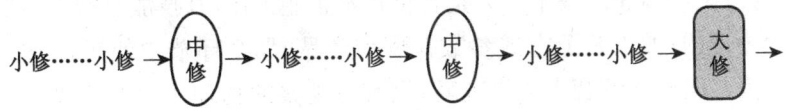

图 7-4　固定资产修理计划安排示意图

（三）固定资产目录和卡片

固定资产管理证据包括固定资产目录和固定资产卡片。按照《企业内部控制应用指引第 8 号——资产管理》（财会〔2010〕11 号）第十四条规定，企业应当制定固定资产目录。

固定资产目录又称固定资产台账，主要反映企业的全部固定资产，列明固定资产编号、名称、种类、所在地点、使用部门、责任人、数量、账面价值、使用年限、损耗情况等。固定资产卡片证据主要反映运行情况，在卡片编号与固定资产目录编号对应的基础上，列明资产来源、验收、使用地点、责任单位和责任人、运转、维修、改造、折旧、盘点等信息。固定资产卡片按照固定资产目录、单台资产制作。固定资产卡片和固定资产目录是财务报表固定资产项目金额"存在""计价与分摊"认定的具体证据,反映了资产实物状况。该两项证据中,固定资产编号是单台固定资产的识别标识,注册会计师在记录检查固定资产初始计量和后续计量细节测试和记录监盘结果时,应当记录编号。

固定资产与存货一样,也会定期盘点。盘点记录的作用见"一、存货"说明。

确定预计可使用年限属于会计估计,在相关内容中分析。

三、无形资产

无形资产包括专利、专有技术、商标权、著作权、特许使用权和土地使用权。无形资产管理证据最主要的证据是专利权属证据、著作权证及土地使用权证。其作用与固定资产所有权证相同。

专有技术因通常与人的经验、技能相联系,所以证据较难取得。需要注册会计师详细了解专有技术情况后进行书面记录以固定证据。注册会计师需要详细了解专有技术的名称、载体、内容和存在四个方面,然后编制询问、检查记录予以固化。名称,通常是企业内部对该专有技术的称呼,而不是规范的名称;载体,包括纸质文件或人力资源(如拥有某项技能的技术工人);内容,通常包括工艺参数或配方、设计参数、技能、经验。专有技术属于企业技术秘密,不可能告知注册会计师详情。注册会计师也不是技术专家,即使知晓技术详情也无法判断真伪,所以无须知晓技术详情,但需要确定是哪类技术。存在,是指企业如何证明该项技术实际在生产中运用,如拥有某项技能的技术工人是否仍在本企业工作,其技能是否在目前的产品生产过程中使用;如工艺配方或参数在哪个产品、那个环节中使用,如何证实等。专有技术因其属于人的智力成果范畴,没有可观察的物理边界。注册会计师通过询问了解后固化的书面证据应归属于当事人陈述。按证据类别分,应属于言词证据。从证据规则的分析中可以看到,无论是最高人民法院的司法解释,还是审计准则规定的证据规则,言词证据的证明能力都较弱。所以,注册会计师应当按上述专有技术证据的四个方面深入现场逐一核实后才能有证明力。

特许使用权证据一般是特许使用合同。但合同仅是交易双方的主观意愿,不是实际交易过程与结果。所以,注册会计师还需要获取特许使用权的使用情况证据。如药品生产许可,注册会计师需要检查这一药品的生产计划、产品数量和销售情况等,并获取这些业务环节的证据。特许使用权合同与使用特许权的生产业务证据结合在一起才能构成有效的证据链,证明特许使用权资产的存在。

按第二章"审计证据"中证据种类部分的分析,存货与固定资产盘点记录、固定资产所有权证与无形资产的所有权证应当归属于物证。存货作业计划、固定资产修理计划、特许使用权合同属于书证。

与固定资产相同,无形资产的摊销年限属于会计估计,将在相关内容中分析。

四、存货、固定资产、无形资产证据分析

存货、固定资产、无形资产管理证据的证明内容见表 7-11。

表 7-11　　　存货、固定资产、无形资产管理证据证明内容分析表

内容	证据种类	证明内容	证明描述性信息
生产计划	书证	业务类型与事实	产品生产、原材料耗用
		主体	企业计划、生产部门
		发生时间	计划下达日(该日期应早于领料日)
		发生地点	企业注册地(实际经营地)、分支机构所在地
		金额/数量	品种、规格/型号、数量
		业务过程/结果	原料消耗过程、产品形成过程
固定资产所有权证	物证	业务类型与事实	企业拥有资产所有权
		主体	企业
		发生时间	资产登记日
		发生地点	登记地
		金额/数量	名称、面积、栋号、地址等
		业务过程/结果	资产权属确认结果
固定资产目录、卡片	物证	业务类型与事实	固定资产运行情况
		主体	企业固定资产管理部门
		发生时间	固定资产存续时间
		发生地点	企业注册地(实际经营地)、分支机构所在地
		金额/数量	固定资产编号、名称、种类、所在地点、使用部门、责任人、数量、账面价值、使用年限、损耗、维修、改造、折旧、盘点结果等多项内容
		业务过程/结果	固定资产运行和期末状况
专利等资产所有权证	物证	业务类型与事实	企业拥有资产所有权
		主体	企业
		发生时间	资产登记日
		发生地点	登记地
		金额/数量	名称、类别、期限、数量或面积、性质等
		业务过程/结果	资产权属确认结果

（续表）

内容	证据种类	证明内容	证明描述性信息
专有技术证据等	当事人陈述	业务类型与事实	企业拥有的资产
		主体	企业
		发生时间	难以确定
		发生地点	企业注册地（实际经营地）、分支机构所在地
		金额/数量	名称、数量
		业务过程/结果	确认资产存在
特许权使用权合同	书证	业务类型与事实	企业被许可使用他人权利（资产）
		主体	企业、许可人
		发生时间	合同签订日
		发生地点	企业注册地（实际经营地）、分支机构所在地
		金额/数量	名称、时期或数量
		业务过程/结果	取得权利许可
盘点记录	物证	业务类型与事实	内部控制制度执行过程
		主体	企业仓储、设备管理、财务等部门
		发生时间	月末、季末与年末
		发生地点	企业注册地、分支机构经营地
		金额/数量	数量、型号、规格
		业务过程/结果	确认资产存在

第八节　研究与开发业务证据

　　研究与开发是企业一项重要的经营业务活动。大多数企业从事的是产品开发活动，是将基础理论研究成果运用到产品设计与生产的过程，而不是基础理论研究本身。所以，本文分析对象是企业的开发活动。

　　如果企业接受他人委托而从事开发活动，属于向他人提供劳务的交易。如果企业实施国家下达的任务而从事开发活动是接受委托从事行政性事务。这两项不属于企业自身的开发活动，所以本项内容不涉及该两项内容。

　　开发活动业务管理证据包括开发计划的立项和审批，开发计划与实施、开发成果验收三大类。

开发计划证据应当包括开发目的、开发人员和开发进度安排等信息。开发计划最重要的作用是供注册会计师分析开发支出能否资本化时作为参考依据。

审计中经常遇到企业开发计划规定的开发目的是为生产具有全新功能的产品或改进某一产品(包括该产品的单项技术参数)性能而开发的、仅适用于该产品的技术或工艺。对这些开发过程中耗用的原材料与费用能否作为无形资产的资本化成本,被审计单位会计人员与注册会计师之间存在分歧。分歧的原因是,作为产品成本在存货中核算,则在出售时形成巨额亏损但符合会计准则中谨慎性原则;作为无形资产可以分期摊销,则提高当期利润,符合管理层的主观愿望。被审计单位会计人员与注册会计师都希望会计准则和讲解就此能规定有具体可度量的条件。但会计准则实际上是不可能提出这些具体可度量的条件。笔者认为,如果企业开发计划规定的开发目的是形成一项技术,该技术对被审计单位所生产的产品都可运用且可以单独出售的,则符合单独确认为无形资产的条件,开发支出应当资本化;如果开发新技术的目的是生产某一产品,且该项开发成果又无法从产品中分离出来可单独出售,则该项开发成果是应当形成产品成本的。所以,开发计划中确定的开发目的就成为能否资本化判断的重要依据。

实施开发计划的证据包括人员数量、薪酬及其他付现费用、固定资产折旧等摊销金额、试验时的能源消耗量、领用的原材料等证据。这些证据都在自制原始证据中予以了说明。

开发成果验收证据包括验收报告。因企业规模不同、开发项目难易程度不同等原因,在验收方面的情况各不相同。有的企业可能组织正式的验收小组进行验收(验收小组可能包括外部专家)。有的企业可能没有专门的验收小组等;验收报告可能是企业自制的内部报告,也可能是企业委托其他单位进行验证出具的外部报告。有些企业也可能没有验收报告。

验收报告证据的主要作用是确认开发活动是否完成并取得预期的开发目标。注册会计师可以据此判断开发支出是否符合无形资产的确认条件,并确定摊销期的起始日。开发活动证据的证明内容分析,如表7-12所示。

表7-12　　　　　　　　　　开发活动证据的证明内容分析

流程	证据种类	证明内容	证明描述性信息
开发计划	书证	业务类型与事实	开发目的、开发时间进度、人员组成、开发成果类型、开发成本与预期效果等
		主体	企业研发部门

（续表）

流程	证据种类	证明内容	证明描述性信息
开发计划	书证	发生时间	开发计划核准日是开发活动的起因日
		发生地点	企业注册地
		金额/数量	成本费用等预算金额
		业务过程/结果	技术开发过程的起点
开发项目验收	书证	业务类型与事实	开发活动结束,形成开发成果
		主体	企业研发部门或验收组、外部受托验收机构
		发生时间	验收完成日
		发生地点	企业注册地(实际经营地)、分支机构所在地
		金额/数量	实际成本费用金额
		业务过程/结果	表明开发活动的结果

第九节 工程项目管理证据

　　工程建设是企业内部一项重要的经营业务活动。企业的工程建设活动主要是建造固定资产,包括自制设备和房屋。大型企业或一般企业的大型工程建设活动通常是按建设对象组成专门机构,对建设对象进行管理。一般工程建设和活动由企业设备部门管理。企业管理实务中,通常以建设工程名称为表示,将某项工程与其他建设活动进行区分。因此,工程建设通常称为工程项目。

　　企业内重大的工程项目往往是企业实施发展战略的手段。工程项目完工结转固定资产后会增加产量或品种,以扩大销售规模,增加销售收入。

　　工程项目由于投入资源多、工期长、参与人员或部门多、所需资金量大等特点,在审计证据方面与其他资产有很多不同的内容。工程项目支出属于企业投资活动的范畴。但为说明工程项目证据的特殊性,故参照内部控制体系,将工程项目作为单独的内容予以分析。

一、工程项目流程

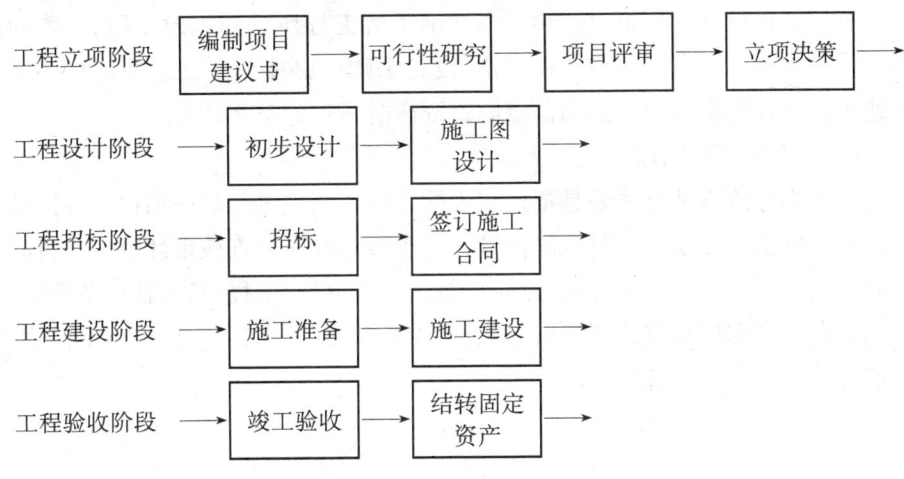

图 7-5　工程项目业务流程图

应当说明的是,上述工程项目进展流程是大型工程项目的流程。企业内的一般工程项目流程的个别环节可能有所简化或合并,但这几个阶段是实际存在且不可逾越的。

二、工程项目各阶段证据

(一) 工程立项阶段

从工程立项阶段分析,该阶段最重要的证据是项目建议书(一般企业或大型企业的一般项目就是工程项目计划)。其中,应当说明项目建设目的、工程规模、投资总额与资金来源、建设期限、预计的项目经济效益等主要内容。项目建议书是注册会计师了解工程项目的总体情况的主要证据。项目建议书证据的重要作用包括:一是印证"在建工程"科目发生总额、分年发生额、结转固定资产金额,"长期借款"或"短期借款"的增加额及余额、借款费用资本化的起始与截止时点等众多会计记录的主要参考证据。二是在识别工程项目实际发生额和项目建议书中计划的投资额存在重大差异时,是否存在管理层侵占公司资产、管理层故意拖延工程完工日期,避免借款费用计入当期损益、减少利润等舞弊迹象。三是通过了解工程项目建议书,还可以分析未来当工程建设完工投产后,其生产的产品市场是否萎缩,是否有可能被新的产品替代而无法实现预期效益,需要计提减值准备等参考。

注册会计师如果不获取工程项目建议书,则无法了解工程总体情况。注册会计师应当获取工程项目的项目建议书。

（二）工程设计阶段

工程设计阶段证据简称工程设计证据。工程设计证据包括设计任务书、设计图纸等。工程设计证据可以供注册会计师了解工程所需的土建面积、采购的设备名称、规格/型号等审核工程物资采购、设备采购的必要信息。这些信息是在检查在建工程项目的借方发生额和监盘固定资产时所需的基本信息。

（三）工程招标阶段

工程招标阶段证据主要是招标和中标文件。招标过程是一项程序性活动。中标结果文件决定交易对手与标的价格。注册会计师在检查被审计单位支付的工程款时应当对照中标结果文件进行核对，包括对方单位、工程内容、款项金额等，以识别是否存在管理层舞弊违规多付，可能形成账外资产或向非中标单位支付劳务款，可能侵占公司资产的迹象。

（四）工程建设阶段

工程建设阶段的证据主要包括材料和设备的请购单与领用单、工费分配单、费用支付凭证等。这些证据见原始凭证部分内容。

（五）工程验收阶段

工程验收阶段的证据主要是验收报告。验收报告通常在建造资产试运行结束后编制。一般情况下，试运行的时间不会太长。但有些大型项目的试运行时间可能需要几年。所以，该等情况与会计处理要求出现差异，这是注册会计师需要注意的。小型项目可能没有正式的验收报告，但也会有固定资产管理部门或生产车间出具的确认可以投入生产的文件，如领用单等。

工程验收阶段还有一项重要内容是试生产过程与结果的评价。试生产是工程项目是否达到实现建设目的的必经阶段。这里需要注意的是，被审计单位管理层可能出于舞弊目的，会故意延迟工程项目投产，意图减少折旧、利息费用化而虚增当期利润，或相反为意图实现提前利润而提前结转固定资产。审计中存在这样的案例。某一采掘类企业，为增加利润投资建设新的矿井。投资的第一年年末，工程尚未完成。当年掘进的巷道已经产出产品。该企业就将该巷道结转固定资产，已将产出的产品盈利确认为利润。被审计单位管理层与注册会计师就该工程项目中的第一年建设的采掘巷道能否确认为固定资产这一判断存在重大分歧。注册会计师认为，依据该企业批准的工程项目建设方案，工程项目共需建设采掘巷道为三部分，采掘巷道、逃生通道和安全设备。建设方案规定了项目验收标准。现第一年年末，已完成的巷道建设并不是工程项目的全部内容。不符合确认固定资产的条件。被审计单位管理层认为，第一年建设的采掘巷道虽不是工程项目的全部内容，但已经产出产品，符合《企业会计准则第 4 号——固定资产》第九条"建造该项资产达到预定可使用状态"的确认条件。这里存在两个问题：一是审计证据的充分性要求。被审计单位管理层就工程项目结转固定资产应当提供能证明工程项目完成全部建设内容并符合验收标准的全过程的各项证据。第一年建设的采掘巷道只是工程项目的部分工程项目的部分证据，不符合"充分"性要求。二是审计证据的适当性要求。注册会计师理解，企业会计准则中"达到预定可使用状态"是指被审计单位对工程项目作出决策时，设定的建设内容，可实现连续、安全生产的要求，设备的生产速度和产品质量的指标等。"预定"的含义是站在决策时的建设要求角度而不是期末资产实际状态的角度对工程项目进行判断。所以，单一产出产品的证据与工程项目"预定"的建设要求整体相比，不适当。经过充分沟通，被审计单位管理层同意了注册会计师的意见。工程项目各阶段证据的证明内容分析，如表 7-13 所示。

表 7-13　　　　　　　　工程项目各阶段证据的证明内容分析

流程	证据种类	证明内容	证明描述性信息
工程项目建议书（工程项目计划）	书证	业务类型与事实	建设目的、预计的投资总额、土建面积、设备台数、建设时间、预计效益等
		主体	企业固定资产管理部门
		业务发生时间	核准日
		业务发生地点	企业注册地
		金额与数量	投资总额，包括分年投资额
		业务过程/结果	建设过程的起点
设计图纸	书证	业务类型与事实	确定土建结构、面积、设备类型与数量、供应商等
		主体	企业固定资产设计部门、外聘的设计单位
		业务发生时间	设计图纸验收完成日
		业务发生地点	难以确定
		金额与数量	建筑面积、设备台套、道路、管道长度等，不涉及金额
		业务过程/结果	项目建造活动的起点
中标结果文件	书证	业务类型与事实	确定供应商
		主体	企业、招投标代理单位、中标单位
		业务发生时间	招标结束日
		业务发生地点	难以确定
		金额与数量	交易金额
		业务过程/结果	项目建造活动的发生

（续表）

流程	证据种类	证明内容	证明描述性信息
验收报告	书证	业务类型与事实	工程项目建设完成、达到建设目的
		主体	企业
		业务发生时间	验收完成日
		业务发生地点	企业注册地（实际经营地）、分支机构所在地
		金额与数量	实际建设的建筑面积、设备台套、道路与管道长度等
		业务过程/结果	项目建设实施的终点

第十节 担保业务

担保业务是企业为他人负债提供保证，当其不能履行债务时，企业承担相应的支付义务。审计中遇到的担保业务包括被审计单位以自身资产为自身负债提供保证和对其他单位的债务提供保证两类。本项内容不包括其他企业为被审计单位提供担保及被担保方提供反担保内容。

企业以自身资产对自身负债提供保证包括，以固定资产、土地使用权、存货、货币资金等为借款提供质押或抵押；企业为他人担保通常在关联方之间发生，也存在于同一地区的企业相互担保形成担保圈（如浙江地区在2008年后发生的担保圈内一家企业被追债破产，其他互保单位连续倒闭的情况）。所以，本项分析的担保内容与《企业内部控制应用指引第12号——担保业务》规范的担保内容略有差异。

企业以自身某一资产对债务提供担保，就表示该资产的处分权能受到限制，所有权存在瑕疵。对他人提供担保就表示可能存在预计负债。前者应当在财务报表附注内披露，后者需要列入财务报表。

担保业务中最主要的证据是担保核准文件与担保合同。担保业务中核准程序主要是企业治理层的核准程序。担保核准文件主要证明担保业务发生前已经过必要的内部控制程序核准，担保业务可以开始合法进行。注册会计师检查担保业务核准程序是识别被审计单位管理层舞弊的重要程序。

被审计单位发生担保业务时须遵守法律规定。我国《公司法》第十六条规定，公司向其他企业投资或者为他人提供担保，依照公司章程的规定，由董事会或者股东会、股东大会决议；公司章程对投资或者担保的总额及单项投资或者担保的数额有限额规定的,不得超过规定的限额。公司为公司股东或者实际控制人提供担保的,必须经股东会或者股东大会决议。

小型企业的内部控制不完善的,一般以企业公章代替董事会决议。

担保合同在合同管理中分析。担保业务产生预计负债的证据分析见会计估计证据分析。

第十一节　业 务 外 包

业务外包是指企业利用专业化分工优势,将日常生产经营业务中的某项业务委托给具有效率高、成本低的专业机构实施。业务外包随着智能制造、工业4.0版的发展,和随之可预期发生的企业生产流程的革命性变革等原因将有很大的发展空间,是今后企业生产经营业务的新常态。

企业通常将技术简单、加工质量可控,或自身不具备加工手段的业务外包。外包的业务通常不会涉及企业自身的核心技术或核心竞争力。

业务外包情况较为复杂。有的企业对产品的某一工序进行业务外包,如机械产品企业中对自行生产零部件的热处理工序可能就会委托专业的热处理单位进行处理。有的企业对产品运送、测试(芯片测试)、客户服务等都有可能发生业务外包情况。

业务外包的会计处理也随外包业务的不同而不同。对外包业务中属于产品加工过程,达到可供销售前阶段所发生的外包费用计入生产成本核算。对其后的外包业务应当计入当期损益。原材料外包业务通常是原料的初加工,如较长的钢材锯短、原料中杂质剔除等。发包单位支付的加工费计入原材料初始计量内,通过"委托加工物资"科目核算后结转记入"原材料"科目,构成原材料取得成本,或直接记入"原材料"科目。

业务外包证据中主要证据包括外包计划、核准文件、外包业务合同等外包业务总体情况证据,还包括外包管理与收回产品验收等证据,如企业外包业务台账、将原材料发往加工单位加工时制作的出库单,加工完成后制作的入库单。

外包业务合同证据见合同管理分析。外包管理与验收证据主要是出库与入库、质量验收证据,见自制原始证据内分析。

这里主要分析外包计划证据。获取外包计划证据可供注册会计师在审核委托加工业务时,从被审计单位经营业务、内部控制的整体视角去分析外包加工业务类型、加工目的、加工工序、加工费用和加工物资回收等一系列业务活动是否必须、是否合理。注册会计师在检查这些科目中发生的外包业务费用时,都需要将外包计划作为参考证据进行印证。

注册会计师在审核"委托加工物资"科目或"原材料"科目时,通过核对加工单位、加工物资的出库和入库的原材料名称、数量等会计记录与计划(包括外包业务台账)是否一致,判断委托加工业务是否存在重大错报。

注册会计师可能认为上述情况应当是依据外包合同检查更适当。但问题是,如果一家企业有多项业务外包,或一项业务有几个受托加工单位的,企业管理层出于舞弊目的隐瞒了某个外包合同,并且会计记录中又不清晰记载加工单位名称的时候,注册会计师不从企业外包业务整体视角出发进行检查,则非常可能会遗漏检查内容或难以发现管理层舞弊的情况。

审计中发现也有相似的案例。A公司接受B公司的采购要求,为其生产零部件。B公司又同时委托A公司制作该产品所需的模具(费用另算且由B公司承担)。A公司自身不具备模具生产能力,故委托C等多个模具专业公司制作模具。A公司与B公司订立的采购合同中约定,待A公司向B公司交付全部产品后,B公司向A公司支付A委托C及其他公司制作的模具款项。审计人员审计时,发现A公司会计记录中有少数几次的模具收入,经追问会计人员,得到的回答说是因产品种类多、加工模具的次数多,难以与对方核对。同时,A公司会计人员告知注册会计师,因B公司是大型跨国企业集团,内部机构数量多且分工细,信息分散,难以一个部门予以回复,所以,公司与B公司的对账工作难以实施。在审计现场结束后,项目合伙人复核底稿时发现模具收入存在问题,需要追加审计程序以获取相关审计证据后才能判断被审计单位管理层对模具收入作出的"完整"认定是否存在重大错报并出具报告。经再次深入追查,发现A公司业务部门对相关模具加工单位的外包业务管理较好,定期与C等模具专业公司核对账目且向B公司提供相关加工资料。应当能实际确认向B公司收取模具款项的债权金额。实际情况是A公司会计人员故意隐瞒该公司与模具加工单位之间的业务外包管理证据,少确认模具收入,拟将隐藏的模具收入用于今后调节利润。审计人员正因为没有从生产业务、内部控制的整体视角出发对模具加工业务进行检查,所以,在审计现场没有发现这一舞弊现象。

第十二节　合　同

合同是证明企业交易发生的基本证据,是注册会计师应当获取的重要审计证据。在第二章(六)项中我们将合同视作内部证据。本项分析就从内部证据的角度进行分析。

合同不能直接证明交易实际是否发生,即合同订立后交易不一定即刻发生。例如,套期保值核算中的远期采购合同(被套期项目)。但合同一定是印证交易发生的重要证据。如果企业发生重大交易而注册会计师无法查阅到书面合同的,则非常可能是被审计单位存在舞弊的迹象。因为管理层明知如果提供交易合同,将无法掩盖其侵占公司资产的舞弊行为而故意隐瞒。

一、合同的抽象内容与具体内容

合同的抽象内容,是指合同是证明交易双方的民事法律关系的产生、变更与消灭的实际过程与结果。合同抽象内容证明是企业确认与列报资产、负债、收入的主要依据之一。

合同的具体内容是指合同的具体条款,是证明交易对象、内容、规模等细节的证据。我国《合同法》第十二条规定了合同基本条款内容,包括:

(1) 当事人的名称或者姓名和住所。

(2) 标的。

(3) 数量。

(4) 质量。

(5) 价款或者报酬。

(6) 履行期限、地点和方式。

(7) 违约责任。

(8) 解决争议的方法。

合同法的分则中又对常见的合同条款与确认权利义务关系的要求进行了规范。例如,分则中的买卖合同部分又规定了买卖交易合同中的一般条款,包括运输、质量检验等。

合同是证明某一具体交易细节内容的证据。合同细节内容可以印证会计记录和自制原始凭证证据是否正确。所以,合同是注册会计师检查交易过程证据和会计记录的重要参考证据。

二、合同证据的重要作用

本节开始时已经说明,合同并不能直接证明交易实际发生。但合同对实际发生的交易存在制约作用。合同是注册会计师在检查实际交易细节前必须获取的、重要的审计证据。

我们在前述各项内容中已经附带分析了一般买卖合同的作用。此处,我们以业务外包合同为例说明合同在审计中的作用。

业务外包合同与买卖合同的不同之处在于其发出的原材料数量与加工完成收回的半成品之间形态可能发生变化,计量单位前后可能不同,不能直接比较。例如,用原料送去加工,原料以吨计量、收回的成品或半成品可能以件计量。需要按单件重量(还要剔除添加的辅助材料重量)转算后才能比较加工前后的总体差异量。这一差异包括重量差异、数量差异、形状差异等。重量差异包括发出原料的重量与收回的成品或半成品数量折合的总重量之间的差异(包括加工过程中增添的辅助材料。承接加工单位添加的辅助材料会以单件金额的方法予以说明)。数量差异包括加工过程加工损耗或出现废品或其他原因,实际交付数量与合同约定数量的差异。数量差异在业务外包合同中一般以"制成率"指标说明发出原料数量与半成品数量之间的对应关系。形状差异包括送交加工的原材料与收回的成品或半成品之间的长度、体积、外形等外在物理形态差异。

业务外包合同证据的作用包括:一是供检查实际损耗率与合同约定的损耗率是否有重大差异的判断依据。通常讲,加工过程会出现损耗,所以注册会计师应当分析实际损耗率与合同约定的损耗率是否存在重大差异。二是按照合同约定的加工进度,确定期末企业委托加工的存货是否应当加工完成与收回。对依合同约定判断尚存有未加工完成的原材料,可以对加工单位实施函证程序,以确认其存在性。三是检查支付的加工费时,判断付款对象是否与合同中约定的加工单位、加工费率一致,以识别发现管理层侵占公司资产的舞弊情况。四是印证业务外包中各业务环节的出库单、入库单等内部证据内容的真实性。

合同证据的重要作用,还包括注册会计师结合被审计单位具体业务情况,分析被审计单位为何进行这一业务交易,这一业务交易给企业带来何种利益、实际发生的交易与交易惯例是否相符,以识别被审计单位管理层是否以合法的合同掩盖不合法的交易情况等故意舞弊的情况。前面已经列示了将借款行为以订立买卖合同的方式进行的案例。还有一种异常情况是合同表明的交易内容与被审计单位的主营业务内容、实际交易情况不符。例如,某食品生产企业的其他业务收入中发生了大额的钢材买卖交易,形成较大的收益。该项交易的三方为钢铁企业、食品生产企业、房地产公司。注册会计师对此项交易存在疑虑。即为何房地产公司不直接向钢铁企业采购而要经过食品生产企业的中介呢?难道该食品生产企业是钢铁企业的总代理单位?如是,则钢铁企业又为何会委托食品生产企业履行总代理?经过深入追查,得知当时钢铁企业因钢材热销而规定款到提货,房地产企业因资金紧张无法采购,这时食品企业为房地产企业提供垫付资金而形成这一情况。但食品企业为规避出借资金行为的不合法性和降低税负（出借资金收益交营业税,买卖收益缴增值税且可与原料进项税一并抵扣）目的而采用买卖方式发生交易。所以,订立买卖合同。注册会计师必须追查此类异常现象,防止出现审计失败。

三、合同管理证据

从合同管理角度分析,企业内部应当有合同管理流程和每一流程的记录。合同管理流程管理包括合同拟订、合同审核、合同签署、合同履行、合同结算、补充或变更、解除和合同归档等几个流程。这些流程都会形成相应的自制原始证据。同时,企业应当建立备查簿,详细登记上述各流程的执行人、执行日期、执行结果等。合同管理是否良好的重要标志包括企业内各类合同的编号是否规范、备查簿登记是否连续、清晰、审批手续是否完备等。其中,合同编号是注册会计师记录测试样本时必须记录的样本信息。

合同变更是注册会计师需要关注的另一个重要风险领域。合同变更的管理流程控制通常与合同谈判、合同审核及合同签署流程的内部控制规定相同。如果注册会计师在检查交易具体细节时,发现所取得的证据与交易合同有明显差异的,应当警惕合同是否已经发生变更。因为交易细节内容与交易合同的差异对合同一方有利,则必然对另一方不利。如不重新签订变更后的合同,则在产生合同纠纷时,不利的一方无法举证其按合同履行,应当受到法律保护的诉讼要求。如果合同条款实际发生变动而合同确实没有重新签订的,注册会计师应当对这一情况保持警觉,识别是否存在管理层利用合同变更进行舞弊的迹象。同时,对被审计单位内部控制运行有效性作出运行存在重大缺陷的评价结论。合同证据的证明内容分析,如表 7-14 所示。

表 7-14　　　　　　　　　合同证据的证明内容分析

证据名称	证据种类	证明内容	证明描述性信息
合同	书证	业务类型与事实	交易内容、标的、对价、履行方式与时间、违约责任等
		主体	企业与交易对手
		业务发生时间	合同签署日或核准日,或约定的实施日期
		业务发生地点	签订地
		金额与数量	标的名称、规格/型号、数量、金额
		业务过程/结果	资产、劳务发生流动的开始日

(续表)

证据名称	证据种类	证明内容	证明描述性信息
备查簿	书证	业务类型与事实	合同登记、编号、变更与补充、解除、归档过程
		主体	企业合同管理部门
		业务发生时间	合同登记、编号等管理行为实际发生时
		金额与数量	合同发生数量
		业务过程/结果	企业合同管理情况

第十三节 信息系统

企业信息系统是企业利用计算机和通信技术,对内部控制进行集成、转化和提升所形成的信息化管理平台。随着信息技术发展,企业内部管理的信息化逐渐替代人工记录。但信息化仅是记录手段的变化,信息系统本身并不属于企业的交易或事项。所以,对经营业务中交易或事项的证据来说,不属于分析范围。

第十四节 备查簿

备查簿虽然不是一类正式的会计账簿,但企业管理中广泛使用备查簿以记录各种业务流程事项。备查簿不能直接证明交易或事项的发生、变化与消灭过程,但其是企业内部控制活动是否良好的证据之一。我们在证据规则中提及审计准则的规定,审计准则指出,注册获取的审计证据来源于相关控制有效时内部生成的审计证据比控制薄弱时内部生成的审计证据可靠。因此,可以通过企业设置备查簿、备查簿记录等情况佐证企业控制活动是否有效,从而判断内部证据是否可靠,能否采信。

一、应当建立备查簿的管理环节

(一)《企业会计准则——应用指南》中规定需要设置的备查簿

(1)商业承兑汇票备查簿。记载出票日、票面金额、交易合同号、出票人及前手、收取日、贴现、到期提示承兑等。

(2)来料加工备查簿。记载收到来料加工的原料、零件名称与数量、领用的名称与数量等。

（3）长期股权投资中收到被投资单位宣告发放的股票股利备查簿。

（4）发行的企业债券备查簿。记载票面金额、票面利率还本付息期限和金额、发行日期和编号、委托待售单位、转换股份的等。

（5）库存股中为奖励职工而收购的本公司股份。

（二）内部控制制度要求设置的备查簿

固定资产管理中登记资产状态信息与使用、存放地等。

二、按照企业内部管理惯例设置的备查簿

（1）银行票据备查簿。记录银行支票等的购入、领用、作废、结存。

（2）公司公章的使用备查簿。

（3）发票领用备查簿。记录购入发票（本）领用部门、领用日及留底联交还日。

（4）周转材料备查簿。周转材料的领用与分摊。

（5）业务外包备查簿。记录加工单位、加工材料、加工进程、加工损耗率。

不同规模、不同行业、不同管理要求的企业会设置不同名称的备查簿。备查簿中记载的内容也可能不完全相同，但都应当具备资产日常管理的内容。总体来说，设置备查簿的环节是内部控制的重要环节。备查簿证据能提供这些控制环节在某一时期内发生过程的全部信息，是注册会计师了解和测试内部控制时必须要检查的领域。

第八章
会计估计证据

注册会计师在审计业务中对被审计单位管理层作出的会计估计需要获取相关证据，以就管理层估计的恰当性得出审计结论。会计估计不是实际发生的交易，属于管理层的主观判断结论。因此，注册会计师应当掌握获取会计估计证据的要求。

第一节 会计估计定义

《企业会计准则讲解》(2010)对会计估计的概念给出了定义①：会计估计是指企业对结果不确定的交易或事项以最近可利用的信息为基础所作的判断。

判断的依据是"最近"与"可利用"两项信息。"最近"是对信息的时间范围的界定，是原则性规定。按照《中国注册会计师审计准则第 1332 号——期后事项》的规定推论，"最近"对企业管理层来说，是临近作出判断的日期前后一段时间。对管理层编制财务报表而言，"最近"应当从临近资产负债表日前至财务报告报出日之间，对审计而言，则是延长至审计报告日之间的时间段。"可利用"是对信息性质的界定，也是原则性规定。某项信息只要与管理层需要作出判断的对象之间存在关联，就属于"可利用"，也就是具备"适当性"。

该定义中规定了作出判断的主体是企业管理层而不是注册会计师。注册会计师是按照《中国注册会计师审计准则第 1321 号——审计会计估计(包括公允价值会计估计)和相关披露》第十二条的规定，对企业按《企业会计准则》编制的财务报表中确认或披露的会计估计是否合理；披露是否充分作出判断。所以，作出估计是会计责任，判断管理层估计的合理性是审计责任。

该定义中对主体的界定表明管理层作出"会计估计"时，因无须有对手的同意，故不是"交易"，而是"事项"。

我们分析一下"会计估计"概念的逻辑结构，即内涵与外延。会计估计概念的内涵是"判断"，外延是一切结果不确定的交易或事项。再深入分析"判断"概念，其

---

① 《企业会计准则讲解》(2010)，第 475 页。

本身的含义①是肯定或否定某种事物的存在,或指明它是否具有某种属性的思维过程。在形式逻辑中,判断②是指对于事物或对象有所断定的思维形式。我们综合这两点可以得知,会计估计是对结果不确定的交易或事项给出一个断定结论的思维过程;反之,每一个对不确定事项作出断定结论的过程都是估计。因此,会计估计的结果并不仅仅是判断者在内心确定某一数值,也包括断定某种状态。我们之所以要分析会计估计概念是为了说明运用会计估计作出判断结果不仅估计数值,也需要对状态作出断定结论。离开了状态判断,数值估值没有意义(例如,离开了对资产存在状态的判断,减值金额估计没有意义)。

在下面的证据分析中,涉及数值估计证据时,我们用"估计"一词,涉及对状态断定、状态与数值结合的证据时,我们用"判断"一词。

第二节　会计估计的运用

会计估计在会计核算中广泛运用。《企业会计准则讲解》(2010)第二十九章"会计政策、会计估计变更和差错更正"中给出了属于会计估计的事项。包括如下内容。

一、不涉及期末资产公允价值计量

(1) 固定资产的使用寿命、预计净残值和折旧方法、弃置费用的确定。

(2) 生产性生物资产的使用寿命、预计净残值和折旧方法。

(3) 使用寿命有限的无形资产的预计使用寿命、残值、摊销方法。

(4) 建造合同的完工进度、其他提供劳务完工进度的确定。

(5) 职工薪酬中辞退福利中自愿接受裁减的职工数量确定。

(6) 预计负债金额的确定。

(7) 一般借款资本化金额的确定。

(8) 应纳税暂时性差异和可抵扣暂时性差异的确定。

(9) 融资租赁中最低融资付款额现值的确定、承租人融资租赁折现率的确定、融资费用和融资收入的确定、未担保余值的确定。

(10) 金融工具摊余成本的确定。

(11) 继续涉入所转移金融资产程度的确定,金融资产所有权上风险和报酬转

---

① 中国社会科学院语言研究所词典编辑室:《现代汉语词典(修订本)》,1996年版,第950页。

② 南开大学哲学院逻辑学教研室编著:《逻辑学基础教程(第三版)》,南开大学出版社2014年版,第61页。

移程度的确定。

（12）探明矿区权益、并及相关设施的折耗计提方法、与油气开采活动相关的辅助设备及设施的折旧方法、弃置费用的确定。

二、涉及期末资产公允价值计量

（1）采用公允价值模式下的投资性房地产公允价值的确定。

（2）非货币资产公允价值的确定。

（3）与股份支付相关的公允价值的确定。

（4）与债务重组相关的公允价值的确定。

（5）与政府补助相关的公允价值的确定。

（6）与非同一控制下的企业合并相关的公允价值的确定。

（7）租赁资产公允价值的确定。

（8）套期工具和套期项目的公允价值的确定。

（9）与金融工具相关的公允价值的确定。

三、涉及资产减值准备

（1）存货可变现净值的确定。

（2）消耗性生物资产可变现净值的确定。

（3）固定资产、无形资产、长期股权投资等非流动资产可收回金额的确定。

（4）金融资产减值损失的确定。

第三节 会计估计证据

注册会计师获取的管理层提供的其作出会计估计的证据，或注册会计师自行取得、用以印证管理层估计合理性的各种会计估计证据。从证据种类分，因这些证据表达的是人们的思想或意图，故属于书证，包括记录管理层作出估计的相关文件、财务业绩分析报告和财务报表附注等。从证据来源分，因管理层作出估计仅是其主观分析与判断的结果，自行制作文件而无须其股东核准或交易对手确认，故属于内部证据。从证明与具体事实中的主要事实之间的证明程度或价值分，属于间接证据。

这里需要区分的是，作出会计估计的依据可能是内部信息，也可能包含有外部信息。虽作出估计时需要利用外部信息，但估计结论则是管理层主观上对外部信息与内部信息进行综合分析、逻辑推理等形成的结果,是管理层的一种"心证",所以,会计估计证据划分为内部证据。

注册会计师在确认管理层估计合理性时,应当按照《中国注册会计师审计准则第 1321 号——会计估计审计(包括公允价值会计估计)和相关披露》第十三条的规定,了解管理层如何作出会计估计,以及用以作出会计估计的方法(包括模型)和数据来源、相关内部控制、是否利用专家的工作、作出会计估计时运用的某些假设(如假设利率或汇率没有重大变动)等。注册会计师获取的会计估计证据不是用于将其与具体交易或事项证据、会计记录证据相互印证,而是用于与企业内部管理情况、行业惯例、市场价格外部信息等相互印证。在应对重大错报风险时,注册会计师也需要收集相关信息、测试相关数据以作出自己的点估计或区间估计值,以印证、判断管理层作出的会计估计是否合理。

会计估计不是资产、负债和损益的计量属性与计算结果。所以,从"断定"的对象属性(即不确定性)看,不能说会计估计结果是对或错,而是合理与不合理。

审计实践中很多情况,注册会计师不是先获取管理层作出估计的各种证据、评价其估计的合理性,然后才自己复核管理层的估计证据与估计过程,并追踪检查管理层用作估计的证据是否可追溯,以印证管理层作出估计是否有充分的客观事实基础;而是单纯评价管理层估值数值是否合理,或自行作出点估计或区间估计值后去评价管理层的估值数值,这是不对的。

一、不涉及期末资产公允价值计量的会计估计证据

不涉及期末资产公允价值的会计估计范围主要包括对资产后续计量、负债和损益确认计量产生影响的参数与因素所作的判断。本项判断包括估计数值,也包括估计某种状态。

(一)资产使用寿命估计证据

1. 使用年限估计证据

资产使用寿命估计,理论上,每台设备在设计时会设定设备使用寿命参数。这一使用寿命参数是设计人员依据设备功能的某一指标值,假设设备在不超负荷使用、保养良好、无外力损害情况下最长使用时间确定。某一指标值,是指机械设备的加工精度、车辆的行驶里程、生产产品的数量等。对企业购进的设备,管理层需要依据每台设备的新旧程度、预计生产的产量等因素进行分析后确定预计使用寿命。同时,年度终了时还应当按照现有资产的完好程度等因素,考虑原确定的使用寿命是否需要调整。有的资产使用寿命还可能受到法律规定的限制。例如,车辆强制报废年限、土地使用权的使用年限、专利权的保护年限等。法律规定的使用年

限通常也是依据该资产合理或安全条件下使用的最大年限作出的规定,所以,企业在估计使用年限时,不应超过该年限。

生产经营实践中,管理层通常是将行业惯例与税法规定结合考虑确定设备使用寿命的。行业惯例可以参照1994年颁布的行业财务管理制度附录中的资产折旧年限。税法规定是指企业所得税法中准予税前扣除的最短资产折旧年限。所以注册会计师应当了解资产使用年限的行业惯例并获取证据。

2. 工作量估计证据

如果企业固定资产是按工作量法计提折旧的,还涉及对工作量的估计。

如资产是企业用于大量、连续生产某种产品的,这种估计通常是以企业自身历史经验为基础来估计。注册会计师应当获取同类资产历史上工作量的记录证据。

如果估计工作量时会涉及外部因素,如高速公路采用车流量数值作为折旧参数之一的,则需要对高速公路上行驶的各种车流量进行估计。在估计时的一个很重要参数是发生概率。概率的确定较难。会计准则中对事项发生概率的说明仅在或有事项准则中出现。

3. 概率估计

此处对固定资产使用寿命估计时如何运用概率估计的说明,适用于会计估计中所有需要运用概率进行估计的事项。

企业常用的概率确定方法有历史经验法(如坏账准备中的按账龄或其他风险特征分组的以前年度实际发生的坏账情况确定计提比例)和专家预测法(也称德尔菲法)。由于被审计单位不会经常发生经济性裁员,所以,对经济性裁减人员数量的估计没有历史经验可参考。只能运用专家预测法。

专家预测法的介绍很多。一般认为,专家预测法是指以专家为索取信息的对象,运用专家的知识和经验,考虑预测对象的社会环境,直接分析研究和寻求其特征规律,并推测未来的一种预测方法。实际运用中是组织专家会议,将参会专家给出的估值数据综合分析后确定。企业内生产管理、技术、设备管理等部门管理层人员都可以视为专家。他们给出的估值数据就是确定固定资产使用寿命结论的参数。他们的估值年限一般表述为"最有可能"的使用年限,实际是他们认为"最大概率"条件下的使用年限的含义。有时,对某一事物的概率估计的专业性非常强,企业需要利用外部专家的经验。例如,对高速公路车流量的估计,就可能需要利用对本区域经济发展与人员或货物运输量等关系很有研究的专家的经验。这些专家也是按他们的经验提出在"最大概率"条件下的估值数据的。

注册会计师应当获取专家估值的证据。评价参与估值专家的身份、专业经验、对估值数值的说明等影响估值结果的要素,以印证估值结果的合理性。

（二）完工进度估计证据

1. 建造合同完工进度证据

建造合同因其劳务作业对象是实体资产，所以可以按照资产负债表日的资产物理状态（一般称为形象进度）确定完工百分比。注册会计师应当获取能证实资产负债表日资产形象进度的证据，包括监理机构出具的监理报告、资产建造现场的观察记录、专业机构的专门测量结果等资料。

上述证据中除资产建造现场观察记录是注册会计师自行制作的证据外，其他证据都属于外部证据。从本书对物证的界定可看出，该些证据属于物证。

注册会计师还应当获取施工预算证据。施工预算是帮助注册会计师从施工对象整体工作量视角评价某一阶段施工量的间接证据。它对阶段性施工工程量具有制约作用。

施工预算包括施工图预算和施工预算，均由被审计单位编制。施工图预算是施工企业根据全国统一施工图预算定额或地方施工图预算定额编制的，作为与建设单位签订合同计价和结算（收入）的依据。施工预算是施工企业依据本企业内部施工成本定额编制的，用于控制施工成本、考核业绩的预算，是施工成本控制的依据。施工预算由施工单位根据施工图纸、施工定额、施工及验收规范、标准图集、施工组织设计（或施工方案）等编制的单位工程（或分部分项工程）施工所需的人工、材料和施工机械台班数量等，是施工企业业务管理的内部文件。

施工图预算与施工预算的关系是：施工图预算－施工预算＝合同毛利。

由于施工预算中，预计的施工所需的人工、材料和施工机械台班数量等与消耗的水泥、钢材、木材等结合才能构成资产形象进度。反之，即使有水泥等物质，没有劳务支出是不能形成资产的形象进度。所以，注册会计师在判断管理层对完工进度估计的合理性时，应当检查消耗的人工、材料和施工机械台班数量以与现场观察记录、监理报告和专业机构的测量报告一起相互印证，才能作出恰当的完工进度判断。注册会计师需要获取这些证据并将会计记录与工程实物证进行相互印证。这一印证是从生产业务角度识别、判断会计记录是否存在错报。离开了资产形象进度物证，注册会计师对企业"根据累计实际发生的合同成本占合同预计总成本的比例确定合同收入"是否存在错报的识别和判断就失去了客观事实基础。也无从识别企业"实际发生"的合同成本是否与实际提供的劳务数量，即实物资产的物理状态相符，有无错报。

2. 其他劳务完工进度

其他劳务完工进度是指执行《企业会计准则第 14 号——收入》所规范的企业向其他单位提供劳务的完工进度。其他劳务的作业对象可能有实物资产载体，也可能没有实物资产载体。

　　如果其他劳务作业有实物资产载体的,可获取实物资产载体的物理状态变化(如修理)或位置变动(运输量)等证据予以印证劳务完工进度。这些证据也是物证。

　　如果劳务作业对象不是实物资产且难以用某一指标(如按人工/日、吨、立方米等)清晰计量的(如软件制作),注册会计师则需要获取其内部作业计划证据。例如,大型软件制作时,企业会编制软件项目方案报告书。报告书中除说明制作项目所用的软件语言、数据库等软件架构外,还包括功能模块、组装与调试、测试等不同业务流程阶段所需的人工成本与费用等业务流程内容与耗用的费用金额。业务流程会编制成软件开发甘特图。甘特图是开发企业用于开发进度、开发费用控制的基本文件。这些证据与施工预算的作用相同,是注册会计师测试劳务工程量,印证管理层估值合理性的证据。甘特图的例子,如图 8-1 所示。

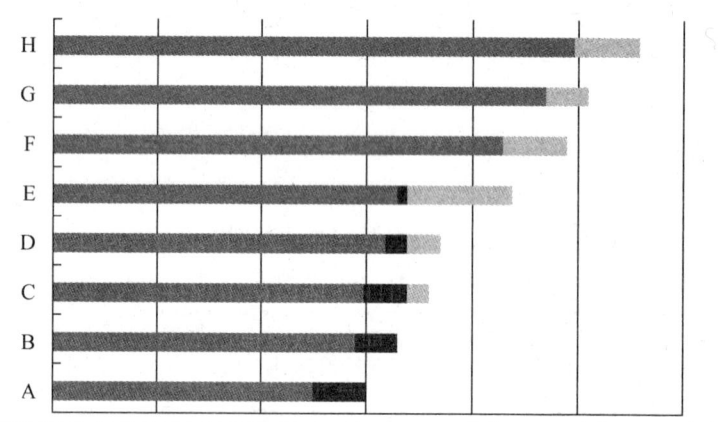

图 8-1　甘特图的例子

　　图内 A, B, C…是各工序。

　　百度对甘特图的解释:甘特图(Gantt chart)又称横道图、条状图(Bar chart),它是在第一次世界大战时期发明的,以享利·L·甘特先生的名字命名,他制定了一个完整的用条形图表示进度的标志系统。甘特图内在思想简单,即以图示的方式通过活动内容列表和时间刻度形象地表示出任何特定项目的活动顺序与持续时间。基本是一条线条图,横轴表示时间,纵轴表示活动(项目),线条表示在整个期间上计划和实际的活动完成情况。它直观地表明任务计划在什么时候进行,及实际进展与计划要求的对比。管理者由此可便利地弄清一项任务(项目)还剩下哪些工作要做,并可评估工作进度。

　　注册会计师可以用甘特图、内部费率标准、实际员工作业记录等为证据,建立实际完成工作量的预期值。在识别和判断被审计单位作出的完工百分比估值的合理性时,用于进行对比分析。这些证据因表明管理层对自身业务进度的控制意图,所以,证据种类是书证,证据类别是内部证据。证据描述性信息主要是作业时间和人员数量、结构及单位时间的费率。

如果劳务量是可以某一指标,如大楼外墙清洁工程量按人工/日或平方米计量,装卸货物工程量以吨计量的,则按完成指标结算收入,不存在完工进度。

(三)自愿接受裁减的职工数量估计证据

被审计单位计提辞退福利薪酬时,人力资源部门和财务部门会制定相关的工作方案。方案制定后经治理层核准,在方案执行时召开的会议上会宣布方案。辞退福利通常不针对个别人员进行单独计量,所以会涉及经济性裁减员工数量的估计问题。

按劳动部1994年颁布的《企业经济性裁减人员规定》第二条的规定,经济性裁减员工是在企业濒临破产、被宣布法定整顿期间、生产经营发生严重困难并达到当地政府规定的标准等情况时发生(近年来又有因企业业务转型原因而产生)。该文件第四条(四)款规定,经济性裁减员工应当“向当地劳动行政部门报告裁减人员方案以及工会或者全体职工的意见,并听取劳动行政部门的意见”。按此规定,注册会计师应当获取被审计单位提出报备的裁减报告、听取工会意见或全体员工意见的记录、当地劳动部门报送的经济性裁减员工的报告等证明被审计单位发生的经济性裁减员工程序合法的证据。这些证据是判断被审计单位作出的资源接受裁减员工数量估计值的基础。如果经济性裁减员工行为不合法,则其估计值资料也不具备审计证据所要求的“适当”性。

注册会计师在复核对企业作出的自愿接受裁减的人数的最佳估计值时,应当了解被审计单位在作出辞退人员对所确定的某些原则,如劳动岗位种类、进入本企业时间等。这些原则应当在方案中有说明。注册会计师需要获取这些证据,用于印证所预计的辞退人员数量与岗位类别是否符合裁减方案。这也是对估计值证据适当性的判断。

注册会计师应当获取截至资产负债表日接受裁减意愿程度不同的各类员工数量证据,包括已签署解除劳动合同关系协议、肯定接受裁减的数量及虽经约谈但接受裁减意愿不确定的员工数量证据。企业需要作出估计的是接受裁减意愿不确定的员工数量。注册会计师重点检查企业对这部分员工数量估计的证据。

本项分析中涉及的各项证据均为书证,是内部证据。

(四)预计负债证据

涉及预计负债的主要事项与应当考虑的相关因素在或有事项会计准则讲解中已有详细说明。确认预计负债时,管理层所考虑的相关因素就是注册会计师需要获取的预计负债估计证据的范围。

　　按《企业会计准则第 13 号——或有事项》第四条(二)款的规定,只有在履行该义务很可能导致经济利益流出企业,需要确认预计负债。

　　上述预计负债确认条件中,"很可能"是一种对经济利益流出企业的状态的判断。但这种对状态的判断结论可以转换成以概率数值来表述状态的判断结论,所以,事物发生状态和概率数值之间就有了联系。因以概率数值表述状态的原因,我们此处以"估计"一词取代"判断"一词进行分析。

　　财政部 1997 年 5 月后颁布并经 2000 年修订后的原《企业会计准则——或有事项》指南"一、基本要求"(二)款首次提出了其各种可能性及其对应的概率如下:

结果的可能性	对应的概率区间
基本确定	大于 95% 但小于 100%
很可能	大于 50% 但小于或等于 95%
可能	大于 5% 但小于或等于 50%
极小可能	大于 0 但小于或等于 5%

　　这一可能性与对应概率区间的表述,既包括可直观理解各种可能性的量化参考区间值,也隐含包括了估计的技术性方法(即概率估值方法)。技术性方法是探究事物内在运动规律的方法。2006 年颁布的的《企业会计准则,第 13 号——或有事项应用指南》中也沿用了该种概率估计方法。这一技术性方法适用于所有的会计估计过程。

　　有意思的是,在民事诉讼证据理论中,有证据"盖然性"理论。"盖然性"是指有可能而不是必然的一种性质,或者说是一种可能的状态。有学者认为[1],我国最高人民法院《关于民事诉讼证据的若干规定》(法释〔2001〕33 号)第七十三条规定,双方当事人对同一事实分别举出相反的证据,但都没有足够的依据否定对方证据的,人民法院应当结合案件情况,判断一方提供证据的证明力是否明显大于另一方提供证据的证明力,并对证明力较大的证据予以确认。这就是盖然性的证明要求。法官要确认诉讼中哪一方提供的证据证明力大,只能依靠法官自身的判断。法官如何将自身对证据证明力大小判断的结论予以清晰地说明并传递给律师、诉讼双方及法院内部其他人员呢? 显然用文字描述是难以实现这一功能的。对于难以用明确的文字界定的"盖然性"概念,德国诉讼法学家提出了一个衡量"盖然性"程度的假想刻盘以解决盖然性难以描述的问题。其两极为 0 与 100%,分别为绝对不

---

① 　叶青主编:《诉讼证据法学(第二版)》,北京大学出版社 2013 年版,第 224 页。

可能与绝对肯定。1%～24%为非常不可能;26%～49%为不太可能;51%～74%为大致可能;75%～99%为非常可能;50%则属于完全不清楚。

本书引用法学学者的研究成果,不是想考证会计准则中对可能性使用概率估计方法描述与德国诉讼法学家的同样方法之间由谁先提出、谁引用谁、谁更科学、谁更准确的理论基础,而是想说明只要是经过研究客观事物内在规律,从而抽象出的科学理论或技术性方法对任何探究客观事物内在规律的人们都是可用的。

预计负债金额的确定中涉及诉讼赔偿金额时,需要由法律专家参与估计赔偿额。预计负债中涉及确定亏损合同的亏损金额时,可能需要施工预算(生产计划)编制专家参与估计亏损额。所以,注册会计师在获取预计负债的证据时,需要注意获取这些法律、施工预算编制等外部专家意见证据。从专家作为独立于企业管理层整体之外的自然人,利用其个人多年的经验对某一亏损合同作出评价结论角度说,他们的结论是外部证据。从专家在提出其判断结论时所了解被证明对象情况的分析,这些专家的意见是证人证言证据。

注册会计师有时可能需要利用其他专家的工作成果才能对企业作出的预计负债数额是否存在重大错报作出判断。

(五)一般借款费用资本化金额估计证据

一般借款费用资本化的适用条件、计算基础等在《企业会计准则讲解〔2010〕》中有详细说明。其所列示确认、计量要求涉及的资料就是注册会计师需要获取的证据。

一般借款费用资本化金额的估计包括状态的判断和金额的估计。状态的判断中可能包括借款费用资本化开始的时点、是否中断和资本化结束的时点三个。这三点也涉及专门借款的费用资本化问题,所以,此处不再明确区分专门借款和一般借款的估计证据。

资本化开始时点,应当是资产实际建造的开始时点。该时点的确定是借款费用资本化金额整体基础之一。该时点不确定,则累计资产支出也无法正确计量。所以,该时点既影响专门借款费用的资本化金额,也影响一般借款费用资本化金额。"符合资本化条件的资产的实体建造或生产工作已经开始"中的"已经开始"是一个原则性规定,具体情况很复杂,有时可能需要注册会计师作出判断。例如,讲解中列举了企业购入土地使用权后尚未开工兴建房屋,借款费用不应予以资本化的案例。但何谓"开工兴建"? 企业购入土地使用权后,在实际建造房屋地基前可能需要做某些前期准备工作,如进一步勘探、清理杂物、设计详细施工图纸等。有时,这些自购入土地使用权后至地基建造前的工作时间长度的合理性就需要估计。准备工作是否构成建造活动的实质性步骤,可依据该项准备活动是否属于建造活动的必经工序予以判断。但其工作时间就可能需要估计。例如,企业可能已经意识到当初投资决策存在失误,为了增加当期账面盈利,企业故意拖延前期工作时间长度,以增加资本化金额和减少当期损益中负担的借款费用。注册会计师对工程前期准备工作的时间过长情况存在疑虑时,应当实施到施工现场实地检查工程前期准备工程程序。实施该项程序时,注册会计师有可能没有发现停顿情况。这时,注册会计师可利用自身对其他工程项目的审计经验或专家的经验,对工程前期准备工作的合理时间作出估计,以判断是否存在故意拖延的情况。

在借款费用资本化金额计量中因非正常原因中断的,应当停止计量。对于中断计量的原因是否属于非正常的客观事实,有时也需要作出判断。我们以《企业会计准则讲解〔2010〕》中列举的正常中断案例反证说明。某企业处于北方地区,冬季寒冷时节无法进行土建施工,这种中断是可预见的,属于正常中断。企业为加强资金管理,在采购大宗原材料时,就考虑进入寒冷季节后无法施工阶段而减少采购量以减少原料资金占用额。待到可以施工前的恰当日期发出订单采购。企业发出采购订单的时间提前量就含有对供应商生产安排、运输距离等因素所需时间的估计。如果注册会计师发现原材料到货时间与工程地点天气回暖、可施工的时点差异较大,而企业的理由是因为供应需要时间较长而确定此项时间差异仍属于正常中断原因,利息费用继续资本化时,注册会计师就需要对发出订单的时间后至供应商运送货物到达施工公司时止的供应商生产安排和运输等因素所需的合理时间作出估计。以判断天气回暖达到施工条件后但尚未开始建造的中断是否为正常中断,能否资本化。这类证据包括供应商供应品种的一般生产周期、该供应商要求的订货时间提前量、供应商生产场所位置及其与施工地点的距离,运输工具的一般运输周期等资料。有的需要从外部获取,有的可以从企业内部获取。注册会计师获取的这些证据作出的供应时间估计与企业的实际停供时间差异较大的,则应进一步获取其他证据予以印证,以作出恰当的判断结论。

借款费用停止资本化的判断。会计准则规定,建造的资产达到预定可使用状态或可销售状态时,借款费用应当停止。这里"预定可使用状态"或"可销售状态"也是原则性规定。在具体审计实践中遇到各式各样的"预定可使用状态"。预定可使用状态是对资产实现其功能的判断,通常不涉及金额的估计。

审计实践中经常遇到注册会计师与被审计单位就在建工程是否完成,达到预定可使用状态结转固定资产,停止利息资本化时点的问题存在不同看法。有的被审计单位管理层为了增加当期盈利就存在故意提前或延后结转的情况(在工程项目证据分析时,已提及在建工程结转固定资产的时点确认问题。该段分析主要从证据的充分性和适当性方面进行的分析。本项内容主要从对会计准则中相关概念的理解进行的分析)。例如,某金属矿采矿业企业,其投资建造一条新的矿井。投资第一年就产出产品。企业为增加当期盈利就将当年投资金额结转为固定资产。注册会计师对此认为新矿井尚未完成全部建造的工程量,尚未经工程质量、安全监管机构等验收,不能结转固定资产,产出产品的盈利不能计入当期损益。企业管理层则提出,新建矿井已经出产产品,达到建设矿井的建造目的,可以结转固定资产。我们认为,所谓"预定可使用状态"中"预定",应当是指董事会对投资建造新矿井决策时设定要达到的建造目的、建造工程量与投资金额、建造质量标准等要求,而不是站在第一年年末的时点看能否出产品。"可使用"的含义也不是现时能否出产品,而是能否持续、稳定地生产出符合质量要求的产品。持续与稳定生产就包含了安全生产设备、逃生通道等建造是否符合法律法规规定的矿井安全生产要求,保障资产不因质量、安全等原因而停工或废弃。第一年年末企业新建矿井的全部工程尚未完成,第二、第三年仍需继续建造,只有达到符合投资决策时设定的全部目标,才能说达到"可使用"的状态。注册会计师只有获取了资产现时状况达到了资产建造决策时预设的建造目的、建造工程量与投资金额、建造质量标准等全部要求相关的证据后,才能确认管理层将在建工程结转为固定资产事项的各项认定的正确性。反之,则可能是投资决策或建造过程存在失误,企业管理层为减少利息费用负担(不是向银行支付的利息金额),增加当期盈利而故意延迟结转固定资产,增加在建工程的资本化利息。注册会计师应当仔细了解被审计单位工程的建设、试生产的进度与建设计划安排是否存在重大差异,被审计单位当年的经营情况等,才能判断在建工程是否应当结转固定资产。识别被审计单位管理层可能曲解"预定可使用状态",实施舞弊的意图,以确认管理层将在建工程结转固定资产的各项认定是否正确。

二、涉及资产期末公允价值计量证据

《企业会计准则第 39 号——公允价值计量》第十六条指出,相关资产或负债在初始确认时的公允价值通常与其交易价格相等。所以,本项分析不涉及资产或负债的初始计量公允价值证据。同时,该准则第八条规定,清算等被迫交易不属于有序交易。所以,企业清算状态下的资产出售计量证据也不涉及。这里分析主要资产后续计量中的公允价值证据。

(一)三个层次的公允价值证据

1. 第一层次输入值证据

《企业会计准则第 39 号——公允价值计量》应用指南指出,可以应当能够易于且可定期从交易所、交易商、经纪企业(如银行)、定价机构(如外汇交易中心)等获得相关资产或负债的公开报价。企业从活跃市场获得的这些报价,应当能够代表在公平交易基础上实际并经常发生的市场交易。

金融资产或负债的后续计量时其公允价值第一层次输入值证据的获取较为容易。企业管理层或注册会计师通常获取资产负债表日的证券交易所或其他合法成立、经批准可以从事证券期货交易机构的市场报价即可。

按《企业会计准则第 39 号——公允价值计量》第二十五条的规定,企业应当将该报价不加调整地应用于该资产或负债的公允价值计量。但该条规定也说明了需要调整报价的情况。其中第(一)款是指企业拥有大量类似但不相同的资产或负债,不能取得个别资产或负债的单独定价时需要对报价进行调整。此类情况可能更多地存在于金融机构或专职从事金融资产投资的企业。本书不对金融企业的审计证据进行研究,所以不再分析说明。第(二)款是指当活跃市场发生重大事件导致其报价不公允时,需要对报价进行调整。例如。2015 年 7 月中国股市发生了持续的非理性下跌,导致国家一行三会及国资委等协同救市行动。在这种情况下,就可能需要对活跃市场报价进行调整。注册会计师对企业调整活跃市场报价的事项应担获取相关证据。这类证据应当包括活跃市场发生非理性波动的客观证据,如监管机构的官方声明或决定、媒体报道与分析、活跃市场在波动前后的报价数据、管理层作出的调整数值及调整所用的估值模型、估值过程及相关依据等证据。

2. 第二及第三层次输入值证据

第二层次输入值应当包括第一层次中对活跃市场报价调整后的价值数值。由于非金融企业的金融资产主要为应收款项等,且采用摊余成本计量。除此以外,其他可以用公允价值进行后续计量的资产很少(如交易性金融资产),所以金融资产的第二层次的审计证据不予分析。

第三层次公允价值证据中,以公允价值模式进行后续计量的投资性房地产、企业合并等非金融资产一般都采用资产评估的方法确定公允价值。对企业聘请资产评估师进行评估确定资产或负债公允价值的,注册会计师应当获取资产评估报告的正文和技术说明等证据。

注册会计师应当改变审计观念,不能认为获取了资产评估报告就视同获取了全部证据。也不应自认不具备与估值专家同等的专业技能,所以对专家选择的假设和方法也不评估其合理性。必须在观念上秉承勤勉尽责的理念,按审计准则的要求,对资产评估师的专业胜任能力、其对同类资产的评估经验、客观性等获取证据并进行评价;同时对资产评估报告中使用的估值模型、评估假设等是否适合此类资产进行了解与评价,对评估使用的参数实施重复观察等,对这些测试工作都需要完整记录、形成审计证据,组成证据链。否则不能识别资产评估中可能存在的重大错报,难以避免审计失败的现象。

审计实践中出现过类似案例。在对某一企业实施财务报表审计时发现,该企业的一个法人投资者出资投入的无形资产为一项新发明的技术,该无形资产的初始计量采用评估价值。评估目的是确定投资合同中该股东出资资产的价值。经检查评估报告发现,评估方法为收益法,而收益法中的收益参数是依据出资者自行编制的该资产商业计划书中估计的年度收益额、年增长额等数据确定。由于该项技术为新发明的技术且尚未投入商业运用,所以不会有历史数据可参考;因该资产的独特性也无法从外部市场上重复观察到。评估师未将该技术与已有的类似技术进行比较,也没有参考类似资产投入商业运用后的经济效益数据等对商业计划书预计的收益对比分析,也没有分析该项技术的商业前景,是否会存在很快被其他新技术替代而无价值等。该资产评估事务所与评估师也不是专业的无形资产评估机构和评估师,也没有过往此类无形资产的评估经验等。所以这一评估值不具有合理性。注册会计师最终对财务报表出具了保留意见的审计报告。所以,注册会计师不能仅针对评估结果获取证据,应当对评估过程获取证据,通过对评估过程的评价去评价评估结果的合理性。

(二) 投资性房地产公允价值证据

计量投资性房地产公允价值时,需要第三层次输入值。有学术观点[①]认为,房地产由于具有位置固定性、个别性等特征,房地产市场是个不完全市场,因而不会自动地形成众人都容易识别的适当价格。同时,有很多因素阻碍房地产价格合理形成的因素,并且作出价值判断必须有专门的房地产估值知识和经验,所以需要专业人员来提供市场信息,以替代市场进行适当估价。一个经济学意义上的完全市场应当具备 8 个条件,包括:①同质产品;②众多的买者和卖者;③买者和卖者可自由进入市场;④所有买者和卖者都掌握当前物价的完全信息,并能预测未来的物价;⑤就成交总额而言,市场各个经济主体的购销额是无关紧要的;⑥买者和卖者无串通共谋行为;⑦买方要求总效用最大化,卖方要求总利润最大化;⑧商品可转让且可发生位置移动。房地产作为商品,其品质各异和复杂性不符合①和④条,房地产尽管所有权能转移,但其本身无法移动,不符合第⑧条。所以,房地产不会在"市场价值"意义上有公允价值。只有证券市场和期货市场才被看作近似于完全市场的案例。我们无法找到相反的证据证明上述理论是错误的,所以本书采纳这一理论。

按上述理论,每一处房地产的位置是独一无二的,绝没有同一位置上同时建造两栋房地产的可能。因此,房地产价格的评估都是替代市场中的适当价格,只有通

---

① 中国房地产估价师学会:《房地产估计理论与方法》,1995 年版,第 28 页。该书为中国房地产估价师执业资格考试指定辅导教材。

过估值才能确定其公允价值。房地产行业确定房地产价格的信条是:第一是位置,第二是位置,第三还是位置。因此,投资性房地产按公允价值进行后续计量时,只能存在第三层次输入值。

财政部颁布的《企业会计准则实施问题专家工作组意见》(2007 年 4 月 30 日)中指出,采用公允价值计量的投资性房地产,应当同时满足以下条件:

一是投资性房地产所在地有活跃的房地产交易市场。"所在地"一般是指投资性房地产所在的大中型城市的城区。二是企业能够从活跃的房地产交易市场上取得同类或类似房地产的市场价格及其他相关信息,从而对投资性房地产的公允价值作出合理的估计。"同类或类似的房地产",对建筑物而言,是指所处地理位置和地理环境相同、性质相同、结构类型相同或相近、新旧程度相同或相近、可使用状况相同或相近的建筑物;对土地使用权而言,是指同一城区、同一位置区域、所处地理环境相同或相近、可使用状况相同或相近的土地。

不具备上述条件的,不得采用公允价值模式。

从上述规定可以看出,影响房地产公允价值的主要因素是位置地理环境、房屋性质、结构、新旧程度和可使用状况等。这些因素结合在一起形成了每一栋投资性房地产的价值都不同。

企业会计核算实务中,都是聘请资产评估师进行评估得出投资性房地产的公允价值。资产评估师采用市场法,通过按评估的房地产所处地区的实际状况,对参照房地产的各项参数进行修整的方法确定被评估的投资性房地产期末公允价值。公允价值计量会计准则规定,市场法,是利用相同或类似的资产、负债或资产和负债组合的价格以及其他相关市场交易信息进行估值的技术。

注册会计师在获取投资性房地产按市场法评估的评估报告后应当对影响评估结果的上述因素进行了解和评价。注册会计师应当逐一了解和评价各项具体内容,并获取相关证据。

按前述房地产估值理论的要求,首先,需要获取评估报告选取的可比参照实例证据,评价可比参照实例是否合适。评价的内容包括,可比实例与被估价对象的用途是否相同(如商业设施、仓库、住宅、宾馆、工业用房等),建筑结构是否相同(如钢结构、钢筋混凝土结构、砖混结构、砖木结构等),所处地区是否相同或临近被估计对象位置,价格类型是否相符(如出售价、租赁价、投资价格、课税价格等)价格时点是否合适(如是近期,上年,或×年前的),交易状况是否为正常交易,而不是清算、罚没资产出售等。注册会计师需要获取这些评价内容相关的证据。

其次,要获取对所选的可比参照实例所建立的可比价格基础证据。评价该价格基础是否合理。评价内容包括付款方式(不是一次性付款的,是否考虑资金成本),计量单位性质(如楼面地价)、币种、面积计量单位等。

最后,要获取估值人员对可比参照实例参数进行修正的各项证据。修正包括交易情况修正、交易日期修正、区域因素修正和个别因素修正。这些证据可以从估值报告中获取。注册会计师应当赴被估值的投资性房地产实地进行查看,评价估值人员区域修正、个别因素修正结果与被估值资产所在地、资产实际状况是否有重大差异。评价交易情况修正、交易日期修正中的相关依据是否充分、合理。注册会计师应当对观察和分析过程编制工作底稿,进而形成一项新的证据。

与无形资产公允价值评估一样,注册会计师不能仅针对投资性房地产的评估结果获取证据,应当对评估过程获取证据,通过对评估过程的评价去评价评估结果的合理性。

三、涉及资产减值估计的证据

《企业会计准则第 8 号——资产减值》第二条中对资产减值的解释为,资产减值是指资产的可收回金额低于其账面价值。第六条第二款又对可回收金额的计量规定作出了解释,即可收回金额应当根据资产的公允价值减去处置费用后的净额与资产预计未来现金流量的现值两者之间较高者确定。从审计证据角度分析,这些规定说明资产之所以计提减值是因为使用资产从外部市场获取的未来现金流量小于资产负债表日的账面价值,以此推论,资产减值估计所需证据主要来自企业外部。

下面的分析是基于资产已经发生减值情况,估计可收回金额需要的相关证据,不包括对发现减值迹象,判断是否实际已经减值时需要的相关证据。

资产减值准备估计与公允价值估计相类似。资产负债表中资产以历史成本或摊余成本与减值准备金额相抵后列示的账面价值类似于资产的公允价值。两者相同之处是都考虑从外部市场获取现金流量为估计基础。估值方法也相同。不同之处是资产减值准备需要考虑扣除处置费用,而公允价值是不应考虑此项调整。产生这一差异的经济因素可能是持有资产的目的不同而发生。持有资产的目的是为获取主营业务收入的,则企业主要通过持续运用所持有的资产进行生产、销售产品或提供劳务后获得现金流量,而不是准备通过随时出售资产获得现金流量。因此,处置资产收回现金的时间较长(如在产品继续加工至完工),未来处置时资产的功能与状态将发生变化(如固定资产清理)。企业需要考虑未来处置时与资产实体功能、资产状态变化等有关的所需成本或费用。支付成本或费用所流出的现金需要扣减未来该现金流入量,如存货、固定资产等。持有资产的目的是用于投资、与他人交易等的,则仅需考虑资产负债表日时点的即刻出售价格。出售资产也需要支付一定的费用,但出售行为不影响资产实体功能与状态变化,如交易性金融资产、投资性房地产、股份支付、债务重组、非货币资产交换等。所以,支付的费用不计入现金流量。

如果持有资产的目的发生了变化,从原长期使用转为待售,则应当改为按公允价值计量,如固定资产转为持有待售资产。同样,如果持有目的转为用于生产销售产品或提供劳务的,则其从公允价值转为按成本计量,如投资性房地产转为自用固定资产。

需要说明的是,上述分析并不是研究会计理论,而是分析两者在获取与评价证据方面的差异。例如,存货是以"在日常活动中,存货的估计售价"为基础考虑可变现净值,而不是活跃市场为基础考虑的。注册会计师要重复观察存货的"估计售价"只能从该产品或类似产品的销售合同,有限的市场范围内观察到。证据获取难度大。交易性金融资产是以活跃市场的公开报价为基础考虑减值金额的。注册会计师容易观察到相关资产的活跃市场中公开报价信息,获取证据较为容易。下面仅就主要资产进行分析。

(一)存货可变现净值证据

存货是为出售而储备,或为生产耗用而持有的资产。通常在一个会计年度内变现。所以通常一般不会发生减值。

存货生产过程中,会出现除合格品外的其他等级成品。合格品[①]是指符合内在和外观质量标准或合同要求的产品。有些产品合格品除一等品外,还包括二等品或三等品。企业通常对二等品、三等品进行降低出售价格进行销售,不需要计提减值准备。如果出现废品,则其报废后作为废料出售,也不需要计提减值准备。

通常发生需要计提减值准备的存货主要有以下几种情况:

(1)内在和外观质量并没有不合格,但因多种原因长期滞销,目前售价下降幅度较大。

(2)因长期滞销造成内在或外观质量存在瑕疵,需要降价销售。

(3)因存货受到法定期限的限制而近期需要报废。

长期滞销,不单指成品还包括原材料和在产品。原材料滞销可能是用这种原材料生产的产品不再生产,且该原材料因规格、品种特殊而难以出售或需要较大幅度降低售价才能出售;在产品滞销可能是该产品成品销售不畅,没有必要再投入

---

① 上海社会科学院部门经济研究所编:《经济大辞典》(工业经济卷),上海辞书出版社 1983 年版,合格品条目。

工费生产而产生。证明长期滞销的主要证据应当是市场变化的证据。例如,与长期滞销产品相关的市场中产品类型、产品更新(如普通手机被智能手机替代)、客户需求(如对有机食品的需求)变化,客户采购量逐年下降等证据。但更方便获取的证据是产品入库时间证据,即入库单的编制时间。该等证据虽属于内部证据,但其实质是反映外部市场中该产品需求的变化。

存货内在和外观质量存在瑕疵的证据也是识别存货发生减值迹象的重要证据,包括外部证据与内部证据。内在质量证据中的外部证据包括法律证据和外部检验机构的检验结论证据。例如,对药品、食品等有法律法规规定保质期限定的存货,保质期到期日就是一个其内在质量必然存在瑕疵的客观证据。其他无保质时间限制的存货,存货内在质量瑕疵需要检验确定;内部证据包括企业质量管理部门自行检验的证据。注册会计师应当获取企业质量管理部门的检验单、外部质量监管机构的检验结论等内在质量存在瑕疵的证据。外观质量主要依靠现场观察,注册会计师实施观察可获取外观质量的证据。需要注意的是,计提存货跌价准备的物质基础是存货实体必须存在。如果存货实体不存在(如盘亏),则减值金额是"皮之不存,毛将焉附"。对没有证据证明实际存在的存货,以计提全额跌价准备的方法消除错报风险的意图是不现实的,因为此种情况下,均无证据表明存货的期末"计价与分摊"和"存在"两个认定是正确的。注册会计师实施观察、监盘程序获取的证据或获取期末质量检验单都是存货存在的证据。

存货估计售价证据首先来源是企业的产品销售给非关联方的实际售价。其次,还可以从有类似商品的市场售价获取估计售价的证据。但存货存在多个市价的(如房地产开发企业的存货),要确定具体的估计售价难度较大,需要运用估值的方法确定(参见投资性房地产公允价值部分内容)。售价主要通过市场交易的方式决定。长期滞销、内在质量瑕疵和外观质量瑕疵等都会制约存货的售价,间接反映了外部市场对产品售价高低约束程度。所以,售价估计的证据主要来自企业外部的证据。

存货至完工时估计发生的成本、估计的销售费用金额应当从企业成本核算、费用科目获取,属于内部证据。

存货的估计售价、存放时间、内在和外观存在瑕疵、估计的成本、估计的销售费用与存货实体存在等证据共同构成判断存货计提跌价准备合理性的证据链。注册会计师只有获取证据链上的全部证据,才能做出恰当的职业判断结论。

(二) 消耗性生物资产可变现净值的确定

因农林类企业的审计实践较少,缺乏实践经验。所以,不对消耗性生物资产可变现净值的证据进行分析。

（三）固定资产、无形资产、长期股权投资等非流动资产可收回金额的确定

固定资产、无形资产和长期股权投资资产的可收回金额应当对资产的公允价值或预计未来现金流量的现值进行估计。

1. 固定资产

大多数单项固定资产只在产品生产流程中的某道工序中使用，所以，难以按其预计未来的产品销售净流量确定该资产的现金流量的现值，公允价值通常按市场法进行估值。在以计提减值准备为目的的固定资产公允价值估计时，通常应当运用该资产的二手市场价格为主要估值参照系。二手市场价格是外部证据。因为需要计提减值准备的资产往往是使用日期较长，或长时间未使用需要转让的资产，所以确定固定资产目前状况是采用市场法估值的基础。资产目前状况的描述性信息，包括原有技术参数、现时可达到的实际参数、磨损程度等。对非自制设备来说，这些描述性信息通常用"几成新"来表述。同时，按市场法估值中还需要考虑未来购买者购买后是按该资产的原有功能使用，还是转换用途后使用，以调整估值数值。

如果是通用设备，可以找到与其相同或类似的二手市场中的资产负债表日的标价为证据。如果是自制的设备，则难以找到与其类似的设备的二手市场，不适用采用市场法估值。需要注意的是，二手市场都是公开市场，但不一定是主要市场。二手市场通常是在交易中自发形成的。某类旧设备专业市场可能是主要市场，但这种市场很少。所以，首先应当以该类旧设备专业市场的价格为参照值。其次才采用最有利市场的价格信息。注册会计师除获取管理层提供的询证价格证据外，应当自行获取相关证据，如查询到的多个二手市场价格，比较分析确定与该资产实际状况和用途相关的最有利市场的价格信息证据。

在确定资产目前状况时，可能需要利用专家的工作。注册会计师需要获取专家的评估结论。注册会计师获取专家评估结论后还需要检查该资产的修理记录，特别是大修理记录。因为专家评估资产状态时，大修理记录是一个重要的考虑因素（企业资产大修理的说明见资产管理证据中的固定资产部分内容）。注册会计师获取这些证据后需要进行相互印证。

在确定了资产目前状况和合适的市场参照价格后，管理层还需要对资产参照售价进行比较分析后适当调整（例如，购买者购买后是按该资产的原有功能使用，还是转换用途后使用）。注册会计师还需要获取这一比较分析与调整原因或理由的证据。

有时，企业可能因需要计提减值的固定资产品种多，但某一品种的资产数量少，且不是通用设备、不属于主要生产设备等原因而难以逐一运用二手市场价格进

行估值或聘请外部专家估值时,通常由企业设备管理人员依据其经验,按该同类设备的二手市场价格与预计要支付的处置费用等作出估值。对此,注册会计师应当实施询问程序,深入了解企业内部有经验的设备管理人员是如何估值,包括如何确定资产状况、资产市场价格的估值过程与参数,对市场价格调整的原因和参数等。注册会计师应当将询问记录与获取的其他证据相互印证,判断其估值合理性。

固定资产未来现金流量现值估值方法,通常适用于仍在生产中使用或备用的通用设备或自制设备。这些资产(如煤矿)能直接形成可出售的产品(如煤炭)等可以按预计未来的产品销售现金净流量确定其现值。这类固定资产通常组成资产组进行估值。资产组的划分与未来现金流现值的估值方法在企业会计准则讲解中已有介绍,不再赘述。注册会计师应当获取被审计单位管理未来现金流量估值过程与估值参数的证据,对估值参数进行重复观察,对估值过程进行复核,以判断被审计单位管理层的估值结果是否合理。

对估值中需要考虑的处置费用等也应当获取相关证据。处置费用通常按同类资产处置费用的历史记录为基础考虑。所以,注册会计师在判断处置费用金额时,应当检查同类资产的历史记录,询问调整的原因或理由并制作检查和询问记录证据。

2. 无形资产

无形资产中除土地使用权外,其他类型资产难以通常市场法估值。因为专利权、专有技术等因其具有独创性而不会有类似资产及专业的资产市场。特许使用权中少数特许权(如药品生产许可)可能有类似资产外,特许权也难以在市场中找到类似资产与资产出售价格。因此不适合采用市场法估值。所以,无形资产的可收回金额通常用未来现金流量现值来估值。与估值有关的证据包括估值时考虑的相关因素证据与估值参数证据。注册会计师需要通过制作询问记录以获取管理层所考虑的影响估值的因素证据,并检查这些因素实际存在场合(情况)的证据。通过媒体、证券分析师分析报告等第三方渠道获取所适用的参数证据。

土地使用权可以将政府出让拍卖行为视同一种交易市场,并将拍卖价视作市场价。在此基础上,按房地产估值方法中的区位因素调整方法等进行调整后得出。

3. 长期股权投资

对非上市公司长期股权投资无法通过公开市场获取其现时公允价值,长期股权投资减值准备一般采用未来现金流量的现值确定。估计未来现金流量的证据是导致被投资单位严重亏损的证据。证据包括外部证据与内部证据。

(1)外部证据。外部证据包括新颁布或修订税收、环境保护等法律法规证据。新颁布或修订的法律法规可能导致被投资单位为适应新的法律环境而需支付大额费用,出现巨额亏损。

外部证据也包括被投资单位因生产技术落后,或其所处行业生产能力严重过剩,或其产品因消费者偏好改变而严重滞销,失去竞争能力,财务状况严重恶化的证据。

(2)内部证据。内部证据主要包括导致被投资单位发生严重亏损的内部管理混乱,人员严重流失,生产不正常等经营管理证据,也包括如被投资单位的股东之间内斗致使长期不召开董事会、管理层经营决策与管理会议,没有制定年度经营计划等导致企业无法持续经营,清理后净资产严重缩水的证据。

注册会计师必须获取上述证据,否则单纯计算折现率与折现金额是否正确没有业务基础。

对被审计单位确定的折现率,也需要获取证据予以判断。这些证据包括银行5年期及以下各期的贷款利率、我国货币政策中利率政策、行业平均利润率等外部证据,还包括企业在确定具体折现率时应当考虑的风险利率因素证据。

对属于上市的被投资单位的投资,应按照金融资产减值损失要求获取各项证据。

(四) 金融资产减值损失的确定

1. 应收账款坏账准备

本书在第五章获取审计证据中记录证据的一般信息说明中已经对账龄进行了分析。单独减值测试时应当按照《企业会计准则第 22 号——金融工具确认和计量》第四十一条的规定获取各项证据。

这里主要分析计提坏账准备时采用按账龄组估计坏账的方法所应获取的证据。采用按账龄计提坏账准备是一种通用的方法。审计实践中存在的问题是在估计坏账率时获取的证据不充分。理论上,企业管理层应当按照企业历史上应收账款各账龄组实际损失情况与相关法律规定进行分析确定。但企业管理层往往是因自身对应收账款的管理不到位而参照其他企业的坏账率进行估计。注册会计师往往也认为此方法并无不妥。因此,这里需要明确几个问题。

一是,注册会计师应当考虑企业管理层估计的不同账龄组坏账率与历史上实际发生核销坏账的坏账率是否相符。过高与过低的坏账率都是没有充分、适当的审计证据支持的错报。例如,3 年以上账龄的应收账款,如被审计单位以前年度实际核销坏账的记录为基础估计的坏账率为 50%,则属于合理估计。如果没有以前年度实际核销坏账的记录,参照其他企业估计的坏账率为基础作出自身的估计,则不合理。那注册会计师如何判断被审计单位估计的坏账率的合适程度呢? 首先,注册会计师应当作出的推理是,今年没有收回原账龄为 3 年以上的款项,则该估计的 50%坏账率是不合理的。这一推理中"今年没有收回原账龄为 3 年以上的款项"是前提,也是基础证据。"该估计的坏账率不合理"是结论,是以前提(包括基础证据)为基础的推理结论,符合形式逻辑中的推理要求。而被审计单位可能提出的理由是,今年没有收回原账龄为3年以上的款项,不等于今后不能收回。该理由中结论与前提脱离,结论没有前提与证据支持(包括今后能收回的证据)。不是形式逻辑中讲的推理,是一种假设。

二是,注册会计师需要了解法律诉讼时效对估计坏账率的影响。我国《民法通则》第一百三十五条规定,向人民法院请求保护民事权利的诉讼时效期间为2年,法律另有规定的除外。第一百三十七条规定,诉讼时效期间从知道或者应当知道权利被侵害时起计算。企业对自身被拖欠达3年的应收款项,肯定是从当年信用期结束就知道自身权利被侵犯了。所以不可能获得法律保护的。企业经营实务中3年以上未收回的应收账款(除关联方和已提起诉讼外)也确实是无法收回的。因为法律不支持提起诉讼一方的超过诉讼时效诉求。企业如果未建立与有效运行的应收款项内部控制制度,对超过合同约定付款期后尚未付款的债务人不进行催收,或虽催收但没有催收记录证据的,诉讼时效超过法律规定的,债权权利的胜诉权已经不能得到法律的支持。所以2~3年及3年以上的应收款项的坏账准备率应当是100%。如果企业仍坚持其对3年以上坏账率不是100%的估计是合理的,并确定还能收回款项时,则注册会计师应当获取此类债权仍可受到法律保护的法律规定证据,包括企业催收记录等证据,并检查企业提出的能收回超诉讼时效的债权的证据是否适当、依据与理由是否充分。

下面再通过理论分析说明管理层提出的"今年没有收回,不等于今后不能收回"理由不能成立。

如某被审计单位某年年末对首次交易的客户有100万元应收账款余额。并假设今后不会再发生交易。我们就该单笔账款收回情况与余额进行逐年分析,如表8-1所示。

表8-1　　　　　　　　应收账款收回及余额分析表

年份	账龄	余额	坏账率	应收回金额	尚未收回额
第一年	1年以内	100万元	5%	95万元	5万元
第二年	1~2年	5万元	20%	4万元	1万元
第三年	2~3年	1万元	50%	0.5万元	0.5万元
第四年	3年以上	0.5万元	50%	0.25万元	0.25万元
第五年	3年以上	0.25万元	50%	0.125万元	0.125万元

按管理层如此说法,则最后不能收回的仅是很小的金额。这种估计显然不对。

三是,企业管理层与注册会计师都不能以其他单位估计的坏账率为依据确定被审计单位估计的坏账率的合理性。

《鉴证业务基本准则》提出的鉴证业务框架中明确指出,鉴证对象信息应当恰当反映既定标准运用于鉴证对象的情况。所以,实施审计业务的注册会计师应当将被审计单位管理层作出的坏账率估计值按企业会计准则的规定,与实际核销的坏账额(实际发生的交易或事项)、法律法规规定(标准)进行对照判断,而不应与其他单位管理层的估计值对照判断。这种思维是将参照系选错了。按企业会计准则规定作出估计是基本要求,其他单位的估计值是次要的参考因素。不能以次要参考因素替代会计准则的基本要求。再者,从得出审计结论需要有充分、适当的审计证据支持分析,被审计单位管理层利用其他单位的估计作为自身估计的证据不符合适当性的要求。被审计单位的产品、市场和客户类型与信用等影响坏账的业务环境与其他单位不可能一致或基本一致。其他单位内估计的坏账率只能证明在其业务环境下发生坏账的可能性。注册会计师应当看到,因两者的会计主体不同,业务环境不同,证据证明对象不同,被审计单位管理层利用其他单位估计的坏账率作为自身判断的证据,不具备审计证据要求的适当性,因而不能证明其估计是恰当的。

注册会计师应当获取被审计单位历史上坏账的核销证据,并以此作为坏账率估计的基础证据。在此基础上,再参照与被审计单位行业相同或相近、类似规模的其他企业的估计值进行综合分析,作出判断结论。

本项内容也适用于其他应收款。

2. 持有至到期投资和可供出售金融资产

这里所分析的可供出售金融资产,主要是指可在证监会批准设立的证券、期货等交易所交易的交易性金融资产,不包括其他。

如果可供出售金融资产能公开交易且公允价值能随时获取的,一般以证券、期货交易所在资产负债表日的收盘价为基础,结合账面价值予以确定减值额。如果管理层认为有证据表明资产负债表日证券交易所等合法场所的交易价格不公允或异常交易导致的(如前述 2015 年 7 月股市非理性下跌的情况),注册应当获取客观证据予以印证。客观证据包括媒体报道,证券交易所公告,政府相关机构的发言人的说明、相关文件等。同时,如何确定在非理性交易中,管理层对其持有的具体资产公允价值的确认证据也需要获取。

对于不可在交易所交易的持有至到期投资,注册会计师应当获取发行这一债务工具的企业的具体经营状况证据。当发行方不能正常支付利息时(分次付息),企业会催收利息。如果不能还本付息(一次还本付息)或还本时,企业会与发行方交涉或提起诉讼,以维护自身权益。注册会计师应当获取企业与发行方就还本、付息事宜的往来函电或诉讼文件等证据。注册会计师还可以走访发行方的贷款银行(如有贷款)和主管税务机关、工商登记机关等,获取发行方的经营状况信息。查阅发行方注册地法院的庭审公告,获取是否有其他单位(如发行方的供应商)起诉发行方不支付货款等证据。这些信息是发行方经营状况的间接证据。

在确定减值时,需要考虑资产价格变动是否为持续性下跌的趋势。可参考的持续性下跌现象包括,资产价格下跌时间持续较长,发行这一债务工具的企业当年发生巨额亏损且预计不会在短时间内可弥补(如被 ST),企业进入清理、清算或其他不能持续经营等情况。这些证据可从公开信息中获取。

(五) 商誉减值证据

1. 商誉的经济实质

20 世纪 80 年代国内企业初步意识到品牌的作用和价值,因而对商誉进行了积极的研究,有一定的认识。上海社会科学院 1983 年编撰的《经济大辞典》(工业经济卷)中对商誉作了这样的定义:商誉是指,由于企业经营管理上在同行业中处于较为优越的地位,在同样条件下具有获得高出一般利润水平的能力而形成的一种价值。形成商誉的主要原因有:商品品质优良、信用良好、服务周到,地址适中,广告宣传,商标及牌号著名,有垄断权利等。

到 21 世纪初,学者的研究成果表明,目前无论是企业界或会计界,对商誉的本质仍未取得共识。安旸[1]、仲晓东[2]等学者研究商誉时,都提及了 1936 年杨汝梅先生的《无形资产论》中对无形资产的定义,即凡足以使一企业产生一种非常受益为高之受益者,均称之为商誉。杨汝梅先生认为,产生商誉的原因包括,一是因企业内部人事上的良好关系而产生的特定价值;二是其存在较久且价值较为稳定;三是可以转让;四是在转让之际可以用货币度量;五是从广义上看,是企业中由于一切组织制度完善及管理得法所获得的利益。国外学者,如美国会计学家佩顿、亨德理森等都对商誉的产生进行了研究。商誉产生的理论中有好感价值论、剩余价值论、总计价账户论等各种观点并存。这些论点都没有脱离实体企业的盈利能力。谷卫[3]认为,商誉不能单独出售,其发生的成本及未来可能的收益存在巨大的不确定性。所以商誉具有虚拟性,是虚拟资本形成。中国人民大学金融系教授郑志刚认

---

[1]　安旸:《产权经济学视角下商誉的研究》(硕士论文)《天津商业大学》2007 知网。

[2]　仲晓东:《商誉会计主要争论综述及启示》,淮阴工学院经济管理系讲师《西安财经学院学报》2002.15(2)。

[3]　谷卫:《虚拟资本与企业商誉》,南开大学会计学系《南开经济研究》2001 年 2 期。

为①,技术和金融创新使得传统的资产估值模型无法对互联网公司进行资产估值。互联网公司的资产估值需要从行为金融学的角度进行考虑。这一观点是从商誉的估值角度间接界定了商誉的金融属性。

本书认同杨汝梅先生关于商誉具有高于其他企业的盈利能力的观点。理由是,金融是为实体企业服务的,任何金融产品离开了实体产品这一基础都没有任何价值,也不可能存在。上述各种观点也都没有否认商誉是来源于实体企业盈利能力的这一本质特征,只是对商誉的本质认识不一,因而对商誉估值方法存在不同看法。

这里并不研究商誉的本质问题。列出这些观点是想说明,正因为对商誉本质及其产生原因等存在不同看法,所以审计中注册会计师对商誉减值测试时要获取哪些证据感到困惑。

企业会计准则中对商誉的说明,即"购买方对合并成本大于合并中取得的被购买方可辨认净资产公允价值份额的差额,应当确认为商誉。"是说明商誉列报金额的计量方法而非对商誉给出定义(如果是给出商誉定义,则其表述应为,商誉是指……作为专业概念的商誉,定义应当说明商誉概念内涵与外延的逻辑结构)。

2. 商誉的组成

基于对商誉的经济实质是企业盈利能力的理解,首先需要分析该项盈利能力是由何种资产组成。我国企业会计准则因只给出商誉的计量规则而非定义,所以引用《国际财务报告准则第 3 号——企业合并》中相关内容予以说明。该准则第313 段分析了商誉组成中可能存在的以下 6 个因素。

(1) 购买日被购买方净资产公允价值超过其账面价值的部分。从概念上说,该要素不是商誉的组成部分,其本身不是一项资产,相反,它反映了被购买方在其净资产中未确认的利得,因此,该因素属于被购买方净资产的一部分而不是商誉的组成部分。

(2) 被购买方之前未确认的其他净资产的公允价值。它们之所以尚未确认,可能的原因是它们不满足确认条件(或计量上存在困难),也可能存在禁止对其进行确认的规定,或因为被购买方认为单独确认它们的成本大于其收益。从概念上说,该因素也不是商誉的组成部分,它们主要反映了可能被确认单独资产的无形资产。

(3) 被购买方现存业务持续经营因素的公允价值。持续经营因素代表了已建

---

① 郑志刚:《互联网金融时代的公司治理》,经济观察报 2015 年 7 月 13 日。

立的业务通过有序地结合净资产获得比单独使用那些净资产更高收益的能力。这部分价值源于企业净资产的协同效应。也源于其他的收益,如与不完全市场相关的因素,包括获得垄断收益的能力及对潜在竞争对手设置市场进入障碍(或源于法律规定或增加交易成本)等。

(4) 将购买方和被购买方的净资产联合起来产生的预期协同效应和其他收益的公允价值。不同的企业合并中的预期协同效应是不同的,从而得到不同的价值。

(5) 估值失误,导致购买方支付的对价过高。这种估值失误可能涉及购买方所有者权益的交易。例如,发行股票进行合并的,日常交易的普通股数量规模较小,将目前市价乘上为企业合并发行的股票数量,得出的价值可能高于将这部分出售换成现金,并再将这些现金用于企业合并所形成的价值。

(6) 购买方过高或过低的支付。例如在竞价购买中,被购买方的价格被太高或压低导致支付过高或过低。

上述因素中(3)和(4)两个因素与盈利能力相关;(5)和(6)两个因素与盈利能力没有关系而是与收购价格相关。

注册会计师需要特别注意的是,"预期协同效应"的概念表明购买方在企业合并决策前对合并后的协同效应进行了仔细的研究与估算,"预期"了企业合并后的协同方式(如形成产业链,以降低成本或扩大销售金额)及可以进行会计计量的效益规模(如销售收入、利润总额或降低税负)。注册会计师应当获取这一管理层对合并后果的"预期"证据,包括合并决策时的可行性研究报告、收购方的资产评估报告、财务顾问报告等。这些证据记载的内容是购买方购买意图的证据。结合购买方制定的发展战略,就能了解购买方为何购买和购买什么。只有清晰地了解购买方想买被购买方的什么资产,才能在减值测试时明确界定哪些资产组或资产组组合与商誉相关,并需要列入减值测试范围。

例如,锦江股份购买法国卢浮集团的酒店资产。按照锦江股份本次企业合并财务顾问国泰君安公司 2015 年 1 月出具的《上海锦江国际酒店发展股份有限公司重大资产购买之独立财务顾问报告财务顾问报告》披露,收购卢浮集团 100% 股权的价格估计在 9.6 亿~12.1 亿欧元之间,被收购方净资产的公允价值为 636 469 千欧元,折合人民币 534 291 万元。可能形成 3.24 亿~5.74 亿元的商誉。

2015 年 1 月 15 日《证券时报》记者邝龙报道,卢浮集团下属主要子公司为 Star Eco 和卢浮酒店集团(LHG),此外还有 31 家控股子公司。其中,LHG 为其酒店运营主体,拥有多个品牌的连锁酒店业务,欧洲地区共计 970 家,占整体酒店比例的 87%。锦江集团购买的目标就是卢浮集团对这些酒店的控制权。购买意图就是通过控制的酒店以拓展欧洲的酒店市场。

锦江集团此次购买法国卢浮集团的酒店资产就是基于一种协同效应的预期。预期的协同效应可能包括锦江股份与卢浮集团共同拓展法国或欧洲或其他地区的酒店市场、协同使用内部管理资源,以降低管理成本等。锦江集团在收购前的可行性研究报告中肯定会研究拓展欧洲或其他市场的收购意图是否能实现,收购后如何协调拓展欧洲酒店市场,如何协调内部管理资源,降低管理成本,以求效益最大化等收购业务经济效益的评估过程与结论。也会从会计上研究收购资金来源与资金成本,收购形成的商誉对今后财务报表的影响等。如果购入的卢浮酒店集团(LHG)持续亏损,或锦江集团本身转型不再从事酒店业务,则收购的协同效应将无法实现,商誉就可能发生减值。注册会计师如对该项商誉进行减值测试时,应当获取这一资料。以分析形成商誉的资产组范围。

又如,网传的随着订单量的增长以及订单密度的提高,唯品会可能会寻求收购快递公司的控股股份,目前该公司持有快递公司的少数权益,这也是希望通过收购快递公司以实现与网店销售的协同效应。

但也有的企业跨界收购并不构成协同效应。2014年3月24日《新京报》郭永芳报道,中科英华曾在2013年耗巨资收购了德昌厚地稀土矿业100%股权。最新公告显示,预计2014年年度亏损2.4亿元左右,而中科英华稀土项目收购等相关费用、无形资产摊销等增加便是业绩亏损的主要原因之一。2015年6月中科英华(600110)发布公告,宣布由其子公司上海中科英华科技发展有限公司(以下简称"上海中科")是公司采购和销售贸易平台,为扩大公司贸易业务,2014年1月10日,上海中科英华与德昌厚地稀土矿业有限公司(以下简称"厚地稀土")签署"购销合同",从厚地稀土采购稀土产品进行稀土贸易。公司拟收购厚地稀土股权,作为交易保证。公司2014年持有了厚地稀土100%股权,后经2015年4月27日公司第二次临时股东大会审议通过,公司决定收购厚地稀土47.37%股权(原准备收购100%股权)。因中科英华公司是以新材料研发为主的高新技术公司,贸易规模扩大与其主业不会形成协同效应。

注册会计师应当仔细分析,企业收购中是否存在估值失误。估值失误就是购买方对支付对价的估值是否过高。通俗地讲,就是购买方为何觉得该高额对价是"物有所值"的原因。从理论上分析,用收益法估值的净资产公允价值中已经包含了今后可能实现的收益,依据评估值确定所支付的对价与购买的被购买方今后的利润现值与现有资产公允价值相等。如果没有协同效应的存在,理性的经济人(购买方)是不会多付对价的。购买方按资本市场的"市价"支付的购买对价除包含了预期协同效应的对价(商誉组成部分),还包含了"购买机会的对价"。"购买机会的对价"就是在购买时点,购买价格受偏离正常供求关系的影响而背离被购买方净资产公允价值的部分,不属于商誉的组成部分,也是购买方估值失误的价格。这种失误可能是一种真正的失误。即对购买对象了解不够,未选择恰当的购买时机等形成。减值测试中往往也是先"挤干"这部分失误金额。

关于过低支付对价,实质上也是一种"购买机会对价"。过低则产生负商誉。负商誉不需要减值测试,所以不再分析。

3. 判断商誉是否存在减值的迹象

那么,如何判断商誉是否存在减值的迹象呢? 注册会计师在判断商誉是否存在减值迹象时,首先应当获取并分析管理层作出的收购决策文件,包括可行性研究报告、被收购方的资产评估报告、财务顾问报告等,了解企业愿意出高价购买对方何种未在资产负债表中记录的资产和意图实现何种协同效应。注册会计师在对上述证据进行分析、相互印证与作出判断时,需要考虑以下问题:

一是,企业支付的商誉究竟买了对方何种资产。这种资产以何种形式存在。例如,购买的商誉与对方账面价值较低的土地使用权相对应,这是可清晰界定的无形资产(虽然这并不是前述意义上的商誉,但审计实务中经常遇到,所以列示出来以供解释)。又如,购买了对方高超的设计能力,这是与人的智慧相关的资产,无法清晰界定。那么这些有高超设计能力的员工仍在企业与继续从事设计工作的事实,可视为承载商誉的资产。再如,购买了对方的商业网络,那么该网络仍存在并对购买方的产品销售带来正向效应就是承载商誉的资产。

中国汽车企业吉利并购沃尔沃汽车公司就是典型案例。据凤凰汽车网讯,外电报道,吉利与沃尔沃汽车公司成立"沃尔沃—吉利对话与合作委员会"未来双方在此对话机制就汽车制造和相关产品的采购、新产品开发及相关技术、上述产品对潜在客户的营销和销售及对人才培养等领域进行广泛交流、交换想法,实现资讯共享。此一对话机制建立,将确保双方在平等的基础上展开对话,从而将沃尔沃在汽车安全环保领域的优先技术优势,与吉利对中国市场和消费者的深刻理解有效结合,实现优势互补。吉利此次购并中如果存在商誉,则上述采购渠道、新产品开发及相关制造技术、对潜在客户的营销技术与人才培养经验等就是吉利购买的与商誉相关的资产。

有的企业合并并不出于需要取得协同效应的目的,而是要减少原有网络以扩大自身网络,形成垄断的目的。所以,收购后会对原有网络进行调整,或关闭或缩小面积等。这种情况就表明此种情况下"商誉"的实质是为扩大自身网络所支付的成本而不是商誉。有的购买方希望通过企业合并转型的,则表明购买方的商誉实质是企业转型成本而不是获得高于其他企业的盈利能力。没有证据表明会产生协同效应的商誉存在。有的购买方与被购买方签订了"对赌协议",就表明购买方对购买后的盈利前景没有把握,对投资成本采取了保护措施。这表明管理层对购买结果并未有预期的协同效应,因此也无法证明商誉存在。如被购买方没有实现"对赌协议"规定的利润指标,则表明商誉肯定不存在,应当计提全额减值。

现实情况是,购买方最清楚自身支付了"商誉"后实际买了被购买方何种与商誉相关的资产,如何实现两者协同效应。但注册会计师没有充分了解购买方的购买意图,反而不清楚。

了解企业支付的商誉究竟买了对方何种资产。这种资产以何种形式存在的最主要目的是确定与商誉相关的资产组或资产组组合的范围。这是实施商誉减值测试的物质基础。如果不能确定资产组或资产组组合的范围,则现金流量也无法测算。

二是,企业为何愿意出这一高价购买,购买"商誉"(以此方式替代商誉的专业概念的表述,下同)的成本通过何种方式收回。对企业家来说,除公益性捐赠外是不会从事没有经济利益的行为或向无法获取经济利益的对象支付对价的,所以,企业一定会考虑通过何种方式收回对价。购买方管理层也一定知道"商誉"只能通过销售商品或劳务的方式收回对价。通常来说,与商誉相关的资产组或资产组组合增加销售收入的方式可能包括增加产量、提高质量、扩大渠道、更新产品、提供更完善的服务等。但问题是与"商誉"相关的资产组或资产组组合是如何增加销售收入的? 这种销售收入增加额的累计数与商誉对价是否匹配、是否可在合理的时间内实现? 了解与分析这一问题是为测算现金流建立基础。如果购买方意图通过出售购买的企业,实现收回购买"商誉"所支付对价的,是将企业合并视为在资本市场上买卖企业控制权这一商品,所以也没有证据表明商誉存在。现时也有部分购买方购买某一企业的控股权后,伺机转手出售获利。这种情况表明该等购买方管理层将企业合并视为一种金融投资。购买的被购买方控股权只是一种可供出售金融资产。此时,购买方合并财务报表中列示的商誉只是按企业会计准则规定的购买对价大于被购买方净资产公允价值的形式反映。如何识别减值迹象,学界与实务界都需要深入研究后才能取得共识。

对上述两个问题,需要注册会计师深入了解并获取这些证据。

首先,应当实施询问程序,获取管理层对购买目的、预期的购买后产生的协同效应、被购买方净资产估值公允性的评估过程与结论、支付对价的估值过程与结论,对价合理性的判断结论与理由等被审计单位内的研究报告、董事会决议等内部证据。

其次,应当获取本段前述的企业合并可行性研究报告、财务顾问的研究报告等外部证据,分析购买方对合并后预期效应的评价框架(如营业收入、净利润、成本降低率等），与企业合并后财务业绩进行对照分析，检查商誉是否存在减值迹象。注册会计师需要区分，被购买方净资产的"市价"受资本市场供求关系的影响，而被购买方净资产获利能力受其产品或劳务销售市场"市价"的影响，两者基础不同，即风险、时间和金额不同。购买方购买被购买方企业后，是通过按产品或劳务的"市价"销售其拥有的产品或劳务获取收益。虽这一收益可能会因未来的技术发展、产品更新的影响波动，如果发生减值是资产的减值而不是商誉的减值。资产减值会影响到商誉的减值，但商誉减值并不一定因资产减值形成。例如，证据表明购买后，被购买方与购买方集团整体财务业绩达到预期效果的时间超出购买决策的预期时间长度，就说明与商誉相关的资产组或资产组组合产生现金流的能力存在不足，商誉就可能发生了减值。

4. 商誉减值的测试

《企业会计准则讲解》（2010）第九章资产减值里提出了商誉减值测试的基本方法，即将商誉和产生商誉的资产组相连一起进行减值测试，然后再对不含商誉的资产进行减值测试，两者差额就是商誉的减值金额。这里需要理解的是，上述两个不同阶段的测试中所使用的现金流量是同一个数值，即资产组或资产组组合整体的现金流量。如果该整体现金流的现值小于未含商誉的资产组或资产组组合账面价值的，既说明未含商誉的资产组或资产组组合发生了减值，更说明商誉已经发生了全额减值；如果该整体现金流现值高于未含商誉的资产组或资产组组合，但低于含商誉的资产组或资产组组合的，说明商誉发生减值，如图8-2所示。

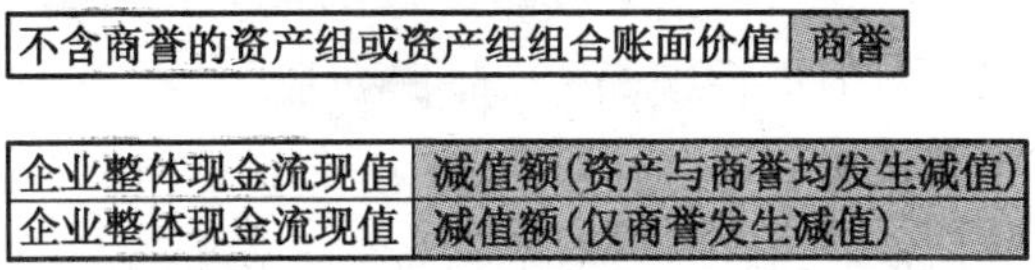

不含商誉的资产组或资产组组合账面价值	商誉

企业整体现金流现值	减值额（资产与商誉均发生减值）
企业整体现金流现值	减值额（仅商誉发生减值）

图8-2　商誉减值测试方法示意图

在检查被审计单位商誉减值测试过程与评价测试结果时，还需要获取被审计单位管理层对测试所依据的市场、产品、价格变动、采用的折现率等的客观证据。

本节虽对商誉减值测试所需的证据进行了初步分析，但在实务中获取这些证据与判断这些证据能否支持管理层的认定，存在较大的难度。原因在于现时对商誉的实质尚无统一认识，所以判断商誉是否存在减值的结论也难以统一。被审计单位管理层出于保持对已有利的财务业绩（保持盈利）对实际不存在的商誉、实际已经发生的商誉减值金额也"死不认账"。注册会计师因对判断商誉减值需要哪些证据，如何将证据组成证据链，通过推理方式证明商誉发生减值等没有充分理解，所以也难以用有力（充分、适当）的证据，去与治理层、管理层沟通，要求其计提减值。只能随着商誉经济实质、适用的估值方法的研究深入和取得共识后，注册会计师才能确定需要哪些证据与如何推理证明商誉确实发生减值，确定计提的商誉减值准备的合理性。

四、会计估计证据分析

细心的读者可能发现本章与其他章节中对证据分析不同，本章是集中在最后进行分析。原因是会计估计的证据形式多样，难以按证据形式分类说明；某些证据是外部证据与内部证据合为同一证据，难以准确确定证据的类别；所有证据都是间接证据，但证据的证明内容，则因情况不同而无法逐一说明。因此将会计估计涉及的相关证据作一总的说明。

从证据种类分析，在资产减值金额估计中的实物资产的内在质量和外观瑕疵等证据属于物证，其他都是书证。在估计设备可使用年限中专家做出的设备工作量估值是对未来的、可能性的预计，不是对现有资产状况或现实交易或事项的断定，所以既不属于证人证言，也不属于勘验笔录，应归属于书证。对资产价值的估计证据，因该等证据表明管理层价值确定的思维过程，应当属于书证。

从证据类别分析，因资产减值金额估值是通过测试该资产能从企业外部市场获取现金或收回现金为基础确定，才能证明企业可能的现金流入金额。所以主要是外部证据。对资产公允价值估计证据，因估计目标在于告诉财务报表使用者，该资产的未来现金流入金额，所以也主要是外部证据。但在存货跌价测试中，企业产成品入库单的编制时间是证明企业产成品滞销的重要证据，该入库单也可间接证明企业产成品外部市场的销售情况，内部证据变成了证明外部市场情况的证据。这一证据如何分类是分析难点，有待今后深入研究后确定。

从证据的证明内容分析，其他证据的证明内容分析框架（即业务类型与事实、主体、发生时间、发生地点、金额/数量和业务过程/结果）不适用于会计估计证据。但又因审计证据研究不够深入，难以建立合适的分析框架，所以未能分析。

第九章
注册会计师自行获取的证据

以前各章中提及的审计证据主要由被审计单位提供。在审计中还有部分证据不是由被审计单位提供而是由注册会计师实施相关审计程序后亲自获取的,如函证回函、实物资产监盘小结、分析程序等。此类由注册会计师亲自获取的证据称为自行获取的证据。

在审计证据概念部分的注册会计师审计责任分析中,分析了注册会计师在审计业务三方关系中是唯一的获取审计证据的义务方,通过亲自实施审计程序后获得审计证据是法律义务,同时在证据特征部分的合法性特征内容分析时,再一次说明只有通过实施审计程序获得的证据才具有法律意义上的合法性。而要证明合法性只有通过证明注册会计师举证其对实施的审计程序保持了控制,才能证明证据合法性。

第一节 函 证

一、函证控制程序证据

《中国注册会计师审计准则第 1312 号——函证》与《中国注册会计师审计准则问题解答第 2 号——函证》规范了注册会计师自行获取的函证证据的程序性要求。

函证过程的证据与回函证据是审计业务所必备的主要证据,是区别于审阅业务的主要标志之一。

注册会计师除获取回函原件外,还需要获取其他证据。这些其他证据包括发函地址、发函过程与回函过程的证据。这些证据虽不是证明被审计单位债权的存在,但是证明注册会计师遵循审计准则的要求,对函证实施过程保持控制过程的证据,是证明回函证据具有合法性的证据。与函证回函同等重要。

(一)发函地址

发函地址应当有客观证据予以证实。证实方式包括制作或提请被审计单位提供含有发函地址的发函清单。注册会计师必须将发函清单中列明的地址与交易合同中载明的交易对方地址、出具给交易对方的增值税专用发票记载的地址（如有）进行核对确认，或通过被函单位网站记载的地址（有的交易合同或交易过程中的往来函电中也记载邮箱地址）进行核对确认。记录核对过程时应当记录核对的参照物的识别标识，如交易合同号、发票号或网址等。

如果被审计单位提供的函证地址无法与任何客观资料进行核对确认的，注册会计师应当警觉这种函证地址非常可能是不存在真实债务人且交易也是虚假的。在此情况下，即使获取回函也无法证明债权其是真实存在、基于真实交易而产生，管理层作出的债权的"存在"认定就无法确认。

（二）发函过程

发函过程证据包括注册会计师亲自以挂号信方式邮寄的邮局收件回单、快递公司的收取快递回单等。以电子邮件方式发送函证的，应当打印该邮件全文（包括对方邮箱地址）。同时，注册会计师应当在邮寄回单、快递交货联上签字，以证实是亲自控制发函过程。

（三）获取回函

获取回函时，注册会计师应当保存被函方寄回函证的信封原件作为证据。该信封上记载的收件人记载了实施审计业务的会计师事务所的地址与注册会计师姓名的，可以证明该回函是注册会计师直接获取，没有通过被审计单位转交而存在被作假的可能性。

如果以跟单方式实施函证的，应当制作跟单记录资料①作为证据。记录所了解的被函单位处理函证的通常流程和人员、确认处理询证函人员的身份（包括索取的该员工名片、观察到的该员工员工卡号或姓名牌等），实际观察到的函证处理过程（如函证处理人员是否在电脑中提取相关资料与记录等）。

如果回函方以电子邮件方式回函的，注册会计师应当将回函与其他可以证明回函真实性的资料进行核对确认。例如，通过电话与对方处理函证的人员通话，确认其处理了回函。必要时，要求对方寄回纸质的回函。注册会计师实施的这些程序也需要做好记录作为证据。

二、回函证据分析

（一）回函证据种类

函证回函是债务人以文字和数字记录的，表明债务人或独立第三方主观上确认债权或受托管理资产存在的意思表示证据，属于书证。

---

① 《中国注册会计师审计准则问题解答第 2 号——函证》第四问。

（二）回函证据类别

回函是注册会计师亲自从债务人或独立第三方处获取的证据,是外来证据。从回函与债权"存在"认定的关系分析,属于直接证据。从回函与资产负债表债权金额列报关系分析,属于参考证据。

（三）回函的证明力

从证据规则分析,回函证据的证明力高于被审计单位提供的与该笔债权相关的其他证据。证据法学认为[1],证据的证明力又称证据价值或证据力,是指证据对案件事实认定的证明意义或影响力。证明力的关键在于证据所含的信息(事实)是否与案件的待证事实相关联。在审计中,案件事实或案件待证事实就是被审计单位账面记载的债权金额或资产金额(是账面余额,不扣除已计提的减值准备额)。从回函本身分析,其能直接获得债务人或独立第三方确认文件从而直接证明被审计单位账面记载的债权或资产金额,所以其证明力是强的。

在考虑回函的证明力时,还需要考虑内部控制环境是否良好。如果内部控制环境不好,则回函的证明力难以发挥。

（四）证明内容与证明要求

从证明内容分析,对于债权,回函仅能证明该笔债权金额存在而不能证明该笔债权符合资产的确认条件,可以记录在资产负债表中。因为回函不能证明债务人是否会履行偿债义务,债权人是否能取得其"经济利益"。所以,仅凭回函不能对资产负债表中债权金额的各项认定均能给予证明。

关于证据的证明要求,在我国 2012 年修改的《民事诉讼法》第 152、第 153 条中通过对判决书撰写、判决及判决撤销的规定,说明了民事诉讼证据的证明要求是证据必须确实、充分。审计准则对证据的证明要求是充分、适当。从对债权的各项认定作出全面证明的证据要求分析,回函的证明内容显然与之不符。所以,对于债权证据的充分、适当性要求而言,回函是主要证据但不是全部证据。对于受托管理资产,按通常惯例,受托方对资产的完好程度负有保管责任。但对该资产是否设定了抵押权不能予以证明。所以仅有资产类型、数量或金额的确认回函,同样也不能证明全部认定。

---

① 叶青主编:《诉讼证据法学》(第二版),北京大学出版社 2013 年版,第 62 页。

第二节 监 盘

一、监盘程序证据

监盘是为获取实物资产存在和状况证据而实施的一种"检查"程序。实物资产的存在,是指实物资产在资产负债表日仍占据一定的空间,没有消失。状况是指实物资产在资产负债表日呈现的物理性质、化学结构和外观。实物资产是否"存在",可以通过观察获取证据。状况可以通过观察、检验或化验等方法获取证据。

监盘小结是注册会计师实施检查程序获取的证据,是印证被审计单位通过自行盘点所确定期末实物资产存在和状况结论可靠性的证据。

需要说明的是,本项内容中所说的"存在"的含义与审计准则定义的管理层认定中的"存在"认定含义不同。实物资产占据一定的空间,没有消失(客观事实)是管理层作出"记录的资产、负债和所有者权益是存在的"认定(主观判断)的基础。

与函证一样,注册会计师对监盘程序实施过程保持控制的证据与监盘结果证据同等重要。注册会计师必须十分重视获取这类证据。

《中国注册会计师审计准则第 1311 号——对存货、诉讼和索赔、分部信息等特定项目获取审计证据的具体考虑》规范了注册会计师自行获取实物资产期末存在证据的程序性要求,包括以下几部分。

（一）获取被审计单位实物资产盘点制度、定期盘点记录

获取盘点制度是判断实物资产内部控制制度设计有效性的证据,获取定期盘点记录是判断内部控制制度运行有效性的证据。内控制度和定期盘点记录是判断内部控制环境是否良好的重要证据。这种判断结论对监盘时确定抽盘的样本量之间存在负相关关系。

（二）获取本次盘点政策

本次盘点政策是指被审计单位针对将要实施的盘点所提出的,细化内部控制制度规定的明细要求。例如,盘点的时间长度、盘点参与人员数量、盘点标签的制作与安放、复盘人员数量、复盘要求等。通常,年末盘点要求会高于半年度、季末盘点要求。例如,盘点时间长、参与人员数量多、每样实物资产均贴盘点标签、复盘比例高等。

盘点政策是供注册会计师在现场观察企业盘点时,确定盘点过程是否符合要

求的标准。注册会计师应当获取被审计单位盘点政策证据。

（三）观察盘点现场情况

观察盘点现场是注册会计师检查盘点政策的执行情况，也是检查内部控制制度运行有效性的一项程序。观察记录是判断被审计单位内部控制制度运行有效性的重要证据。

（四）实施抽盘

注册会计师在被审计单位盘点基础上，按照确定的抽样方法实施抽样，对被审计单位盘点结果进行复核的程序。抽盘结果也要制作成记录，作为证据。

上述（一）（二）两项证据由被审计单位提供，（三）（四）两项是注册会计师自身制作，（二）至（四）形成监盘小结。监盘小结证据也是审计业务的主要证据之一，也是区别于审阅业务的主要标志。

二、监盘证据分析

（一）监盘证据种类

（1）实物资产盘点制度与本次盘点政策资料。这些资料记载了管理层对实物资产管理控制的主观意图和要求，属于书证。

（2）定期盘点记录因记载的信息是反映实物资产的资产名称、规格或型号、存放位置等描述的资产客观情况，因而是一种物证。

（3）观察盘点现场后制作的观察记录是注册会计师对实物资产存放现场实施检查的结论，属于勘验笔录证据。监盘小结也属于此类证据。

（二）监盘证据类别

（1）实物资产盘点制度、定期盘点记录与本次盘点政策资料是由被审计单位提供，是内部证据。定期盘点记录，从其与待证的实物资产"存在"事实之间的关系看，是直接证据、基础证据。从其与资产负债表中资产金额的列报关系看，是间接证据、参考证据。

（2）注册会计师监盘小结是由注册会计师自行编制，且注册会计师独立于被审计单位，可视同外部证据。由于监盘小结证据难以按本书中列示的证据类别进行分类，且"外部"是指除被审计单位以外的其他个人与单位，而监盘对象由存在与被审计单位内部，所以用"可视同"一词的界定其为外部证据。

（三）监盘证据的证明力

从证据规则分析，注册会计师制作的监盘小结的证明能力高于被审计单位的定期盘点记录。

从证明能力分析，监盘小结因是注册会计师"亲眼所见"与"亲手所为"去获取的证据,所以其证明力应当是较强的。但监盘小结仅能对资产实体的"存在"进行证明,不能证明资产负债表日实物资产的价值。如被审计单位有受托加工存货业务且自有存货与受托加工存货属于同类型、未分别堆放的情况下,监盘小结也难以证明存货的所有权。

在考虑监盘小结证明力时,与回函一样需要考虑内部环境是否良好。另外,注册会计师监盘时抽盘实物资产的样本量是否符合证据的"充分"性要求及样本分布是否均衡,否则即使实施监盘程序,获取的监盘小结证据也不会有较强的证明力,或甚至出现审计失败现象。例如,美国法尔莫公司存货舞弊案例①。该公司董事长莫纳斯在其财务报表中添加了根本不存在的存货金额以虚增利润。而注册会计师仅对该公司300家连锁药店中的4家进行了监盘。实施监盘程序的注册会计师会提前几个月告知公司要检查哪些药店的存货,公司随即将那4家药店堆满存货,虚假的存货金额分配到其他药店。因注册会计师未能发现存货舞弊导致审计失败而付出3亿美金的代价。

下面是存货与固定资产监盘小结编制的参考案例。

实物资产监盘计划(小型企业适用)

会计师事务所:＿＿＿＿＿　编制人:＿＿＿＿＿　复核人:＿＿＿＿＿　索引:＿＿＿＿

被审计单位名称:＿＿＿＿＿＿＿＿＿　审计目标:＿＿＿＿＿＿＿＿

一、实物资产类型:固定资产(　　)在建工程(　　)存货(　　)

二、确定的实物资产存在性认定可能存在重大错报的风险程度

三、了解被审计单位实物资产期末状况与管理规定

(一)实物资产类别:＿＿＿＿＿的期末状况:＿＿＿＿＿

1. 资产期末余额:＿＿＿＿＿＿提取的减值(跌价)准备金额:＿＿＿＿＿＿

2. 大类资产金额情况:

类　别	期末余额	减值(跌价)准备	账面净值

---

① 张加学、李若山:《存货舞弊案例分析》,中华会计网校/税务网校/风险管理/风险案例/正文,2009年5月4日。

3. 期末资产数量：

类　别	计量单位	数　量	说　明

提示：

资产如是固定资产的，"类别"栏按房屋建筑物、机器设备等填写或按照企业自行规定的分类填写。计量单位可以是"台"或"套"。

4. 资产存放地点：

资产类别	仓库(或场所)	地点	说　明

（二）企业定期盘点内部控制制度与执行情况：

---

1. 制度名称：(提示：按企业内部控制制度名称填写)　取证索引：

（　　　　　）

(1) 规定盘点的时间与次数：

(2) 负责盘点的部门：＿＿＿＿＿＿　负责人：＿＿＿＿＿＿

(提示：如制度规定与实际执行不一致的，应按制度规定与实际负责的部门分别填写)

2. 企业实际盘点情况：

(1) 盘点计划安排：

(2) 盘点会议情况：

(3) 预计安排的盘点人员数量：＿＿＿＿＿＿　负责人：＿＿＿＿＿＿

(4) 对企业盘点计划的评价：＿＿＿＿＿＿＿＿＿＿＿＿

（三）查阅以前年度工作底稿记录：

1. 上一年度监盘时间：＿＿＿＿＿＿实施监盘的人员：＿＿＿＿＿＿

2. 抽盘的资产范围：＿＿＿＿＿＿＿＿＿抽盘比例：＿＿＿＿＿

3. 实施监盘中发现的问题与存在的不足：＿＿＿＿＿＿＿＿＿＿＿

提示：上年度如是本所实施监盘的，应当查阅上一年度工作底稿；如不是本所实施审计的，应当在与前任会计师实施沟通程序中安排本项沟通内容。

四、评估审计人员的专业胜任能力

(提示：针对特殊类型的资产，应当评估审计人员是否具备专业胜任能力)

五、盘点计划安排

(一)预计监盘时间:

(二)预计安排监盘人员数量:_____ 监盘程序负责人:_____

(三)预计监盘的资产范围:

1. 类别范围:_____

2. 地点范围:_____

(四)拟实施的盘点方法:

(五)就监盘计划与管理层沟通事项:

1. 时间:_____ 2. 管理层人员:_____

3. 审计小组参与人员:_____

(六)针对被审计单位具体情况,需要向管理层提出的监盘的特殊要求:

(七)预计监盘中抽取样本的方法与数量:

1. 从会计明细账簿中选取样本的方法:_____ 预计选取数量:_____

2. 从实际结存资产中选取样本的方法:_____ 预计选取数量:_____

(八)实际监盘时点至资产负债表日的推算方法:

1. 推断方法说明:_____

2. 预计拟要求的盘点复盘比例:_____

六、与风险评估程序、总体审计策略的衔接

(一)风险评估程序实施后实物资产_____是否评估为可能存在重大错报风险?

提示:如经风险评估后认为_____资产可能存在重大错报风险的,应当在本计划参考格式的基础上制定更细致周密的监盘计划;如经风险评估后认为不存在重大错报风险的,按本计划参考格式编制。

(二)总体审计策略:

1.《审计业务时间安排》部分是否考虑了充分实施监盘程序的时间:

2.《人员安排》中是否安排了合适且经验的审计人员负责实施监盘程序:

3. 与签字合伙人就监盘计划的沟通安排:

存货实地监盘小结   索引

被审计单位:_____

一、存货结算日期:_____ 盘点日期:_____

二、存货存放情况检查:_____

提示:若被审计单位的仓库有多个的,请分别说明:

1. 仓库名称:_____ 仓库地址:_____

2. 仓库负责人:_____ 仓库记账员:_____ 仓库保管员:_____

3. 仓库保管的存货类别:_____

4. 仓库库位是否具有区分标识:
　　库位:_____　　存货明细类别:_____
　　库位:_____　　存货明细类别:_____
5. 存货编号方法:_____编号是否清晰、完整:_____
6. 存货是否按规格、型号堆放整齐:_____

三、参与盘点人员:

会计师事务所实施监盘人员:_____
被审计单位盘点人员:(部门)_____　姓名:_____
　　　　　　　　　(部门)_____　姓名:_____
　　　　　　　　　(部门)_____　姓名:_____

四、实际盘点前的检查程序:

1. 索取《期末盘点计划》:是否获取:_____　索引:_____
2. 索取《存货收发存月报表》:是否获取:_____　索引:_____
3. 索取盘点前仓库收、发料最后一张单证:是否获取:_____　索引:_____
4. 核对仓库收发存报表结存数量与仓库明细账结存数量是否相符:_____
5. 核对仓库明细账结存数量与存货卡结存数量是否相符:_____
6. 发票未开,客户已提存货是否单独记录:_____
　　发票已开,客户未提存货是否单独记录:_____
7. 货到票未到的存货是否已暂估入账:_____
8. 存放外单位的存货,是否已获受托单位的书面确认:_____
9. 最近一次盘点的日期:_____
10. 最近一次对计量用具的校验日期:_____,校验部门:_____
11. 外单位存放的存货是否分别堆放:_____
12. 代外单位存放的存货是否分别堆放:_____
13. 代外单位销售的存货是否分别堆放:_____
14. 其他非本公司的存货是否分别堆放:_____
15. 废品、不合格品是否分开堆放:_____

五、实际盘点时间:

实际盘点时间:开始时间:_____　　结束时间:_____

六、企业实际盘点情况说明:

(一)企业实际盘点人员分工情况:
1. 盘点人员共分_____组,其中_____
2. 第一组:_____负责监盘存货类别:
　　_____点数并报出型号、规格,_____记录:_____
　　第二组:_____负责监盘存货类别:
　　_____点数并报出型号、规格,_____记录:_____
(二)存货是否停止流动:_____
(三)监盘中特殊情况说明:
上述人员在盘点过程中,除_____外,自始至终未离开现场　是(　)否(　)。

七、特殊类型存货数量的确定方法：

1. 资产类型：(提示:如生物资产、气体、煤炭、油料等)
2. 数量计算方法与公式：_____

八、审计人员复盘记录：

(一)抽盘样本确定方法：
1. 从会计明细账内抽取样本的方法：
2. 从存货实物中抽取样本的方法：
(二)审计人员实施监盘情况　　　　　底稿索引:_____
1. 复盘人员与复盘存货类型：(提示:按实际分工情况分别说明)
　　审计人员：_____　负责复盘的存货类别：_____
　　审计人员：_____　负责复盘的存货类别：_____
2. 复盘统计：
　　存货品种、型号共有_____种,实施复盘共：_____种,占_____％
　　存货账面余额：_____元,实施复盘：_____元,占_____％
3. 计算复盘正确率：
　　复盘_____种,其中复盘正确的共_____种,占_____％
　　复盘金额_____元,其中复盘正确的共_____元,占_____％
4. 确定属于残次、毁损、滞销积压的存货金额及其对当年损益的影响：
　　属于残次、毁损、滞销积压的存货金额合计：_____元
　　其中:原材料：_____元, 在产品：_____元,
　　　　　产成品：_____元, 其他(请说明具体情况)_____元。

九、盘点结束后的工作记录：

1. 对盘点工作的评价：
　　仓库管理人员对存货保管业务的熟悉程度：
　　仓库管理人员对盘点工作与复盘工作的负责态度：
　　对审计人员索取的资料配合程度：
2. 索取由仓库人员编制的《盘点差异说明》,并请其加盖公章：
3. 请被审计单位的人员在《存货复盘抽查情况表》上签字：

监盘人员签字:_____　　　　复核人员签字:_____

固定资产监盘(盘点)小结　　　索引:

被审计单位:

一、资产负债表日:

二、资产存放情况:

提示:房屋建筑物地点请核对房产证记载的地点,有多处房产的,请逐一说明。
1. 房屋建筑物地点:_____　房产证编号:_____
2. 主要设备安装地点:

三、了解资产管理情况：

1. 资产管理部门：＿＿＿＿＿＿＿，管理人员：
2. 资产是否具有管理标识：
3. 资产是否具有定期保养制度：
   其中：大修理周期时间：
4. 资产明细账(卡)是否完整,各项记录是否完整：

四、参与盘点人员：

1. 被审计单位的人员：(部门)＿＿＿＿　　姓名：＿＿＿＿＿
   　　　　　　　　　(部门)＿＿＿＿　　姓名：＿＿＿＿＿
   　　　　　　　　　(部门)＿＿＿＿　　姓名：＿＿＿＿＿
2. 审计人员：＿＿＿＿＿

五、实际盘点前的检查程序：

1. 资产现场观察说明：
2. 盘点前检查程序：
(1) 资产明细账(卡)是否获取：＿＿＿＿　　索引：＿＿＿＿
(2) 固定资产管理制度是否获取：＿＿＿＿　　索引：＿＿＿＿
(3) 固定资产维修制度是否获取：＿＿＿＿　　索引：＿＿＿＿
(4) 获取或编制资产位置简图：＿＿＿＿　　索引：＿＿＿＿

六、实际盘点时间：

实际监盘(盘点)日：＿＿＿＿＿,开始时间：＿＿＿＿＿,结束时间：＿＿＿＿＿

七、企业实际盘点情况说明：

(一) 企业实际盘点人员：
　　部门：＿＿＿＿　　姓名：＿＿＿＿　　岗位：＿＿＿＿
　　部门：＿＿＿＿　　姓名：＿＿＿　　岗位：＿＿＿＿
　　盘点人员共分＿＿＿＿组,其中：
　　第一组：＿＿＿＿点数并报出型号、规格, ＿＿＿＿记录：＿＿＿＿
　　第二组：＿＿＿＿点数并报出型号、规格, ＿＿＿＿记录：＿＿＿＿
(二) 特殊情况说明：

八、审计人员复盘记录：

(一) 抽盘样本确定方法：
1. 从会计明细账中抽取的方法：
2. 从实物资产中抽取样本的方法：

（二）盘点方法：

1. 盘点人员共分_____组，其中：

2. 第一组：_____负责监盘的固定资产类别：

　　_____点数并报出型号、规格，_____记录

　　第二组：_____负责监盘的固定资产类别：

　　_____点数并报出型号、规格，_____记录

3. 存货是否停止流动：

4. 监盘中特殊情况说明：

上述人员在盘点过程中，除_____外，自始至终未离开现场　是（　）否（　）。

（三）审计人员实际抽盘情况

1. **房屋建筑物盘点说明**：

（1）房产证上记载的房屋栋号与会计账簿记载的资产名称是否能对应：

　　房屋土地使用权审核工作底稿检查记录索引：（　　　　　）

（2）房产证上记载的房屋数量与会计账簿记载的数量是否一致：

　　检查记录索引：（　　　　　）（提示：如无法核对的，应当说明情况）

（3）抽查房产证上记载的房屋面积与会计账簿记载的面积是否一致：

　　检查记录索引：（　　　　　）（提示：如无法核对的，应当说明情况）

（4）是否存在有证无房或有房无证的情况：_____

（5）其他情况：

2. **机器设备盘点说明**：

（1）相同类型的设备是否具有可供识别的管理标识，并能清晰区分：

　　管理标识编号规则：_____检查记录索引：_____

（2）各型号设备数量是否与会计账簿记载的数量一致：检查记录索引（　　　）

（3）是否存在不需用的设备：

（4）是否存在实际已报废、毁损而会计账簿仍记载的设备：_____

（5）是否存在实际已使用而会计账簿未记载的设备：_____

（6）对主要设备是否获取或编制设备位置简图并能按图核对：_____

（7）对设备管道是否获取或编制走向图并能按图核对：_____

（8）对电力设备（如大型变电设备）是否检查其权属状况：_____

3. **运输设备盘点说明**：

（1）是否在现场核对设备所有权证与设备情况：检查记录索引（　　　）

（2）是否按检查设备所有权证予以证实资产的存在性：检查记录索引（　　　）

（3）对处于工作途中的设备确认其存在性的方法说明：检查记录索引（　　　）

（4）是否存在不需用的设备：_____

（5）是否存在实际已报废、毁损而会计账簿仍记载的设备：_____

（6）是否存在实际已使用而会计账簿未记载的设备：_____

3. **办公设备及其他盘点说明**：

（1）相同类型的设备是否具有可供识别的管理标识，并能清晰区分：

（2）各型号设备数量是否与会计账簿记载的数量一致：

（3）对相同型号的设备会计账簿仅记载合计数的，是否按设备分别记录其存放地：

（4）是否存在不需用的设备：

（5）是否存在实际已报废、毁损而会计账簿仍记载的设备：

（6）是否存在实际已使用而会计账簿未记载的设备：

八、盘点中异常情况说明:

九、复盘记录:

1. 复盘人员:＿＿＿＿＿＿＿＿＿＿复盘底稿记录索引:(　　)

2. 复盘统计:

　　设备共有＿＿＿＿台(套),实施复盘共:＿＿＿＿台(套),占＿＿＿＿%

　　固定资产账面余额:＿＿＿＿元,实施复盘:＿＿＿＿元,占＿＿＿＿%

　　倒退至资产负债表日是否存在尚未购入且未入账的资产:＿＿＿＿

　　倒退至资产负债表日分析是否存在已报废与处置的资产:＿＿＿＿

　　本次复盘的资产余额合计占资产负债表日的固定资产余额＿＿＿＿%

3. 计算复盘正确率:

　　复盘＿＿＿＿台(套),其中复盘正确的共＿＿＿＿种,占＿＿＿＿%

　　复盘金额＿＿＿＿元,其中复盘正确的共＿＿＿＿元,占＿＿＿＿%

十、盘点结束工作说明:

　　盘点结束后的工作记录:

1. 对盘点工作的评价:

　　设备管理人员对设备保管业务的熟悉程度:

　　设备管理人员对盘点工作与复盘工作的负责态度:

　　对审计人员索取的资料配合程度:

2. 索取由设备人员编制的《盘点差异说明》,并请其加盖公章:

3. 请被审计单位的人员在《设备复盘抽查情况表》上签字:

　　　　　　　　　　　　　　　　　监盘人员签字:

　　　　　　　　　　　　　　　　　复核人员签字:

第三节　分 析 程 序

　　分析程序是一种不针对某项交易或事项、具体业务环节、具体金额的测试,而是对交易或事项的内在运动规律进行的测试。所获得的证据不能确定某一具体的错报金额,但为注册会计师识别与获取错报金额提供了线索。例如应收账款周转率分析程序,其不是对某一笔交易的应收账款而是对被审计单位整个年度的应收账款的形成、回收等资金周转规律进行测试。累计折旧分析程序,也不是对单一固定资产而是对全部固定资产的本年计提金额实施分析,并与上年或以前年度计提金额的比较,对固定资产投资收回速度的规律(后续计量)进行测试。这些分析结论不能确定应收账款或累计折旧中的某笔具体错报,但对识别该类资产整体是否存在重大错报、获取其中的具体错报金额证据提供了线索。

《中国注册会计师审计准则第 1313 号——分析程序》规定,注册会计师在实施风险评估阶段、制定应对重大错报风险措施时和临近审计结束阶段应当运用分析程序。

一、风险识别和评估阶段获取分析程序证据

现代风险导向审计理念就是要从国家、地区、行业的整体状况视角看企业经营业绩,从企业内部控制整体看财务报表列报,从财务报表整体看个别项目金额,从资金运行的整体视角分析企业资金整体的内在运动规律,即运转是否协调识别和评估财务报表是否存在重大错报。分析程序是实施检查具体错报程序的引导,因而,比检查具体错报测试更重要。从这一点说,注册会计师应当调整现有的审计观念,重视分析程序的运用。

在风险识别和评估阶段运用分析程序获取的证据是评价企业整体财务业绩的证据。这些证据可能涉及多项财务报表项目的列报。例如,分析营业收入项目的变动,发现存在异常变动的,就可能涉及营业成本、存货、应收账款、应付账款、营业利润和利润总额等项目的错报。但难以确定某一具体列报金额错误。

例如,注册会计师承接了某生活用品制造企业为发行股票而申报 IPO 的财务报表审计业务。注册会计师在实施进一步审计程序前,对管理层编制的财务报表数据实施了分析程序,以识别和评估财务报表重大错报风险。

表 9-1　　　　某生活用品企业的 IPO 拟申报财务报表分析结果　　　单位:万元

分析项目	2003	2004	增减变动	2005	增减变动
应收账款	125	366	＋241	597	＋231
应收账款余额增幅	—	—	＋129%	—	63%
应收账款周转率	12.75	4.45	−8.3	5.0	＋0.55
销售收入	1 593	1 673	＋80	2 985	＋1 312
销售收入增长率	—	5%	5%	78%	＋73%

说明:上述分析数据中销售收入不含税但应收账款余额含税,两者数据口径不同。周转率指标计算时应收账款期末余额未采用平均值。此类初步的分析数据且用于同口径比较时可以忽略上述差异。

表 9-1 数据分析结果中存在许多异常之处,难以消除人们对企业财务业绩存在的疑虑。

一是应收账款余额 2004 年比 2003 年增加了 241 万元,2005 年比 2004 年增

加了 231 万元,推测被审计单位有可能是为实现销售目标而积极拓展新市场、客户数量增多,给予客户更长的信用期而出现余额增大,所以 2004 年应收账款周转率指标值下降较大。2005 年应收账款余额增加额与 2004 年基本相同,推测被审计单位拓展新市场的力度与 2004 年基本一致,稍有差异。但为何 2005 年销售收入猛增 1 312 万元? 是这两年拓展新市场的努力使产品在 2005 年突然热销出现销售收入爆发增长? 还是大股东通过关联交易欲购买审计意见形成? 在当前买方市场中,如不具备像苹果 4 手机这类在材质、功能与设计上有突破性改进的普通生活用品是不可能在某个年度中呈现出爆发式的销售增长状况的。

　　二是 2005 年应收账款周转率与 2004 年周转率仅差异 0.55。为何 2004 年开拓新市场出现周转率大幅度下降而 2005 年同样开拓新市场后却能控制销售回款节奏,应收账款周转率未出现下降转而略升? 注册会计师可以合理怀疑该企业的销售收入存在重大错报。经审计,确实发现该公司财务报表存在重大错报。

　　又如,某企业高新技术企业 IPO 拟申报财务报表,如表 9-2 所示。

表 9-2　　　　　　　某企业高新技术企业 IPO 拟申报财务报表　　　　　　单位:万元

分析项目	2007	2006	2005
应收账款周转率	2.95	4.28	2.1
存货周转率	2.8	3.6	3.8
总资产周转率	0.7	0.58	0.41
利润总额	1 094	898	1 696

　　从表 9-2 数据,我们似乎可以合理推论,总资产周转率持续平滑上升表明资产使用效率稳步提高(即销售收入增加);存货周转率持续平滑下降,表明企业可能因销售收入逐步扩大因而生产规模扩大导致库存储备逐步增大所致。同期内应收账款周转率整体趋势上升,2006 年出现了峰值,表明该年度的销售资金回收情况良好。注册会计师存在的疑虑包括:一是应收账款周转率指标值在 2006 年达到峰值后 2007 年应收账款周转率大幅度下降,是否 2006 年的资金回收真的最顺畅而 2007 年突遇市场变冷而产生? 如是,则市场是否真的变冷? 二是为何是同样的产品与类似的客户群,2005 年与 2006 年被审计单位的存货与资金运动规律呈现出相反的变动趋势? 到了 2007 年两者又转为基本一致? 是否为 2005 年产品刚推向市场,2006 年产品热销,到 2007 年产品趋于成熟、市场份额趋稳、企业业务运转稳定形成两个周转率匹配的? 三是为何在 2006 年销售最顺畅时利润指标值出现谷底值?

　　我们再深入分析应收账款与存货资金周转状况呈现反向变化情况。如在理论上假设销售毛利为零,则应收账款周转率与存货周转率两个指标计算公式中分子数值相同。如两个指标值一致则是资金回收与存货采购、加工与交付的资金周转循环衔接最好,资金占用量最少(不考虑资金周转中沉淀的折旧与摊销增量资金额)。该被审计单位两个周转率指标值反向变动则表明资金周转衔接恶化,资金周转紧张。当销售毛利为零时存货周转率与总资产周转率指标计算公式中分子相同,存货周转率与总资产周转率两个指标的相互关系可以理解为存货余额占资产总额比重的关系。两者结构保持不变,则是存货加工与交付业务与企业生产能力之间匹配关系稳定,对企业营运资金压力最小。从该企业的存货周转率与总资产周转率相互关系分析,2005 年为 9.26:1,到 2007 年 4:1,推断企业存货加工、交付量与生产能力匹配关系不断发生了重大变化且原因不明。

上述分析结果证据表明被审计单位财务报表非常可能存在重大错报,并包括多个财务报表项目列报。经审计发现该被审计单位财务报表确实存在重大错报。

二、实质性测试阶段的分析程序证据

注册会计师在实施进一步审计程序的实质性测试中通常会运用分析程序进行测试。如累计折旧与摊销测试、增值税销项税的测试等。这些测试是针对某类交易或事项的测试。

实质性程序阶段中分析程序的主要运用领域还是对营业收入的分析。因为,一是审计准则要求"注册会计师应当基于收入确认存在舞弊风险的假定,评价哪些类型的收入、收入交易或认定导致舞弊风险"[①]。二是营业收入发生的频率高,交易对手多且可能方式各异。如果仅实施实质性细节测试是无法从整体上把握营业收入是否存在重大错报的。在运用分析程序测试时,应当重点结合业务数据进行分析测试。否则不足以识别收入可能存在重大错报。

以下是某商业零售被审计单位收入分析程序示例。

该被审计单位实现销售收入的唯一方式是门店销售。所以,可以采用分析门店销售收入数据的方法,识别销售收入主要来源于哪些商品、地区(门店),判断是否存在虚假销售的情况。

注册会计师采用按门店、按主要品种、连续三个年度的平行分析方法进行分析,如表 9-3 和表 9-4 所示。

[①] 《中国注册会计师审计准则第 1141 号——财务报表审计中与舞弊相关的责任》(2010),第二十七条。

表 9-3　　　　　　　　　　　按门店分析(部分)　　　　　　　　　单位:元

门店名称	营业面积	2008 年			
		销售收入	销售成本	毛利率	单位面积收入
A	2 620	200 400 184	162 971 777	18.7	76 488
B	1 100	27 035 718	24 457 038	9.5	24 578
C-1	351	17 682 053	13 474 811	23.8	50 376
C-2	157	13 304 867	10 068 827	24.3	84 744
…	…	…	…	…	…
D-1	458	10 414 551	7 688 533	26.2	22 739
D-2	149	6 801 729	5 081 622	25.3	45 649
E	221	16 780 115	13 335 188	20.5	75 928
F-1	385	11 865 194	8 771 162	26.1	30 819
F-2	227	10 025 858	7 436 871	25.8	44 166
…	…	…	…	…	…
分析数据合计		351 848 294	277 535 035		
占收入比重		74.15%			

说明:实际实施了连续 3 年的分析,本表仅列示 1 年。

　　按门店分析是分析收入来源的区域(包括门店分布的数量与区位)。零售业务营业收入规模的变动与门店数量及区位变动有密切关联。

　　营业收入指标是总体指标,其变动受门店数量、单店营业面积、品种变化、价格波动等多个因素的影响。总体指标难以表明是哪一个因素是导致指标数值变动的主要因素。门店单位营业面积收入指标是剔除了门店数量与单店营业面积两个因素后,分析门店销售效率的指标。该指标内仅含品种变化和价格波动两个因素,因此,识别导致销售效率变动的因素较总体指标来得容易。门店的单位营业面积收入指标也是识别营业收入是否存在重大错报的更好的指标。对同类商品与相同的消费群体、商品价格弹性系数①不变(总体而言)的情况下,可预期连续几年的销售业绩应当基本相同。反之,则可能存在错报。

　　注册会计师需要对各门店营业收入逐一分析,了解与比较其区位、周边人群数量与消费能力等,识别分析结果异常的门店是否可能存在错报。针对这类门店重

――――――――――
　　①　消费价格弹性系数:指需求量变化百分比与其价格变化百分比之比率。

点实施实质性检查程序进行测试。如该被审计单位中的 A 门店,是该类商品全国最大的门店,地处一线城市中心位置,久负盛名。其单位面积销售收入高。但 C-2门店营业面积小,但单位面积营业收入额高。从区位、面积、商品类型等各方面都无法解释为何其销售额高出其他门店。因此,应当对 C-2 门店设计与实施实质性程序,进一步获取相关证据,证实是否存在错报。

表 9-4 按分类商品分析 单位:元

类别	2008 年			
	收入	成本	毛利额	毛利率
甲	26 650 408	21 033 676	5 616 732	21.1%
乙	18 568 594	14 171 184	4 397 410	23.7%
丙	3 843 160	2 828 485	1 014 675	26.4%
丁	2 435 767	1 630 542	805 225	33.1%
戊	7 642 605	5 571 556	2 071 049	27.1%
己	5 481 888	4 243 266	1 238 622	22.6%
	…	…	…	…
合计	…	…		

实际实施了连续 3 年的分析。本表仅列示 1 年。

表 9-4 分析中,丁类商品为半成品。戊与己类商品的价格弹性与收入弹性[①]均较高。注册会计师在分析毛利变动原因时,还需要考虑商品的消费弹性。商品的价格弹性特征会增进销量上升,但毛利率下降。收入弹性特征会使收入与毛利率同时增加,但在买方市场环境中,该等商品很少(如不具有特殊功效)。粮食产品的消费弹性较小,滋补品的消费弹性(包括价格弹性和收入弹性)较大,天然产出的产品(如玉石等)消费弹性也较大。

该项数据分析主要是考察被审计单位销售的相同商品,其连续几年的毛利率变化趋势是否符合客观规律。从一般商品而言,同一商品连续投放市场后,会因其产品寿命或技术更新速度导致收入下滑,但产品成本却呈现刚性特征,所以毛利率应当出现降低现象。对价格弹性与收入弹性高的商品,应当进一步分析其销售数量变动是否合理。如果分析数据出现较大幅度的波动或上升的,则需要实施有针对性的检查程序,获取相关证据以证实是否存在重大错报。

---

① 收入弹性:是指需求量变化百分比与消费者收入变化百分比之比率。

又如,某被审计单位是服装生产企业。其申报 IPO 的财务报表审计时,注册会计师结合其生产业务基础数据对收入进行分析,以印证营业收入是否存在重大错报。效率指标中的"件"是指不同产品折合成标准品后的件数。

表 9-5　　　　　　　　　　某服装企业生产数据分析表

年度	缝纫机数量	生产工人	效率(人/件/年)
2006	3 420	2 826	1 853
2007	3 562	2 920	2 406
2008	3 537	2 012	2 424
列为参考对象的某上市公司数据			
2007	1 618	2 042	5 103

表 9-5 分析结果中存在不正常现象:

(1) 生产工人数量少于缝纫机数量,人机比例反常。通常,手工操作情况下的人机比例(机器/人数的比例)为 1(可能会因设备维修的原因,会有少量的备用设备,因此可能略高 1)。自动化生产线上,人机比例会高于 1。注册会计师应当实地观察被审计单位生产现场,识别与判断是否为自动化生产线,或者有较多的空余设备?

(2) 选择的参考分析对象某上市公司,人机比例未反常,但某上市公司为何生产效率高于被审计单位近 1 倍? 两者差异的原因是什么? 产品品种是否一样? 选择的参照对象是否合适?

(3) 从 2008 年效率指标分析,按 1 年有效工作时间 264 天(22×12)计算,人均每天生产 9.2 件。每小时 1 件,明显偏高于一般服装生产企业的生产效率。注册会计师应分析其中是否有可能是生产工人数量中未包括辅助人员,或使用外包工人员数量未计入等原因形成数据异常。

对上述疑虑,注册会计师需要进一步了解生产工艺、生产计划、员工数量等生产业务数据,获取这些证据。

三、分析程序证据分析

(一) 分析程序证据的种类

分析程序证据是以文字表示的注册会计师的分析目的、分析方法和分析过程(行为)等人们思想内容的证据,属于书证。

（二）分析程序证据的类别

分析程序证据是注册会计师自行制作的证据。因分析程序所依据的基础数据来源于企业原始会计、业务数据且未经企业任何加工处理，所以属于原始证据。从能否证明财务报表或具体项目错报金额的路径分，属于间接证据。从证据来源分可归属于外部证据，从证据对错报项目与金额确定，并按其重要程度决定审计意见类型的作用分，应属于辅助证据。

（三）分析程序证据的证明力

从能否证明具体错报金额的能力分析，分析程序的证明力是弱的。因分析程序结论是依据会计记录或业务记录，按财务管理或企业管理理论进行推理得出的结论，属于推定事实。分析结论受企业内部控制环境的影响较大（如控制环境不好，则会计记录、业务记录也不可靠）。从证据规则看，注册会计师自行制作的分析结论证明能力高于企业管理层所做的经营业绩分析结论的证明能力。

第四节　细节测试证据

一、细节测试的作用

细节测试是注册会计师运用较多的一种实质性审计测试方法。虽然审计准则仅要求在针对特别风险实施的程序中应当包括细节测试[①]，但实际上在抽样测试中对选定样本的测试、检查文件与会计记录等多种程序中都应用的测试方法。细节测试是通过检查具体交易或事项的发生、变化与结果等环节的证据，以判断交易或事项是否合法与是否真实。

我们先列示细节测试案例，依据案例说明细节测试证据的作用。

×××公司预付账款测试工作底稿

被审计单位：×××公司　　审计员：A　编制日期：2009-2-20　索引：ZE-YYY

会计科目：预付账款　会计期间：2008-12-31　复核员：B　复核日期：2009-3-1

1. 基本情况及形成原因：业务类型：采购农作物 A　　期末余额：69 775 658.58

　全年采购金额：90 098 552.00（预付）　　采购合同索引号：ZE-YYY-1

2. 预付款支付测试：（部分）

---

① 《中国注册会计师审计准则第 1231 号——针对评估的重大错报风险采取的应对措施》（2010），第二十一条。

月份	凭证编号	业务内容	会计记录			附件
			对方科目	二级科目	借方金额	
1	银付-1092	预付合同预付款	银行存款		14 400 000.00	银行结算业务申请书 12570
3	银付-3014	同上	银行存款		2 400 000.00	支票存根 407276
...	...	...	...		...	
	总计				72 050 030.00	约占全部发生额的 80%

3. 预付款减少测试(部分)

月份	凭证编号	业务内容	会计记录			附件
			对方科目	二级科目	贷方金额	
4	记-4106	采购农作物 A	原材料	原料	23 626 880.00	发票日期:2008-4-12 发票号:××××× 入库日期:2008-4-13 入库单:0004073
9	记-9012	采购农作物 A	同上	同上	21 530 102.00	发票日期:2008-9-18 发票号:××××× 入库日期:2008-9-18 入库单:0005170
...	...	...	...		...	
	总计				73 181 477.85	约占全部发生额的 80%

说明:公司每年支付下一年度的采购款,形成预付款余额。因国内该农作物 A 采购属于垄断性,产品具有季节性,所以预付款余额较大。本年减少的预付款为实际收到上年预付款对应的农作物 A 数量。入库数量已经与原料科目审计证据核对一致。按公司全年产品工艺文件,农作物 A 占其全部用料的比重为 36.5%。

2008 年 1 月与主要供应商 C 签订的采购合同金额为 8 300 万元,与期末余额基本相同。公司全年所需农作物 A 约 1.3 亿元(含税),扣除进项税后与公司入库金额基本一致。

该底稿中涉及的银行结算业务申请书、支票、发票及入库单等在前面"审计中常见的类型证据与证明内容"中已经进行了分析。

该底稿中的每一项内容都是细节测试。其中"银付-1092"是所测试样本的样本标识,业务内容项列明的"预付合同预付款"是描述交易内容的信息,减少金额测试中列明的对方科目"原材料"和"原料"是描述交易标的的信息,"发票号:×××××""支票存根 407276"与"入库单 005170"等也是测试样本的样本标识。在本案例中,发票日期是交易发生日也可能是验收日期标识(收购农产品往往是收购现场验收,验收合格后即刻收储入库并出具发票)。发票日期与入库单编制日期一同证明交易发生日期、交易履行过程与结果。预付款银行票据中的收款方与合同中出售方签章一起证明交易对手。

底稿中说明的借方发生额与贷方发生额的测试金额占各自全部发生额的比重,是推定规则的一种体现。以测试交易具体过程为基础事实,通过对测试金额比重的说明,推定公司与该对手的全部交易是否真实,形成推定事实。该底稿形成一项与某一对手交易是否真实的新的证据。

基础事实证据不是注册会计师制作的。证明被审计单位与某一对手交易本年全部交易情况真实性的证据(工作底稿)是注册会计师自行制作的证据。从这一方面说,注册会计师编制的工作底稿都是依据基础事实证据,进行逻辑推理后获取的新的证据。关于推理过程我们在审计证据运用中分析。

该底稿未测试内部控制运行有效性。实质性细节测试中是否需要同时实施内部控制有效性的测试,要依据注册会计师所制定的针对识别和评估的错报风险的应对方案而定。

下面提供一个货币资金实施细节测试的框架。其中 1~5 项内容可运用于其他科目的细节测试时参考,第 6 项应按照具体测试要求调整。该框架是结合内部控制运行有效性一并进行测试的。运用该框架进行测试时,所编制的底稿形式应依据测试的交易或事项实际情况确定。大额异常交易测试要素,如表 9-6 所示。

表 9-6 　　　　　　　　　　　　大额异常交易测试要素

要素	适用的相关规定
1. 检查原始凭证是否齐全	1. 中华人民共和国会计法 第十四条　会计凭证包括原始凭证和记账凭证。 　办理本法第十条所列的经济业务事项,必须填制或者取得原始凭证并及时送交会计机构。会计机构、会计人员必须按照国家统一的会计制度的规定对原始凭证进行审核,对不真实、不合法的原始凭证有权不予接受,并向单位负责人报告;对记载不准确、不完整的原始凭证予以退回,要求按照国家统一的会计制度的规定更正、补充。 　原始凭证记载的各项内容均不得涂改;原始凭证有错误的,应当由出具单位重开或者更正,更正处应当加盖出具单位印章。原始凭证金额有错误的,应当由出具单位重开,不得在原始凭证上更正。 2. 财政部《会计工作基础规范》(财会字〔1996〕19 号) 第四十八条　原始凭证的基本要求是: (一)原始凭证的内容必须具备:凭证的名称;填制凭证的日期;填制凭证单位名称或者填制人姓名;经办人员的签名或者盖章;接受凭证单位名称;经济业务内容;数量、单价和金额。 (二)从外单位取得的原始凭证,必须盖有填制单位的公章;从个人取得的原始凭证,必须有填制人员的签名或者盖章。自制原始凭证必须有经办单位领导人或者其指定的人员签名或者盖章。对外开出的原始凭证,必须加盖本单位公章。

（续表）

要素	适用的相关规定
1. 检查原始凭证是否齐全	（三）凡填有大写和小写金额的原始凭证，大写与小写金额必须相符。购买实物的原始凭证，必须有验收证明。支付款项的原始凭证。必须有收款单位和收款人的收款证明。 （四）一式几联的原始凭证，应当注明各联的用途，只能以一联作为报销凭证。一式几联的发票和收据，必须用双面复写纸（发票和收据本身具备复写纸功能的除外）套写，并连续编号。作废时应当加盖"作废"戳记，连同存根一起保存，不得撕毁。 （五）发生销货退回的，除填制退货发票外，还必须有退货验收证明；退款时，必须取得对方的收款收据或者汇款银行的凭证，不得以退货发票代替收据。 （六）职工公出借款凭证，必须附在记账凭证之后。收回借款时，应当另开收据或者退还借款副本，不得退还原借款收据。 （七）经上级有关部门批准的经济业务，应当将批准文件作为原始凭证附件；如果批准文件需要单独归档的，应当在凭证上注明批准机关名称、日期和文件字号。 　第四十九条　原始凭证不得涂改、挖补。发现原始凭证有错误的，应当由开出单位重开或者更正，更正处应当加盖开出单位的公章。 3. 中华人民共和国发票管理办法实施细则　（国税总局令第 25 号） 第四条　发票的基本内容包括：发票的名称、发票代码和号码、联次及用途、客户名称、开户银行及账号、商品名称或经营项目、计量单位、数量、单价、大小写金额、开票人、开票日期、开票单位（个人）名称（章）等。 　省以上税务机关可根据经济活动以及发票管理需要，确定发票的具体内容。
2. 有无授权批准	1. 企业内部控制规范——基本规范（财会〔2008〕7 号） 第二十八条……控制措施一般包括：不相容职务分离控制、授权审批控制、会计系统控制、财产保护控制、预算控制、营运分析控制和绩效考评控制等。 第七十九条　会计机构、会计人员应当对财务收支进行监督。 （一）对审批手续不全的财务收支，应当退回，要求补充、更正。 2. 企业内部控制应用指引第 6 号——资金活动 第四条　企业应当根据自身发展战略，科学确定投融资目标和规划，完善严格的资金授权、批准、审验等相关管理制度，加强资金活动的集中归口管理，明确筹资、投资、营运等各环节的职责权限和岗位分离要求……
3. 记账凭证与原始凭证是否相符	1. 中华人民共和国会计法 第十四条　会计凭证包括原始凭证和记账凭证。 ……记账凭证应当根据经过审核的原始凭证及有关资料编制。 2. 财政部《会计工作基础规范》（财会字〔1996〕19 号） 第五十条　会计机构、会计人员要根据审核无误的原始凭证填制记账凭证。记账凭证可以分为收款凭证、付款凭证和转账凭证，也可以使用通用记账凭证。
4. 账务处理是否正确	1. 中华人民共和国会计法 第二十五条　公司、企业必须根据实际发生的经济业务事项，按照国家统一的会计制度的规定确认、计量和记录资产、负债、所有者权益、收入、费用、成本和利润。 第二十六条　公司、企业进行会计核算不得有下列行为： （一）随意改变资产、负债、所有者权益的确认标准或者计量方法，虚列、多列、不列或者少列资产、负债、所有者权益；

（续表）

要素	适用的相关规定
4. 账务处理是否正确	（二）虚列或者隐瞒收入，推迟或者提前确认收入； （三）随意改变费用、成本的确认标准或者计量方法，虚列、多列、不列或者少列费用、成本； （四）随意调整利润的计算、分配方法，编造虚假利润或者隐瞒利润； （五）违反国家统一的会计制度规定的其他行为。
5. 是否记录于恰当的会计期间	《企业会计准则——基本准则》(2010)第十九条 企业对于已经发生的交易或事项，应当及时进行会计确认、计量和报告，不得提前或者延后。
6. 检查是否存在非营业目的的大额货币资金转移，并核对相关账户的进账情况；如有与被审计单位生产经营无关的收支事项，应查明原因并作相应的记录	1. 中华人民共和国公司法 第一百四十九条　【高级职员的禁止行为】董事、高级管理人员不得有下列行为：(三)违反公司章程的规定，未经股东会、股东大会或者董事会同意，将公司资金借贷给他人或者以公司财产为他人提供担保； 2.《贷款通则》中国人民银行令〔1996〕年2号 第七条　自营贷款、委托贷款和特定贷款： 　　委托贷款是指由政府部门、企事业单位及个人等委托人提供资金，由贷款人（即受托人）根据委托人确定的贷款对象、用途、金额期限、利率等代为发放、监督使用并协助收回的贷款。贷款人（受托人）只收取手续费，不承担贷款风险。 　　特定贷款是指经国务院批准并对贷款可能造成的损失采取相应补救措施后责成国有独资商业银行发放的贷款。 第二十一条　贷款人必须经中国人民银行批准经营贷款业务，持有中国人民银行颁发的《金融机构法人许可证》或《金融机构营业许可证》，并经工商行政管理部门核准登记。 3.《中国注册会计师审计准则第1142号——财务报表审计中对法律法规的考虑》应用指南(2010) 注册会计师应当充分关注可能表明被审计单位违反法律法规的下列信息：（与本科目相关的内容） （一）受到政府有关部门的调查或处罚； （二）提供异常贷款或支付不明费用； （三）与关联方存在异常交易； （四）支付异常的销售佣金或代理费用； （五）异常的现金收支； （六）向商品或劳务提供者以外的单位或个人支付商品或劳务款项。

二、细节测试证据分析

（一）细节测试证据的种类

细节测试中主要证据是书证和物证。银行票据属于书证，入库单属于物证。被审计单位提供的采购商品收到的发票属于外部证据。银行票据与入库单由被审计单位自制，属于内部证据。上述证据均属于原始证据。

（二）细节测试证据类别

细节测试底稿是注册会计师亲自依据对原始证据的检查、推理后获取的新的证据，属于原始证据。

对具体交易、事项测试所得证据，属于直接证据。

对于所测试的具体交易、事项与财务报表项目的关系分析，细节测试底稿证据是间接证据。

（三）细节测试证据的证明力

细节测试证据对证实具体错报金额的证明力较强。

第五节 观 察 证 据

观察证据是指注册会计师亲自对交易或事项的发生过程或结果实施现场观察后编制的观察记录。观察证据对证实实物资产"存在"认定非常重要。

一、交易

由于注册会计师实施审计的工作日期是在资产负债表日后，所以对资产负债表日前的交易过程是无法观察到的。但在某些情况下对交易的结果可以实施观察程序。例如，南方周末（作者：冉孟顺 袁名富）2012 年 11 月 30 日以"创业板造假第一股万福生科：大米神话是如何注水的"为题报道①，记者发现即使在湖南省内，万福生科产品的知名度并不高。在长沙、常德等地，南方周末记者走访十几家卖场和超市，均未看见有万福生科的陬福牌大米出售。长沙新一佳超市的一位经理明确表示，"常德来的大米主要是金健米，没见过陬福大米这个牌子。"在万福生科的所在地——桃源陬市镇的数家商场和超市，也难觅陬福大米的踪迹。甚至在距离万福生科公司300 米外的菜市场中的数家米店内，也看不到万福大米销售——这些米店摆卖的都是陬市镇另一家胜利大米厂生产的大米。东莞市常平湘盈粮油经营部是万福生科销售大米的第一大客户。IPO 时万福生科公布的数据显示，从 2009 年到 2011 年 6 月30 日，万福生科向常平湘盈粮油经销部累计销售金额为 7 571 万元。而 2012 年半年报显示，万福生科向常平湘盈粮油经销部卖了 1 694 万元大米。2012 年 11 月 15 日和 19 日，南方周末记者两度走访东莞市常平镇东站货场。湘盈粮油经营部门口竖着大大的牌子，写着"专卖湖南早熟米"。跟隔壁普遍占地两三个店面的商铺相比，湘盈

① 转引自：中国包装门户博客/新浪博客/谦虚的水晶球的博客。

粮油经营部只有一个仅50平方米的店面,颇显单薄。现场看到,这家米店有出售"金新银、赤湘早籼大米、金风雪"等五六种湖南品牌和东北大米,并未卖万福生科的陬福牌大米。粮油经销部一名王姓员工确认说:"两年前有卖,现在没有卖陬福米。"

二、事项

对于事项的观察,主要运用于观察实物资产状况、生产工艺流程、存货盘点等。存货盘点现场的观察要求已经在"监盘"一节中说明了。

实施观察实物资产状况程序时,可以用文字描述观察到的资产现状。例如,房屋建筑物的层数、设备是否处于运转状态、设备是否尘封等。对于资产所处方位可以以绘图的方式表明房屋、主要资产的位置,以直观反映观察结果。对于固定资产位置、生产工艺流程也可以用绘图方式编制观察记录。例如:

文字描述方式的观察记录,如表9-7所示。

表 9-7   房产使用情况观察底稿
会计期间:

会计师事务所:＿＿＿＿＿　　审核员:＿＿＿＿＿　　日期:＿＿＿＿＿　　索引号:＿＿＿＿＿
客户名称:＿＿＿＿＿＿＿　　复核员:＿＿＿＿＿　　日期:＿＿＿＿＿　　页次:＿＿＿＿＿
审计程序:
PCPA在盘点过程中对公司生产用房屋、非生产用房屋、其他公用设施进行观察,并形成观察记录。

房屋名称	使用部门	地点	使用情况	与区位图核对一致	资产净值	房屋建筑物面积	平均建筑成本
110 kV 电站用房(砖混)	41 准备车间	BM110 kV电站	在用	√	170 535.99	146.41	1 164.78
涂层车间房屋(含10 kVA)(钢结构)	25 涂层车间	BM新厂区	在用	√	4 164 574.20	5 473.52	760.86
涂料仓库(砖混)	25 涂层车间	BM涂层车间	在用	√	95 046.59	134.06	708.99
冷轧二车间房屋(钢结构)	24 冷轧二车间	新厂区冷轧二车间	在用	√	3 362 868.36	5 256.61	639.74
新厂区门卫(砖混)[注1]	0103 后勤科	新厂门卫	在用	√	1 172 111.87	113.92	10 288.90
BM 综合楼(砖混)[注2]	0101 人事科	新厂区	在用	√	3 475 173.23	596.35	5 827.41
……	……	……	……	……	……	……	……

[注1]该项固定资产净值为门卫房间加新厂区围墙面积,账面面积统计仅为门卫房面积。
[注2]该项固定资产为多层,其单位平方成本应按楼层分摊。
说明:
PCPA对房屋每平方米平均建筑成本进行匡算,验证其合理性。
经比较,SZ地区钢结构厂房平均建筑造价为1 200～1 500元人民币/平方米,砖混结构厂房平均建筑造价为900～1 200元人民币/平方米,企业部分厂房平均造价高于平均水平系生产需要特殊性导致造价相对较高。

流程图方式的观察记录,如图 9-1 所示。

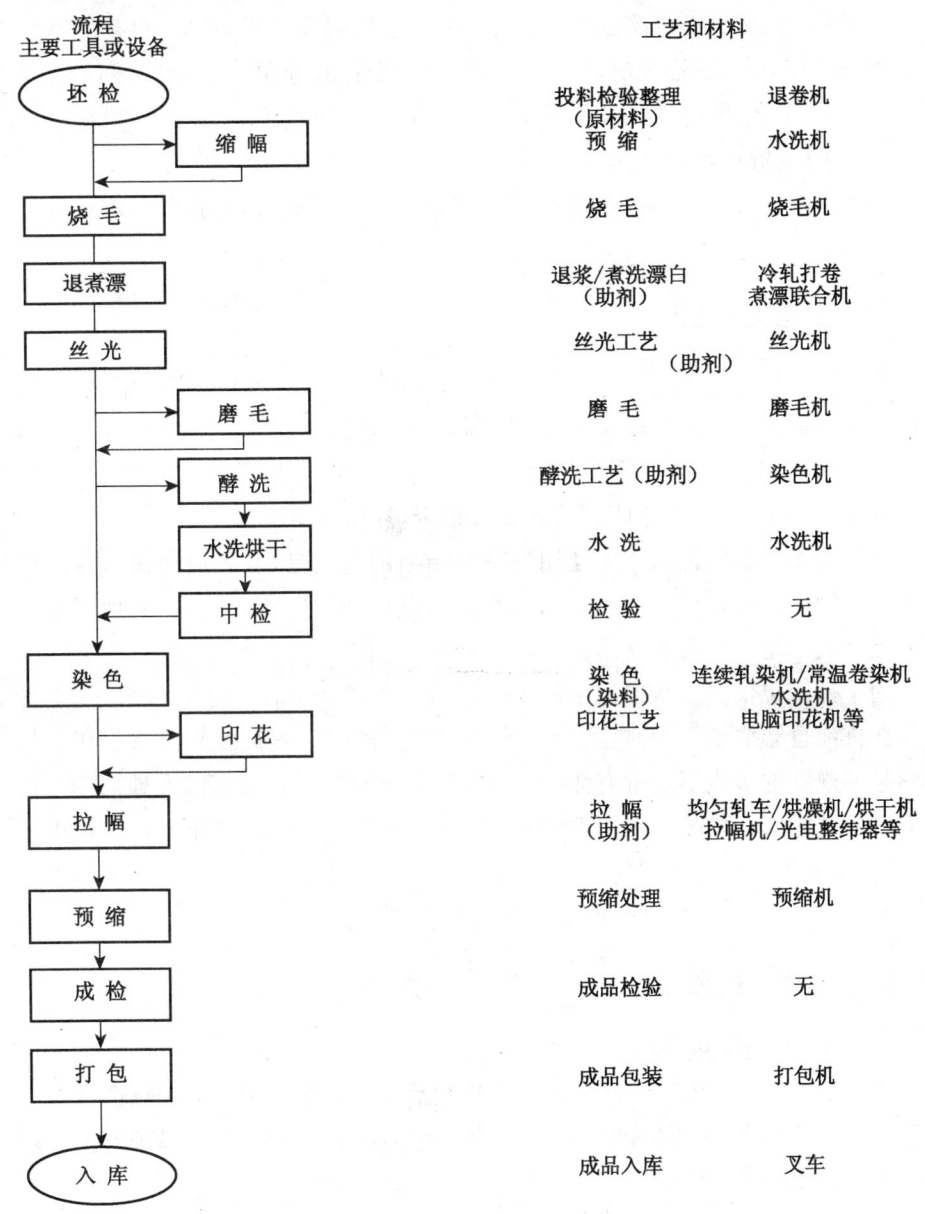

图 9-1 某印染企业产品生产工艺流程图

以流程图方式编制的观察记录的好处是可以直观了解固定资产安置位置,以核对账面记载的资产是否有正确或遗漏。如不绘制固定资产位置图,则对账面记载的固定资产"是什么""在哪儿"缺乏证据印证。审计实践中存在类似的案例。某项目小组对一家大型电厂审计所编制的工作底稿送交复核时,质量控制复核人员发现,固定资产账面记有 3 套发电机组,但锅炉只有 2 台。经要求审计人员实施进一步检查后发现,其中 2 号机组是委托其他单位建造的,锅炉作为工程总体的一部分,价值计入发电机组内,未予以单列资产。该单位固定资产管理部门的固定资产卡片上有 3 台锅炉,而会计账面中未予以调整。如果注册会计师绘制资产位置图时自然会记入 3 台锅炉,与账面核对时就会发现这一情况。

三、土地使用权

对土地使用权的观察记录更是重要。例如在农业类企业的审计中,对于自有土地使用权或租赁的土地就需要实施观察程序,编制观察记录,以印证被审计单位管理层作出的"存在"认定,并可依据其实际面积与亩产水平数据,实施分析程序,计算其最高产出数量,用于印证营业收入是否虚增。

一个可供参考的记录土地使用权观察结果的方法是,首先提请被审计单位提供其土地使用权证上记载的土地四至数据与地形及位置图,其后在实地观察时对地形周边线的每一条直线拐角处立桩,该桩上应有被审计单位名称。注册会计师可运用手持定位仪测量数据记录该桩的经纬度数据。并请陪同人员与注册会计师一起在桩前合影取证。同时,注册会计师测量其桩间距离长度并计算面积。如果地形是不规则的多边形或带有弧线的,则按照数学中微分学原理,在地形图上将不规则图形分割成小块的规则图形,用同样的方法立桩与摄影取证。对小块土地计算面积,然后加总得出近似的全部面积,再按上述方法记录观察结果。这一结果直观描述了土地面积,可供计算产量,复核营业收入之用。

四、观察证据分析

(一)观察证据的种类

注册会计师对在实物资产安放现场观察后编制的观察记录属于物证。对于制造业企业,因对生产流程的观察必然与设备观察结合在一起,也归属于物证。对土地使用权的观察记录应归属于勘验笔录。

目前审计实践中对于服务类企业的作业流程的观察证据尚未发现,如何实施观察、观察什么、如何记录、记录哪些要素等都需要进行深入研究。

(二)观察记录的证据类别

观察记录是注册会计师亲自赴现场观察所获取的审计证据,属于原始证据。

按证明具体错报金额的路径分析,属于间接证据。因为观察记录不能证明资产"计价与分摊"认定是否存在错报。按证据与审计结论的关系分,属于基础证据。因为观察记录直接可以证明资产的"存在"认定。

(三) 观察记录证据的证明力

观察记录证据因是注册会计师亲自获取的原始证据,其证明力较强。

第六节 询 问

一、询问程序记录

询问程序在审计中广泛运用。可以说审计过程中注册会计师与被审计单位管理层、会计人员、业务人员有很多的交流,这些交流实际上就是实施询问程序。对重要的询问,如管理层的企业发展战略,投资意图、产品研发、重要大客户拓展、重大且新颖的交易方式的交易实质判断等实施询问程序后应当制作询问记录证据,以印证其他文件记载的内容或交易过程。下面是一个询问记录的实例。

表 9-8

XX 有限责任公司

投资项目检查工作底稿 索引号:

被审计单位名称:XX 有限公司	编制:_____ 日期2013-3-8
项 目:询问 YY 部 截止:2012-12-31	复核:_____ 日期2013-3-8

投资项目实施情况访谈记录

一、基本信息

访谈日期	2013-3-8	访谈地点	4 号会议室
访谈人	B	访谈记录人	C

访谈主要内容

参与人员	被访谈人员		
	姓名	部门	职务
	A	YY 部	

二、访谈记录

1. YY 部情况介绍：
   我们部门原包含审计部，后来 2012 年的时候独立出去了。主要职责是：(1)制度的制定；(2)风险管理，合规性问题的审查；(3)项目风险的审查，提示风险等；(4)组织召开投委会会议；(5)项目投后的风险管理；(6)对中介机构合作的管理。

2. 讨论与回答：
   (1) 项目审核的要点有哪些？
      不同的类型的项目审核的要点不同，因为他们风险不同。比如说夹层投资，主要关注财务状况、担保能力、现金流情况等。PE 与基金投资主要是关注搭建的模型、回报率、行业判断、假设条件是否正确等。
   (2) 项目合规性是如何审查的？
      重点考查是否符合国家规定，如有没有国家不鼓励的项目等。但我们部门只是提供建议、提示风险。目前项目库中有 40 个项目，我们之前因为风险砍掉过不少项目。
   (3) 对三重一大事项你们有何看法？
      公司层面未界定一大的金额。但是有一个重大敏感项目管理办法。我们所有的项目都有进行风险评估的。
   (4) 投后的风险管理如何？
      对项目有进行定期分析，有特殊项目还做专题分析，随时进行监控。
   (5) 招标事项归你们负责不？
      可能在 ZHB 部那边负责。
   (6) 你们部门现在有多少人？专业知识背景如何？
      我们共有 6 个人，其中 3 个人有法律背景(有律师资格)，财务背景的有 2 个人(有 CPA 执业资格)，有 1 个做行业研究的背景。
   (7) 你们战略委员会有没有什么制度，履责有没有相应的记录？
      我们有一个战委会管理办法，平时开会有会议纪要。
   (8) 战略委员会与战略发展部名称与职能是否有重叠？
      名称虽然都有战略两个字，但是职能是不同的。
   (9) YY 部在整个公司的作用？
      主要是提示与控制各种风险。
   (10) 你们投资的收益率为何如此之高，一般都在 15% 左右，是否与母公司的背景有关？
      其实这个问题与我们的资金成本有关，我们资金成本是 6.5% 拿来的，要加上风险因素、人工成本、税金等，所以成本可能达到 10% 左右，一般只有收益率只有超过 12% 时我们才能接受这个项目。而且，我们相对来说有优势，简单、快捷、方便，也不像银行那样对资金使用有限制；相对于信托来说，可能存在募集失败的可能。所以我们收益高是合理的。
   (11) 关于夹层投资你们有什么看法？
      我们以前也口头有咨询过银监会，他们也认可这种做法。而且我们也有通过信托与委贷来控制这些风险。
   (12) 你们公司本身定位如何？
      想做成金融公司，但是无金融牌照，金融企业发债的资金成本会比较低，对我们是有利的。
   (13) 你们股权转让是按什么规定走的？
      我们按财政部的规定走，重大的与特殊的事项报财政部，小事项报母公司即可。

询问可包括对销售客户、供应商的询问。例如,证监会下发的《会计监管风险提示第 4 号》(证监办发〔2012〕89 号)中提出的要走访主要客户或供应商就是实施询问程序。

下面是一个询问第三方的询问记录实例(部分)注册会计师在实施 ZH 公司银行存款审计时,发现 ZH 公司开设于 XX 银行上海 YY 分行的一个账户已销户,有销户单,但没有对账单。销户单上记录的销户原因是"转户"。对此注册会计师感到疑惑,为此向该分行实施询问。

表 9-9

ZH 有限责任公司

询问记录工作底稿　　　　索引号:XWJ-XX

被审计单位名称:ZH 有限责任公司	编制:NJ	日期2010-2-12
项　目:银行存款　　截止:2009-12-31	复核:SK	日期2010-2-19

银行账户销户情况访谈记录

一、基本信息

访谈日期	2010-2-11	访谈地点	事务所 8 号会议室
访谈人	A	访谈记录人	NJ
访谈主要内容	项目情况:对开设于 XX 行上海 YY 交易所分理处账户销户真实性进行询问		
参与人员	被访谈人员		
	姓名	部门	职务

访谈记录

□ 拨打 021-95×××× 　语音回复:您好,这里是 XX 银行电话语音服务……
□ 选 2 人工服务　人工接线应答:01287 号话务员为您服务,……通话会被录音
A:您好,我想咨询一个业务,我在 XX 行上海 YY 所分理处开了个账户……
• 01287 答:请问是企业还是个人
A:是企业账户
• 01287:那我给您转接 XX 行上海 YY 交易所分理处电话……请您记一下,6859××××
A:好的,谢谢。　拨打 021-6859××××
• 接待人员:您好!
A:您好!请问您那是 XX 行上海 YY 所分理吧?
• 接待人员:是的,你好!
A:我想咨询一个业务,我们在您银行开了个企业账户,前几天销户了,我想问一下,我填销户申请的时候,销户原因为什么要填转户呢?
• 接待人员:哎呀,这个东西有什么关系嘛,这只是个手续嘛,您是哪个公司?
A:ZH 集团
• 接待人员:哦,ZH 的啊,是刚销户

> A:那我想问一下,我们办理的这个账户,虽然从开户后没有使用,我们销户时贵行怎么也没有提供对账单啊? 我们要用啊。
>
> • 接待人员:哎呀,这话说得不对啊,对账单? 对账单啊,你没有交易流水,我这边不做记录怎么对啊? 没有账可以对啦,那当然没有对账单啦。
>
> A:那我们想知道账户余额有其他的途径吗?
>
> • 接待人员:你们都没有交易,还要知道余额啊,余额很显然嘛。
>
> A:销户时没有其他证明余额的文件了嘛?
>
> • 接待人员:你们没有银行交易就没有。
>
> A:好吧,谢谢!

这里需要注意的是,实施电话询问时,一是先考虑利用双方的座机电话通话。因为座机电话易于查询机主。即使被询问单位是租赁房屋,也有租赁合同能证明该电话是其使用。如果利用手机通话,则不可能获取被询问人员的劳动合同去印证被询问人是该单位的员工。二是要记录通话时间。这两条是为考虑未来诉讼时,注册会计师能够通过到电信公司打印通话记录单证明就该事项在某时间确实实施了询问程序。已尽勤勉尽责的责任。

二、询问证据的分析

(一)询问记录证据的种类

询问记录证据所记载的是被询问对象的思想或意图,属于书证。

(二)询问证据的类别

询问记录证据因是注册会计师亲自制作,属于原始证据。从询问证据与注册会计师判断证明对象的各项认定审计结论关系看,属于参考证据。

(三)询问证据的证明力

询问证据的证明力较弱。

第十章
审计证据运用与职业判断

　　我们在第一章阐述了审计过程就是获取审计证据的过程。本章所要讨论的是如何运用已获取的审计证据作出审计结论。

　　将获取的证明交易或事项的审计证据进行相互印证、推理分析,作出审计结论的过程是证明过程。本书在第三章中阐述了证明对象、证明责任和证明标准。本章说明证明过程。证明过程是注册会计师的思维活动。人的思维活动受到很多因素的制约,包括对形式逻辑学中的判断、推理部分内容的了解与掌握程度、哲学观念对思维的影响和价值观等。

第一节　影响职业判断的因素

一、判断与推理

　　注册会计师在审计过程中,通过实施审计程序,获取审计证据后与对交易或事项相关的会计确认、计量与列报的正确性进行判断,得出审计结论,发表审计意见。这里所说的正确性是指会计确认、计量与列报是否不存在重大错报。审计过程中的任何判断都是以审计证据为基础,依据适用的企业会计准则及相关会计制度为标准,以得出是否存在重大错报的审计结论为目标的思维过程。这一点应该是十分明确的。但审计实践中还是出现了注册会计师以其他单位的判断结论为标准进行判断的情况。例如,某一房地产开发企业在收入确认时,管理层不是将企业收入确认会计政策与企业会计准则及相关会计制度为标准对照,而是以某著名上市房地产开发公司的收入确认会计政策为标准对照,得出"该公司可以这样确认收入,我也可以这样确认收入"的推理结论。注册会计师虽从心里不认同管理层的这一说法,但也感到困惑,企业的这一做法错在哪里呢?

　　我们有必要引入形式逻辑学理论进行分析。形式逻辑认为,判断是对事物或对象有所断定的思维形式①。判断是概念的继续和展开,是对概念的说明②。该房地产企业管理层对其制定的收入确认会计政策是否正确的判断,应当是对企业会计准则中"收入确认条件"这一会计专业概念,对照企业自身实际销售业务情况进行的展开说明。也就是说,企业在断定其财务报表中列报的收入金额正确性时,必须以企业会计准则及相关会计制度的规定为基准,而不是以其他企业的收入确认政策为基准。所以,企业管理层的这一说法的逻辑基础就错了。

从推理角度分析,这一推理结论也不符合要求。形式逻辑认为,推理是由一个或几个已知的判断推出一个新判断的思维形式③。形式逻辑关于推理理论中有类比推理的推理方法。按类比推理的推理过程描述上述某一房地产开发企业的上述结论就是:

该著名房地产上市公司销售房屋的收入确认是按照企业会计准则规定的。我公司是房地产开发企业,也销售房屋。所以,我公司的收入确认可以按该著名房地产公司的方法确认。

这一推理过程中虽有两个相同的要素:即同是房地产开发公司,同样按照企业会计准则规定确认收入。但这一推理的前提,即该著名房地产公司收入确认政策必须被科学证明是正确的,推理结论才能成立。如果不是或没有被证明是正确的,则结论也不成立。这就是类比推理的重要特点,即类比推理中前提与结论的关系是或然的。或然性是指结论有可能正确,也可能是错误的。如果该著名房地产上市公司销售的房屋在用途、购买群体、销售方式等各方面都与某房地产企业一致的,则推理结论是正确的。但是,谁、在什么时候、以何种方式证明某著名上市房地产企业的收入确认政策可能符合企业会计准则的规定的?那你如何证明你公司销售的房屋用途、购买群体、销售方式是与该著名上市房地产企业是一致的?这两个问题没有证据证明,则类比推理的结论就不能必然成立。

审计实践中的另一问题是注册会计师没有按照职业怀疑的要求,以质疑的思维方式,对所获取的审计证据进行审慎的评价,在对获取的审计证据没有相互印证前,就仓促作出判断。《注册会计师职业判断指南》指出,当注册会计师面对一项审计任务,或取得一项审计证据时,不能无理由相信被审计单位的陈述或提供的证据

① 南开大学哲学院逻辑学教研室编著:《逻辑学基础教程》(第三版),南开大学出版社 2014 年版,第 62 页。

② 南开大学哲学院逻辑学教研室编著:《逻辑学基础教程》(第三版),南开大学出版社 2014 年版,第 64 页。

③ 南开大学哲学院逻辑学教研室编著:《逻辑学基础教程》(第三版),南开大学出版社 2014 年版,第 65 页。

是可信的。这一规定就是要求注册会计师秉持"非经证明前不以为是真"的理念，对所获取的审计证据必须先进行相互印证，然后才予以采信，以经印证的证据为基础作出断定。

注册会计师应当按照职业判断指南要求，在审计实践中主动培养自身包括逻辑推理能力在内的职业技能，以适应日益变化的新企业组织形式、新的业务方式对注册会计师职业技能的挑战。识别日益复杂的管理层舞弊手法，防止审计失败。

二、哲学观念对职业判断的影响

我们这里引用向松祚在《反思和重建经济学的哲学基础》[①]文章中的观点说明哲学观念对思维的影响。作者说，多年来我给学员讲授管理学和经济学之时，总有学员问我，作为经济学教授，你能够教给我一个秘诀和公式，确保我的公司顺利上市吗？你能保证我投资股票赚钱吗？我当然没有秘诀和公式，其他人也不可能有。这些浅显例子清楚地告诉我们，社会科学真理与自然科学不一样。

我们详尽总结人类有史以来伟大企业家的成功经验，概括出 100 条或 1 000 条规律和法则，但是这些规律和法则无论如何都不能保证后来人成为顶级企业家。掌握核裂变基本原理，你完全能够复制核武器，掌握经济学和管理学原理，却不能复制企业成功。仅此一例，足以说明经济学真理与自然科学真理有本质不同。

依照罗素的划分和牟宗山的阐释，真理有两种类型：外延真理和内容真理。科学真理都是外延真理，外延性原则就是知识和真理可以脱离我们的主观态度（subjective attitude）。牟宗山说："凡是不系属于主体而可以客观地肯定（objectively asserted）的那一种真理，通通都是外延真理。科学真理必须脱离我们主观的态度。"科学里面的命题都是外延命题，科学不能有内容真理。依照罗素的定义，所谓内容真理和内容命题通通是系属于主体，系属于人的主观态度。外延真理有普遍性，内容真理亦有普遍性。不过两个真理的普遍性有重要区别。外延真理的普遍性是抽象的普遍性，内容真理的普遍性则是具体的普遍性。

抽象普遍性的真理，就是可以用概念、范畴和数量将真理和命题准确表达出来。物理学和一切自然科学的命题和真理都建立在各种精确定义的概念、范畴和数量基础之上。所以霍金给科学真理的定义就是："科学理论只不过是宇宙或它的

---

① 向松祚，著名宏观经济学家，现任中国农业银行首席经济学家，中国人民大学国际货币研究所理事兼副所长，国际货币金融机构官方论坛（OMFIF）顾问委员会成员、研究委员会成员，《环球财经》杂志总编：《实证逻辑论的精彩和不足》（反思和重建经济学的哲学基础之十一）。

受限制的一部分的模型，一些连接着模型中的量和我们的观测的规则。"概念、范畴、数量和命题（规则），共同构成科学真理。

内容真理则不然，它是具体普遍性的真理。依照牟宗山先生的说法，抽象普遍性的真理一经证明和发现，就是一现永现、一成永成，没有其他花样，没有什么折扣，没有主体性，没有主观性，没有弹性，放之四海而皆准。

具体普遍性的真理则不同，它呈现具有弹性、具有强度的差别，具有主观性和主体性，因人而异，是一个动态的过程。

首先，经济学里面确实有一些规律符合科学真理的定义和规范，称得上是科学真理。描述经济体系的一些基本恒等式，譬如货币数量论恒等式 $MV = PY$、古诺定理、瓦尔拉斯定理、比较优势原理、斯密定理、科斯定理、租值消散道理等，从抽象角度看，它们符合科学真理的要求，其概念、范畴、数量和规则，原则上都可以准确定义和量度。

然而，经济学和社会科学还有大量的道理、规律和法则不符合科学真理的规范，它们属于内容真理。譬如奈特就曾经写过一篇有名的文章《竞争的伦理学》，针对经济学者大谈效率，奈特就问：效率究竟是一个科学问题，还是一个价值判断问题？欧美经济学的基本教义是市场竞争能够带来社会福利和价值的最大化，这里就牵涉到价值和伦理判断。你说的那个价值和福利最大化，是谁的价值？谁的福利？竞争朝这个方向迈进你认为好，朝另外一个方向你就认为不好，标准是什么呢？事实上，经济学研究的所有问题，都离不开价值判断，甚至经济学者选择研究方向，背后隐含的也是一个价值问题。

按上述真理二重性理论分析，会计学中的"资产＝负债＋所有者权益"公式所体现的是外延真理，是抽象普遍性的真理。不管财务报表是否存在重大错报，只要等式成立，财务报表在形式上就是正确的。从审计来讲，上述等式成立仅是形式上正确而不是内容正确。内容正确必须是财务报表不存在重大错报。但是什么属于重大错报，什么不算重大错报，审计准则却无法给出一个量化、确定不变的具体标准（如资产总额的某一百分比为量化标准，不管企业大小，经营业务类型等普遍适用）。审计准则只是给出确定重要性标准的原则。因此，需要注册会计师依据自身的知识、经验、专业技能，来确定被审计单位财务报表重大错报的重要性标准金额。这一重要性标准金额会因注册会计师的不同判断而可能不同。

《注册会计师职业判断指南》指出，注册会计师的个体特征对职业判断质量是十分重要的影响因素。这些特征包括：①知识、经验和专业技能；②独立、客观、公正；③职业怀疑。《中国注册会计师胜任能力指南》中指明，职业技能（即专业技能）

包括需要"了解人类行为的基本知识""能够进行调查和逻辑思考,并以质疑的方式思考问题"(二十七条)。因此,注册会计师了解哲学知识与形式逻辑知识,掌握逻辑推理能力是非常重要的专业技能。

了解真理二重性理论就容易理解为何注册会计师在作出职业判断结论前,只有征求或听取不同意见,并与会计师事务所内项目合伙人、项目质量控制复核合伙人与对项目质量实施监控的其他合伙人共同讨论,评价职业判断质量,才能得出与特定标准(会计准则及其他规定)或客观事实之间的相符程度最高的结论(职业判断指南 4.2 条)。注册会计师必须知晓自己的判断结论必须经他人论证,在未经项目质量控制复核合伙人与对项目质量实施监控的其他合伙人共同讨论并得出一致意见前不能确认为正确的。不能固执己见或轻视征求不同意见的要求,认为个人判断一定是正确,以致发生审计失败。

三、价值观的影响

价值观是基于人的一定的思维感官之上而作出的认知、理解、判断或抉择,也就是人认定事物、辨定是非的一种思维或取向……价值观具有稳定性和持久性、历史性与选择性、主观性的特点。价值观对动机有导向作用。[①] 注册会计师行业在长期的审计实践中形成了自身的核心价值观,即注册会计师"独立、客观、公正"的职业道德核心要求。这一核心价值观是审计业务得以运转,资本市场体系得以维持的基础。

中共中央宣传部颁布的《社会主义核心价值体系建设实施纲要》指出,目前我国的社会主义改革和发展处于关键时期,经济体制深刻变革,社会结构深刻变动,利益格局深刻调整,生活方式深刻变化。这一切给人们的思想价值观念带来了空前的活力,也造成了巨大的冲击。现实生活中实际存在的"一切向钱看"的想法必然对注册会计师恪守独立、客观、公正职业道德要求形成巨大冲击。从而出现注册会计师在作出职业判断结论时偏向被审计单位某些不符合会计准则规定的项目列报,以避免收不到审计费的想法。这一想法既不符合中共中央办公厅印发的《关于培育和践行社会主义核心价值观的意见》指出的"开展各项生产经营活动,要遵循社会主义核心价值观,做到将社会责任,将社会效益、将守法经营、讲公平竞争、讲诚信守约"的要求,也不会作出正确的职业判断,担起注册会计师对投资者、债权人及其他财务报表使用者提供不存在重大错报财务信息,不误导投资决策的社会责任。

---

① 百度百科词库。

注册会计师要做到公正处事、实事求是，不得由于偏见、利益冲突或他人的不当影响而损害自己的职业判断(注册会计师职业道德基本原则第十二条)就必须具备正确的价值观。

第二节　审计证据数量与审计程序的关系

第五章第三节中已经分析了审计程序与获取审计证据之间的关系。该节主要分析了注册会计师实施不同性质的审计程序对获取审计证据的便捷度、是否易于固定证据与证明力。本节主要分析实施审计程序与获取审计证据数量之间的关系。

通常情况下，注册会计师实施一项审计程序能获取一项审计证据。一项审计证据是指证明财务报表某一项目、某一交易或事项的某一认定的证据。例如，实施检查有形资产程序，能获取有关财务报表中存货或固定资产项目"存在"认定的证据。有的程序可能会同时获取对多个认定的证据。例如，实施函证，能够获取某一债权"存在""计价与分摊""权利义务"等认定的证据，但不能获取"完整"认定的证据。所以，实施一项程序不会取得所有认定所需的全部证据。注册会计师应当对财务报表审计中所有评估为重大项目的所有重要认定获取证据，不能认为以一个程序获取的一项审计证据就能替代所有认定所需的全部证据。现实情况中有部分注册会计师在实施资产、负债类项目审计，特别是货币资金项目审计时，存在将对需要实施多项审计程序以获取各项认定所需证据的要求，"简单等同于货币资金余额的审计"[①]的错误观念，仅实施函证后就不再实施其他程序。如此，就无法达到获取"充分"的审计证据要求。

有时，注册会计师实施一项审计程序获取的审计证据的"适当"性存在不足，需要实施其他程序获取恰审计证据进行弥补其"适当"性不足(补强证据规则。2002年4月1日起最高人民法院颁布施行的《最高人民法院关于民事诉讼证据的若干规定》，在第六十九条确立了补强证据规则)。例如，实施询问程序以了解某项交易过程的证据就不足以证明交易发生过程与结果。需要获取交易合同、交付货物或劳务、资金清算等各项证据补充询问程序的适当性不足。反之，亦然，仅获取交易合同、交付货物与劳务、资金清算等证据，也应实施询问

---

① 证监会：《会计监管风险提示第4号——首次公开发行股票公司审计》(证监办发〔2012〕89号)，第九条。

程序,以了解交易意图,证实交易的合法性(包括识别关联方之间的不公允交易)。

研究审计证据数量与审计程序之间的关系是为了在作出职业判断前拥有充分、适当的证据以供判断之用。

《注册会计师职业判断指南》给出了职业判断决策框架。即决策过程的五个步骤:

(1) 确定职业判断的问题和目标。

(2) 收集和评价相关信息。

(3) 识别可能采取的解决方案。

(4) 评价可供选择的方案。

(5) 得出职业判断的结论和作出书面记录。

上述步骤中的(2)项中的"收集"要求就是必须获取数量足够的审计证据(充分性);"评价"要求包括评价审计证据与被证明的交易或事项关联情况,对各项证据进行相互印证,以确定是否采信证据(适当性)。(3)涉及注册会计师的形式逻辑学识、哲学观念、专业技能与价值观等的影响。从上述决策框架可以知晓,如果未能对所有认定获取审计证据,即使审计证据是适当的,也不能得出恰当的职业判断结论。

第三节　审计证据的运用

审计证据的运用就是注册会计师运用所收集的审计证据进行印证、分析、推理并得出判断结论。我们以案例的方式进行说明。

案例 1　A 公司未取得房产证的固定资产确认与列报

(一) 案例背景

注册会计师接受 A 公司委托,对截至 2015 年 6 月 30 日的财务报表进行审计。A 公司是一家准备改制上市的民营企业。其现有土地使用权、房屋已取得房地产权证。该公司在该土地上新建部分厂房(资产账面价值 3 920 万元,占期末资产总额的 12.6%)。房屋建成后向当地房地产主管部门申领房地产权证时,一直未能取得。控股股东针对公司该房产没有房产证问题作出承诺,称将积极协助公司办理房产证,并承担未来不能办理房产证给公司带来损失的责任。但尚未取得相关承诺函。

（二）确定的职业判断问题

注册会计师需要对未取得房地产权证的厂房确认和列报是否符合企业会计准则规定作出职业判断。

（三）已取得的证据

（1）当地房地产主管部门颁发的《房地产权证》。权属性质：国有建设用地使用权。土地使用权取得方式为：出让，用途：工业，使用年限：2011 年 1 月～2051 年 9 月，使用权面积 28 263 平方米。土地使用权证颁证日期是 2013 年 1 月 21 日（是受让所得）。

（2）当地规划与土地管理局 2012 年 11 月下发的公司所处地区规划调整说明。按该规划说明，在当地政府的规划中该公司需要搬迁。

（四）证据分析

（1）注册会计师应当按照企业建造厂房相关的国家规定，了解企业建造厂房业务应有的证据。

表 10-1   厂房建设证据分析表

业务流程	应有证据	依据、内容说明
1. 建造计划	董事会决议	初步了解建造目的、建造面积、资金来源
2. 建造过程		
（1）向规划部门申报	领取规划许可证	《中华人民共和国建筑法》第七条
（2）厂房设计	设计图纸	建筑面积、结构。印证"计价与分摊"认定
（3）确定施工单位	招标与中标过程文件与施工合同	检查合同金额，印证房屋总价是否正确
（4）向建设部门申报	领取施工许可证	建筑施工许可办法（建设部令 91 号）第三条
（5）建造	付款的会计记录	证明实际建筑面积、金额
（6）工程监理	监理报告	证明实际工程量、质量
3. 工程验收	验收报告	证明工程完工结转固定资产时点是否正确
4. 资金结算	最终结算清单	确定房屋总额
5. 申领房产证	申领报告	证明资产所有权

（2）缺失证据情况。

第一，建造房屋行为合法性证据缺失。

被审计单位未能提供规划许可证与施工许可证。注册会计师检查当地规划与土地管理局2012年11月下发的公司所处地区规划调整说明后发现,该文件中明确说明"该用地处于××楔形绿地内,目前结构规划尚在编制,待规划明确后再予以研究项目扩建(指被审计单位新建房屋)问题"。注册会计师由此可以推断,被审计单位明知无法按合法程序申报并取得规划许可证,进而无法取得施工许可证,肯定无法取得房产证。在此情况下建设新厂房是未批先建,属于违法建筑。

第二,房屋期末账面价值证据缺失。

被审计单位上述未取得房产证房屋账面价值3 920万元,仅是会计记录。尚未获取其他证据予以印证该金额。其他证据,如表10-2所示。

表10-2　　　　　　　　　厂房建设应补充获取证据表

证据名称	种类	证据作用
招标过程与中标过程文件	书证	能印证建造过程中的交易对手与被审计单位的关系。即使是关联方,通过招标过程确定的施工单位预计施工价的公允性可以有部分证据证明
施工合同	书证	印证房屋账面价值
监理报告	物证	印证工程量是否与房屋面积相符、工期时间,间接印证工程金额
申领房产证报告	书证	证明企业意图获得房屋的合法权益

(3)分析。

第一,房屋所有权证是由被审计单位提供,可证明其拥有该厂房的所有权,是本证。按证据与证明对象之间的证明路径分,是直接证据,除此之外,其他证据都不能直接证明被审计单位拥有该厂房的所有权,只能证明被审计单位合法取得厂房过程中某一环节的事实,是间接证据。

第二,案例各环节证据及种类——按规定的建造过程说明,如图10-1所示。

(五)职业判断

对被审计单位就该房屋因没有房产证,确认为固定资产并按固定资产列报是否正确的各项认定需要作出职业判断。职业判断过程就是运用证据进行推理的过程。

与资产期末余额相关的认定包括"存在""权利与义务""完整性"和"计价与分摊"。因该问题仅涉及单项资产,因而"完整性"不予分析。

与列报相关的认定包括"发生以及权利和义务""完整性""分类和可理解性"和"准确性和计价"。因该问题仅涉及单项资产,因而"完整性"不予分析。

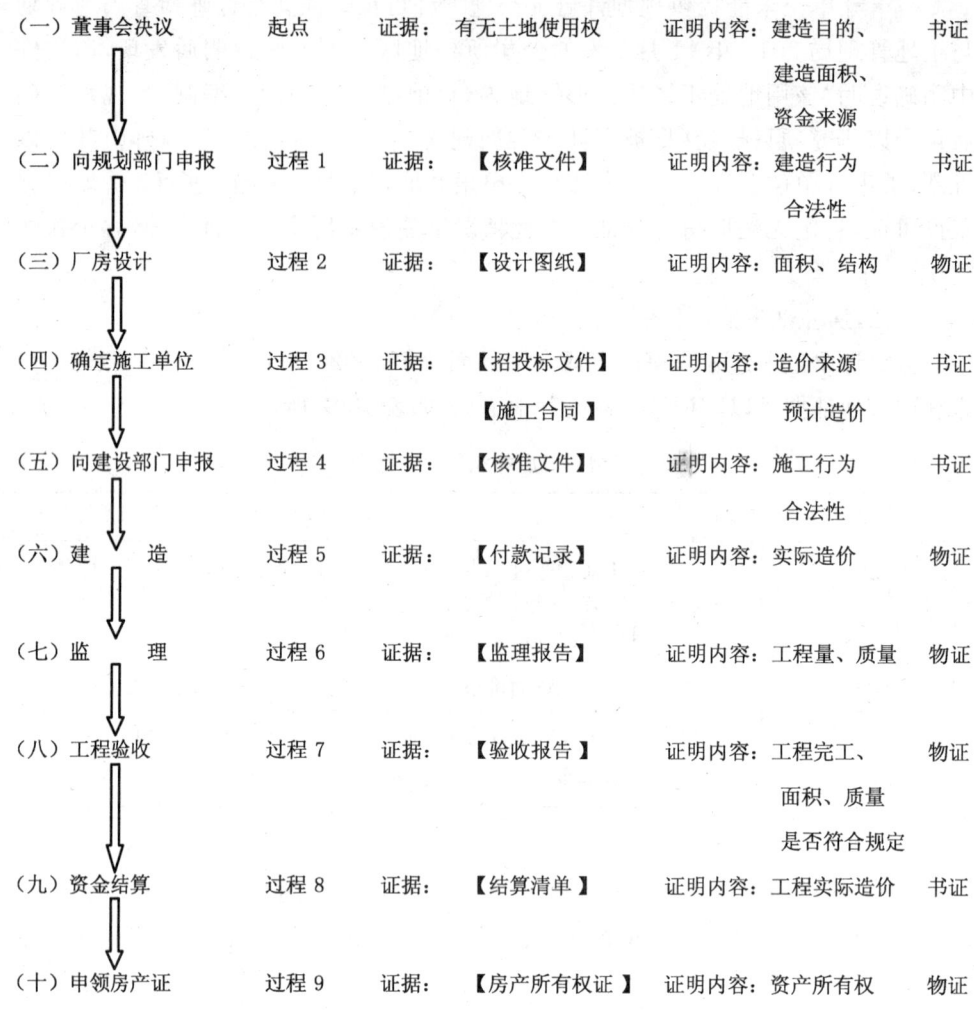

图 10-1 厂房建设证据链示意图

说明:上述【】表示的证据是本案例中尚未取得的证据。

1. 资产会计"确认"判断

财政部颁布的《企业会计准则——收入》讲解(2002)中对"确认"进行了定义:确认是指将某个项目作为一项资产、负债、收益、费用等正式记入式列入企业财务报表的过程。它包括用文字和数字描述某项目,确认了的项目的金额包括在报表总计中。

(1)权利与义务认定判断中的证据分析,如图 10-2 所示。

(2)权利义务认定判断的推理。

推理1——被审计单位建造意图与建造行为的合法性

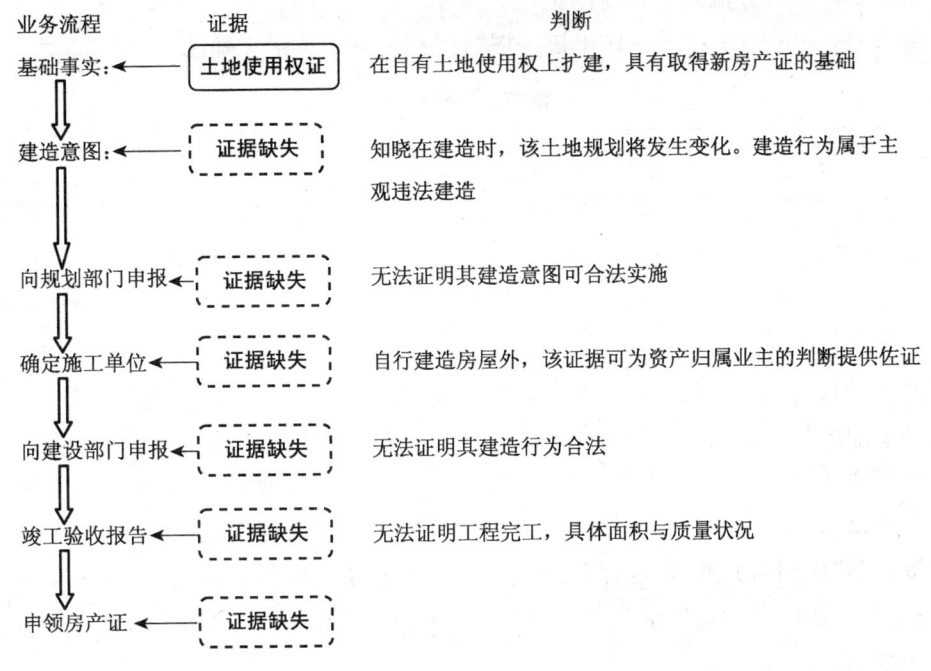

图 10-2　A公司已有证据、缺失证据分析示意图

　　上述证据可以组成证据链,以充分、适当的证据证明企业在暂未取得房产证的情况下,可合理推断企业将取得房产证。"证据缺失"包括暂未能获取与实际确实没有证据二类。

表 10-3　　　　　　　　　　　　　　　推理过程分析表

基础事实	被审计单位取得土地使用权证的日期是 2013 年 1 月。当地政府回复土地规划尚未确定的回复日期是 2012 年 11 月
推定事实	(1) 因当地政府在 2012 年 11 月给出回复,所以可以推论,如果当时按规定程序向规划部门申报领取规划许可证的,应当知晓土地规划将可能发生变化而无法取得规划许可证 (2) 被审计单位未获得规划许可证的情况下,也无法取得施工许可证。所以该新建房屋是违法建筑,也无法取得房产证 (3) 按物权法的规定,该新建房屋将无法受到法律的保护。如果被审计单位按规划调整方案动迁时,将无法获得相应的补偿

　　推理 2——被审计单位作出该房屋"合法拥有(权利义务)"认定的正确性

表 10-4　　　　　　　　　　　　　　　推理过程分析表

基础事实	建造行为的合法性证据缺失
推定事实	被审计单位管理层作出的房产的"合法拥有(权利义务)"认定正确时没有充分、适当的证据

(3) 计价与分摊认定判断的推理。

推理 3——被审计单位作出该房屋"计价与分摊"认定正确性

表 10-5 推理过程分析表

基础事实	没有委托有资质的监理单位进行工程质量监理,建造质量的证据缺失
推定事实	被审计单位管理层作出的房产账面价值金额可能存在较大差异。"计价与分摊"认定证据不充分

注册会计师应当了解,企业在会计核算"确认"任何资产时都隐含了该资产质量必须符合取得资产的目的。例如,在签订外购资产合同中会有验收条款,收到资产时会验收确认资产质量是否与合同约定的质量要求相符。自行建造的资产,也会经企业内部组织的验收组或使用部门验收。验收中发现质量未达要求的,要进行修复或整改,经验收后企业或使用部门才接受该资产。所以,质量因素会影响资产的确认和计价。这里将质量因素列入"计价与分摊"认定中说明,是因为本案例中资产的"权利与义务"认定存在问题。为突出未经监理环节检验,房屋质量可能存在瑕疵,从而可能发生整改费用支出,影响账面记录的房屋金额。所以在本项认定中说明。

本案例中,依据被审计单位未能提供委托建造房屋的施工合同,推论是被审计单位自行建造房屋。企业自行建造房屋的计价是按照所建造的资产在达到"预定可使用状态前所发生的必要支出"进行计量的。"预定可使用状态"就含有质量因素。房屋建造质量要求是有国家统一标准的。被审计单位没有提供建造的房屋达到国家标准的证据,所以该项"计价与分摊"认定没有"充分"的证据支持。

我国《建筑法》和《建设工程质量管理条例》明确规定:"建设工程竣工验收合格后,方可交付使用,未经验收或者验收不合格的,不得交付使用。"《建设工程质量管理条例》(国务院令第 279 号)第四十条规定:在正常使用条件下,建设工程的最低保修期限为:

(1) 基础设施工程、房屋建筑的地基基础工程和主体结构工程,为设计文件规定的该工程的合理使用年限。

(2) 屋面防水工程、有防水要求的卫生间、房间和外墙面的防渗漏,为 5 年。

(3) 供热与供冷系统,为 2 个采暖期、供冷期。

(4) 电气管线、给排水管道、设备安装和装修工程,为 2 年。

其他项目的保修期限由发包方与承包方约定。建设工程的保修期,自竣工验收合格之日起计算。

因此,被审计单位没有委托监理机构实施监理,也没有自行组织专家进行验收,没有排除可能存在房屋质量需要整改的支出金额,其账面记录的房屋金额存在不确定性。

（4）股东承诺判断。

推理4——股东口头承诺对非控股股东利益的影响

表 10-6　　　　　　　　　　　推理过程分析表

基础事实	尚未取得控股股东针对公司该房产没有房产证问题,称将积极协助公司办理房产证,并承担未来没有房产证情况下,公司动迁无法获得补偿,产生损失责任的相关承诺函
推定事实	（1）无法判断控股股东如何履行承诺,承诺的责任范围不详 （2）承诺如不履行,控股股东只承担违约责任。赔偿承诺可能存在风险

需要说明,违约责任与以控股股东自有资产提供担保不同。在控股股东提供担保情况下,公司在不能获得因政府规划搬迁补偿时,公司可以获得担保金额全额补偿。即使控股股东在履行担保前自身破产的,其已设定担保的资产只能用于补偿公司损失而不能用于债务清算或清算财产分配。

（六）判断结论

注册会计师的职业判断结论是建立在已获取的证据基础之上。财务报表使用者是依据该项房屋资产在资产负债表中列报情况对公司财务状况进行判断。因此,注册会计师是对该项房屋资产在资产负债表中的列报是否正确得出审计结论与发表审计意见。

《中国注册会计师审计准则第1101号——注册会计师的总体目标和审计工作的基本要求》（2010）第十六条对职业判断给出了定义,即"职业判断,是指在审计准则、财务报告编制基础和职业道德要求的框架下,注册会计师综合运用相关知识、技能和经验,作出适合审计业务具体情况,有根据的行动决策"。

上述定义要求注册会计师按照审计准则的要求获取审计证据,按照企业会计准则中固定资产确认标准对该项房屋是否正确列报于资产负债表中得出职业判断结论。

1. 已获取的审计证据所表明的事实

（1）该项房屋资产实际是未按规定申请核准建造,未取得规划许可证与施工许可证的,则属于违法建筑,不可能取得房产证。

（2）由于未经法定登记,没有取得房产证。所以没有处分权,不能单独转让。表明该房屋资产不符合资产定义,不能确认为资产。建造房屋所支付费用应属于为生产产品而预付的费用。作为其他非流动资产列报。

（3）控股股东作出的承诺并非担保。表明被审计单位未来动迁时,该项违法建筑被拆除、无法获得政府补偿时,控股股东的补偿存在不确定性。

2. 该项房屋列报的判断

（1）不能列报于固定资产项目。

《企业会计准则——基本准则》第二十条规定,资产是指企业过去的交易或者事项形成的、由企业拥有或控制的、预期会给企业带来经济利益的资源。由企业拥有或控制,是指企业享有某项资源的所有权,或者虽然不享有某项资源的所有权,但该资源能被企业所控制。

本案例中的资产是房屋,属于不动产。应当按照物权法规定理解不动产所有权。《中华人民共和国物权法》第二条规定:本法所称物权,是指权利人依法对特定的物享有直接支配和排他的权利,包括所有权、用益物权和担保物权。第三十九条规定,所有权人对自己的不动产或者动产,依法享有占有、使用、收益和处分的权利。

按物权法上述规定,该房屋缺失了"处分"权利这一最重要的权能。不能认为被审计单位拥有了该资产。所以其不应在财务报表的固定资产项目内列报。

企业会计准则中规定的"虽然不享有某项资源的所有权,但该资源能被企业所控制"应当理解为企业对某项资源不享有"占有、使用、收益和处分的权利"的全部权能,但至少享有对该资产的"占有、使用、收益"三项权能,形成所说的"企业所控制"状态。对"企业所控制"应当理解为,企业虽不拥有资产所有权的全部权能,但按照其他法律规定,资产持有者能合法拥有对该资产的占有、使用、收益权能。例如,融资租赁租入资产,承租方依据租赁协议,合法拥有对租赁资产的"占有、使用、收益"权能,因而可以认为是"企业所控制"了该资产。本案例中的违法建筑不是被审计单位合法拥有,即使被审计单位实际使用该资产,并获取收益,也不符合会计意义上的"控制"含义。因而不能列报于资产负债表中固定资产项目。

（2）控股股东承诺的列报。

由于被审计单位尚未实际动迁,房屋拆迁时实际损失不能可靠计量,控股股东需要补偿的金额也不能可靠计量,所以无法在财务报表中列报。但应当在财务报表附注中披露。

3. 应发表的审计意见类型判断结论

被审计单位如将该房屋作为固定资产列报的,属于重大错报,应当出具保留意见。注册会计师对该项资产列报错误发表保留意见时,必须获得管理层的相关声明。管理层必须明确声明其未向规划部门和建设部门申报,违反了建筑法等法律法规的规定,无法取得房产证。

注册会计师获取管理层确认其未向规划部门和建设部门申报期建造行为的声明,可以确认管理层作出的、将该房屋确认为固定资产的各项认定并无充分、适当的证据,确认为固定资产是错报。依据《中国注册会计师审计准则第1502号——在审计报告中发表非无保留意见》(2010)第八条(一)款规定,在上述审计证据后,注册会计师可以认为,被审计单位将该房屋资产列报于资产负债表中固定资产项目是错报。该错报对财务报表影响虽重大,但不具有广泛性。因而应当发表保留意见。同时,《企业会计准则第30号——财务报表列报》(2014)第四条规定,企业不能以附注披露代替确认和计量,不恰当的确认和计量也不能通过充分披露相关会计政策而纠正。注册会计师不能认可管理层在附注中详细披露未向规划部门和建设部门申报期建造行为信息的方法,替代将该房屋资产列报于资产负债表固定资产项目的错误认定,从而发表无保留意见的审计结论。

4. 延伸的判断结论

从上述固定资产在未履行申请建造手续而建造,将该房屋列报于资产负债表固定资产项目内的错报情况,可以延伸得出被审计单位内部控制设计与运行存在瑕疵,包括内部环境要素中缺失守法经营的企业文化、风险评估要素中缺失对资产遭受损失的风险评估、控制活动要素中缺失集体决策要求、内部监督要素中缺失控制缺陷及责任追究等。因此,该公司内部控制不可信赖。

此处,我们仅依据现有证据经过上述推理后得出的结论。注册会计师如收集到其他证据后可能会发现新的情况,新的规定等,可能导致现有结论不正确或可得出其他结论。所以,注册会计师只有全面收集充分、适当的审计证据才能得出恰当的判断结论。

本案例是审计中经常遇见的需要将按业务流程去获取的各项证据,并将各种证据连接成证据链,逐一推理进而作出判断的案例。

案例2 审计证据适当性的判断——A公司发行股票,但签订财务顾问合同,服务费用的列报

(一)案例背景

D会计师事务所对A公司年度财务报表进行审计。审计中发现A公司本年度经批准定向发行股份,委托B券商包销。B券商与A公司签订了"募集资金财务顾问合同"。合同规定,A公司按照实际募集的资金分段累计计算应支付的费用。A公司募集完成后,将其支付给B券商的费用列入资本公积——资本溢价内。C会计师事务所对A公司的募集资金出具了验资报告。验资报告确认A公司向B券商支付的费用作为资本溢价计入资本公积——资本溢价内。

（二）需要作出判断的问题

注册会计师需要对该项支付给 B 券商的承销顾问费计入资本公积——资本溢价会计处理是否正确作出判断。

（三）已取得的证据

（1）B 券商与 A 公司签订了"募集资金财务顾问合同"。

（2）向 B 券商支付费用的凭证。

（3）C 会计师事务所出具的验资报告。

（四）证据分析

1. 按企业经批准后发行股票募集资金业务流程分析所获取的证据

表 10-7　　　　　　　　　　股票募集资金证据分析表

业务流程	应有证据	依据、内容说明
确定承销券商	签订的承销合同	证券法第二十八条承销股票的种类、数量及承销费用
投资者申购	申购资金凭证	
投资者购买股票	中登公司确认凭证	中登公司对已实际购买股票的投资者登记其身份与股票数量
资本金划入公司	资金入账凭证	券商将募集资金总额划入公司（可能已扣除支付券商的承销费）
资本验证	验资报告	募集资本总额、实收资本、资本公积等金额

2. 现有证据分析

（1）A 公司经批准发行股票后募集权益资金是合法行为。按法规规定与承销券商签订的承销合同是必经的发行程序证据。但 A 公司提供的是与 B 券商签订的"募集资金财务顾问合同"。

经进一步了解，B 券商工作人员出于规避券商内部承销业务奖金低于财务顾问业务奖金的规定，意图多获取其个人承销收益的目的订立的"募集资金财务顾问合同"。该募集资金财务顾问合同因员工获取了多于承销合同的奖金，在客观上损害了券商股东的利益。按合同法第五十二条（二）款"恶意串通，损害国家、集体或者第三人利益"的规定，该合同应属无效合同。

（2）A 公司与 B 券商就股票承销业务签订的募集资金财务顾问合同，对于财务顾问费能否直接认定为发行权益性工具的交易费用来说，证据不符合适当性要求。

（3）尽管合同约定财务顾问费金额的计算方式是股票发行数量按分段累业

务方式计算,但金额的计算方式与其业务性质并无必然且唯一的联系。从理论上说,财务顾问业务的收费方式可能有多种,股票承销业务收费方式也可能有多种,所以,财务顾问合同约定的业务性质与按承销业务中分段累计收费方式并无必然,且唯一的逻辑关联。并不能以收费方式为前提推理得出收费的业务属性的结论。

(4) 从 A 公司接受 B 券商员工为多得业务奖金而提出以财务顾问业务合同替代股票承销合同一事分析,A 公司的内部控制环境中企业文化要素(企业价值观)较差。因而,审计业务中获取的所有证据(包括该项证据)的可靠性较差。同样,执行股票承销业务的券商也会就商谈的承销业务而签订财务顾问合同分析,其内部控制环境也较差。注册会计师应当警觉 A 公司审计业务中获取的所有证据(包括该项证据)的可靠性较差。

如果 A 公司或注册会计师以实质重于形式辩解称,不管合同的形式,只要券商实质从事了股票承销业务,就可认定顾问费实质就是承销手续费。这一辩解不能成立。因为,一是合同是交易双方就某一交易中具体交易内容约定双方各自权利义务的书面证据。如果实际交易内容与合同约定的具体交易内容不符,则合同不是能证明交易"发生"的证据。因而该证据的适当性缺失。二是如果实际发生的交易内容与合同约定的交易内容不符,则合同中就书面约定交易内容相关的收款权利与付款义务也不存在。因而 A 公司付款没有合同依据。三是按我国目前规定,券商采用包销方式承销股票的,其承销的股票在承销协议所规定的承销期结束后,券商应按发行价认购未售出的股票。如果财务顾问合同约定了包销业务的,则合同约定的服务内容与财务顾问的形式不符,合同本身就不是合法成立。不能作为审计证据。如果财务顾问合同未约定包销业务的,则该合同只能证明 A 公司所付款项是财务顾问费而不是承销费。因此,该合同不能作为证明 A 公司向券商支付承销费的证据。

(5) 验资报告。验资报告是注册会计师对 A 公司实际募集到的权益资金的证明文件。对 A 公司向 B 券商支付的款项是否属于股票承销手续费,能否计入募集的权益资金初始计量判断而言,只是参考证据。注册会计师职业判断指南指出,就某一具体职业判断问题而言,解决方案可能不是唯一的。不同的注册会计师对同一问题,相同的审计证据,也会因其相关专业训练、知识和经验的不同,可能得出不同的职业判断结论。何况执行 A 公司审计业务的注册会计师并不知晓出具验资报告的注册会计师所依据的审计证据是什么。就 A 公司审计业务来说,验资报告只能起到印证注册会计师的职业判断与出具验资报告的注册会计师对同一问题的职业判断结论彼此认同程度的作用。不能作为财务顾问费作为股票承销费列入募集资金初始计量中的基础证据。

（五）推理——按业务合同与业务性质一致为基础

下面我们以业务合同与业务性质一致为基础分析募集股票支付费用所需的证据见下图：

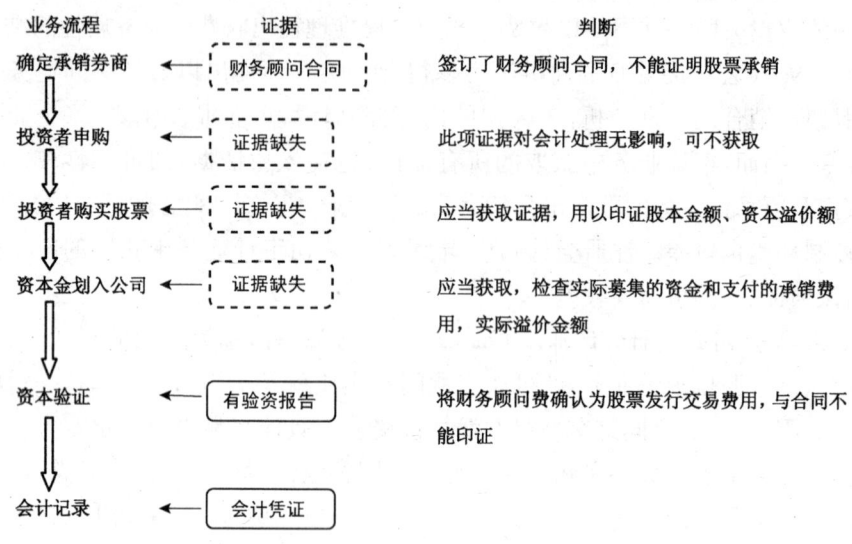

业务流程	证据	判断
确定承销券商	财务顾问合同	签订了财务顾问合同，不能证明股票承销
投资者申购	证据缺失	此项证据对会计处理无影响，可不获取
投资者购买股票	证据缺失	应当获取证据，用以印证股本金额、资本溢价额
资本金划入公司	证据缺失	应当获取，检查实际募集的资金和支付的承销费用，实际溢价金额
资本验证	有验资报告	将财务顾问费确认为股票发行交易费用，与合同不能印证
会计记录	会计凭证	

图 10-3 募集股票业务证据分析示意图

1. 基于一般承销业务行为的推理分析

推理 1

表 10-8　　　　　　　　　　　　**推理过程分析表**

基础事实	公司经批准发行股票，委托 B 券商承销股票
推定事实	公司应当与 B 券商签订承销业务合同

推理 2

表 10-9　　　　　　　　　　　　**推理过程分析表**

基础事实	B 券商按承销合同约定，提供了股票发行承销服务，募集的权益资金已到位
推定事实	按合同约定，公司实际支付承销费用

推理 3

表 10-10　　　　　　　　　　　　**推理过程分析表**

基础事实	公司实际支付了 B 券商的承销费用
推定事实	向 B 券商支付的服务费用应按《企业会计准则第 22 号——金融工具确认和计量》第三十一条规定，计入资本公积——资本溢价

2. 基于该被审计单位管理层解释的推理分析

推理 1

表 10-11　　　　　　　　　　　　推理过程分析表

基础事实	公司经批准发行股票,委托 B 券商承销股票
推定事实	公司与 B 券商签订财务顾问业务合同

分析:本案例中签订的业务合同为财务顾问合同,不能证明 B 券商为 A 公司提供了股票承销业务。基础事实与推定事实之间没有逻辑关联。

推理 2

表 10-12　　　　　　　　　　　　推理过程分析表

基础事实	B 券商提供了公司股票发行承销服务,权益资金已到位
推定事实	按合同约定,公司实际支付财务顾问费用

分析:股票发行的交易费用与财务顾问费用概念不一致,推理不对。推理 2 的基础事实与推理 1 的推定事实之间无关联。

推理 3

表 10-13　　　　　　　　　　　　推理过程分析表

基础事实	公司实际支付 B 券商的费用是按股票承销额分段累积计算
推定事实	B 券商实际为公司承销了发行的股票

分析:费用计算方式与募集资金的属性之间不存在唯一的逻辑关系。因而,从费用计算方法无法推理得出服务行为属性。推理 3 的基础事实与推理 2 的推定事实之间无关联。

推理 4

表 10-14　　　　　　　　　　　　推理过程分析表

基础事实	B 券商实际为公司承销了发行的股票
推定事实	向 B 券商支付的顾问费用可按《企业会计准则第 22 号——金融工具确认和计量》第三十一条规定,发行权益工具的交易费用计入募集资金初始确认金额

分析:本项推理的逻辑不对。①基础事实并不是为推理 3 得出的推定事实。②推定事实中以并未得到论证确认的推定事实为基础,推论得出该项顾问费可按权益资金交易费用进行处理的结论不对。

(六) 可能的判断结论

与案例1"(六)可能的判断结论"中给出的说明内容相同,我们在此处列示以现有证据为基础作出的判断。

1. 职业判断应遵循的标准

(1)《企业会计准则——基本准则》第十二条。

企业应当以实际发生的交易或事项为依据进行会计确认、计量和报告,如实反映符合确认和计量要求的各项会计要素及其他相关信息,包括会计信息真实可靠、内容完整。

(2)《中国注册会计师审计准则第1301号——审计证据》第七条。

审计证据的适当性,是对审计证据质量的衡量,即审计证据在支持审计意见所依据的结论方面具有相关性和可靠性。

2. 判断结论

没有证据证明B券商为A公司提供了股票承销业务,所以支付的费用不能确认为承销费。

(1) 尽管合同计费方式是按募集资金分段计算,但这不能表明其咨询意见与募集金额规模形成对应关系。

(2) B券商提出,此类情况在其他会计师事务所出具的验资报告可以确认为承销费的,为何你不能确认?

注册会计师应当告知B券商,注册会计师作出职业判断的标准是会计准则和审计准则及其他规定,而不是其他注册会计师的判断结论。

(3) 如此明显的证据不能印证业务的情况下,仅凭A公司管理层解释与B券商的说明就随意变更合同内容,表明A公司与B券商的内部控制环境较差,他们提供的审计证据可靠性较差。注册会计师如就此确认为资本溢价处理的,则也不会对其他发现的舞弊迹象保持警觉,也不会去深入追查。

本案例也是审计中经常遇见的情况。注册会计师需要分析证据与业务之间能否相互印证,证据是否具备适当性而决定是否采信,同时考虑证据的生成环境对证据可靠性的影响。

案例3 同一业务同时存在不同证据的判断

(一) 背景

A公司主要从事铁路建设投资、铁路沿线征地拆迁、补偿安置的业务。受国家政策限制,该类业务利润较低。但铁路的建设对当地经济的发展起到很大的作用,因此当地政府为支持A公司发展,更好地服务于铁路建设,经研究决定,自

2011 年 1 月 1 日开始,以 A 公司当年已确认的"A 公司与业主结算的"征地拆迁工程结算收入的 25% 为限,给予收益性补助。

A 公司实际收到的资金情况:2011 年收到 2.24 亿元(供 7 笔),2013 年收到 0.4 亿元,累计收到 2.64 亿元。收款银行单据用途列示为铁路资本金。

A 公司将上述资本金中的 25% 部分作为当年度政府补助,计入营业外收入。

（二）需要作出判断的问题

注册会计师需要对该公司能否将资本金的 25% 转为政府补助作出判断。

（三）已有证据

（1）当地政府支付给 A 公司的资金入账凭证。收款银行单据用途均列示为铁路资本金。

（2）当地政府出具对企业补偿的文件:

第一,当地市政府出具了《市人民政府关于给予 A 公司收益性补偿资金的通知》(X 政综〔2011〕YY 号)。文件规定,以当年的工程结算收入的 25% 为奖励性收益补助。

第二,当地市财政局 2011 年与 2013 年两批(共 8 份)出具了《市财政局关于 A 公司资本金为收益性补偿资金的证明》。文件中说明,以拨付的资本金为根据,按 25% 的比例,依照上述(X 政综〔2011〕YY 号)文件精神,给予收益性补偿资金。

第三,律师亦未对企业确认政府补助提出异议(口头说明)。

（四）现有证据分析

（1）市财政局划拨资金凭证其证明所划拨的资金原始属性是资本金,且先于市政府和市财政局说明划拨,属于本证。

（2）市政府下发的文件(X 政综〔2011〕YY 号)证据是原始证据。但与企业获得资本金之间无关。对以资本金转为政府补助的判断来说不具备适当性。

（3）市财政局后发的两个说明都是原始证据,但与市政府文件不能相互印证。市财政局的说明引用了市政府的文件作为其出具说明的法规依据。市政府文件规定是按工程结算收入的 25% 计算补助收入,但市财政局说明是按资本金计算补助收益,与市政府的计算基础不一致。此两项证据也不具备适当性。

相互关系,如图 10-4 所示。

从逻辑推理方面考虑,市财政局核准按资本金的 25% 计算收益补助的结论是以市政府规定的当年工程结算收入 25% 为依据得出。但两者之间计算收益的基础不同,不构成逻辑关系因而无法构成证据链,推理无法进行。

（五）应当补充获取的证据

上述三项证据之间不能相互印证,所以必须获取其他证据以印证上述证据内容。

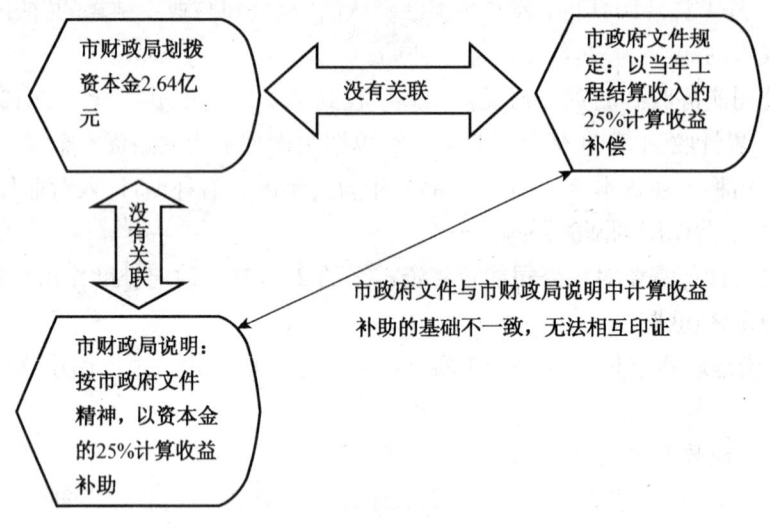

图 10-4　政府补助业务已有证据关系分析示意图

表 10-5　　　　　　　　政府补助业务补充获取证据分析表

	信 息 内 容	审计程序性质	证据类型
1.	政府有权对企业经营亏损进行补偿的法规	检查	政府文件
1	确认财政局原投入的资本金是否减少	函证	回函
2.	检查国有资产登记,确认国家投资是否变更登记减少	检查	检查记录
3	走访财政局,询问是否确实减少了原投入的资本金	询问	询问记录

我们将项目组需要获取的政府能否对企业经营亏损进行补助的法规列示如下:

1. 国务院关于深化预算管理制度改革的决定(国发〔2014〕45 号)规定

完善政府预算体系。明确一般公共预算、政府性基金预算、国有资本经营预算、社会保险基金预算的收支范围,建立定位清晰、分工明确的政府预算体系,政府的收入和支出全部纳入预算管理。(提示:没有对企业亏损补助的规定)

强化支出预算约束,各级政府向本级人大报告支出预算的同时,要重点报告支出政策内容。预算执行中如需增加或减少预算总支出,必须报经本级人大常委会审查批准。(提示:市政府无权变更预算用途)

要规范理财行为,严格按照规范的程序和要求编报预决算,按规定的用途拨付和使用财政资金,预决算编报都要做到程序合法、数据准确、情况真实、内容完整。

2. 国务院关于试行国有资本经营预算的意见(国发〔2007〕26 号)

(四) 国有资本经营预算的支出主要包括:

1. 资本性支出。根据产业发展规划、国有经济布局和结构调整、国有企业发展要求,以及国家战略、安全等需要,安排的资本性支出。

2. 费用性支出。用于弥补国有企业改革成本等方面的费用性支出。(提示:不是弥补亏损)

3. 其他支出。

从上述文件规定看,市政府文件中按当年工程结算收入的 25% 计算收益补助和市财政局说明中按资本金的 25% 计算收益补助的规定都不具有合法性。这些证据对本项职业判断不具备适当性。

(六) 判断过程分析

1. 判断中的不同意见

(1) 被审计单位认为,按照《市人民政府关于给予 A 公司收益性补偿资金的通知》及《市财政局关于 A 公司收益性补偿确认通知》的规定,将资本金的 25% 部分确认为营业外收入——政府补助,符合 2011 年和 2013 年未有工程结算收入的实际情况。

(2) 审计项目组认为,相关资金流水真实,市财政局为资金支付方,由其对划拨的资本金中 25% 的部分转为收益性资金进行说明和市政府出具的相关文件不存在法律上的障碍,项目组认为可以确认为政府补助。

(3) 质量控制复核人员认为,财政资金拨款单用途注明是资本金。市财政局出具的说明是要求依资本金为基础计算,而市政府出具的文件中说明是以结算的工程收入为基础计算,三个证据之间不能印证。需要获取其他证据,包括政府能否对企业经营亏损进行补偿的法规依据,并进行相互印证后,才能作出是否确认收益性补助资金的判断结论。

2. 判断分析

从证据规则分析,第四章中已说明的最高人民法院的证据规则规定,国家机关、社会团体依职权制作的公文书证的证明力一般大于其他书证。通常情况下,注册会计师不应质疑政府部门制作的相关文件的合法性。但本项问题中存在不同政府机关所制作的证据、同一政府机关制作的证据不一致的情况。面对此种政府制作的文件不能相互印证时,注册会计师需要质疑证据本身是否"合法"。即考虑政府、财政局作出对企业进行收益补助的行政决定如没有相关法律法规证明政府有权对企业经营亏损进行补偿的,则政府作出的以财政资金对企业经营亏损进行弥补的行政决定不具有合法性。因而,企业不能据此得出其确认政府补助是符合会计准则规定的结论。注册会计师也不能据此得出企业确认政府补助的各项认定的审计结论。

注册会计师还需要获取其他的政府文件,包括行政法规、上级政府的规定等证据,以确认当地政府行政决定的合法性,以判断该等证据的"适当"性。

项目组如决定采信市财政局作出的同意将划拨的资本金的 25% 作为对企业的收益性补助说明证据,则存在以下问题:

(1)未遵循审计准则要求的以充分、适当的审计证据为基础得出审计结论的规定。因此,项目组并未考虑获取当地政府是否有权对企业经营亏损进行弥补的证据。

(2)项目组没有对获取的现有证据进行相互印证,没有发现证据之间不能印证,也就是没有考虑证据的适当性。不能得出企业确认企业政府补助是符合会计准则规定的结论。不符合职业判断的要求。

(七)可能的判断结论

基于现有证据,企业没有充分、适当的证据证明其将财政局划拨的资本金中 25% 部分转为当期政府补助的会计处理是符合企业会计准则规定的。

后 记

　　本人在长期的审计业务实践中深感审计证据的重要性。但目前并未看到研究审计证据方面的书籍可供审计人员参考。为此萌生了将多年财务报表审计工作中对审计证据的一些理解与体会整理成文，以与行业内的注册会计师及审计人员、审计学的研究者等共同讨论有关审计证据的理论与实务方面的相关问题，以共同提高审计质量。

　　本书内容在上海立信会计金融学院审计专业硕士班试讲。

　　立信会计师事务所技术标准部郑先弘、高立喻、时浩然老师对本书进行了审阅，并提出修改意见。本书也得到本所韩丽珍、朱海萍、林俊及财务部其他老师的帮助。

　　在此一并感谢其他为本书提供相关资料的各位老师。

邹子霖 2017 年 5 月

立信会计师事务所（特殊普通合伙）